资本市场错误定价
对企业投融资行为

影响研究

赵玲◎著

西南财经大学出版社

中国·成都

图书在版编目(CIP)数据

资本市场错误定价对企业投融资行为影响研究/赵玲著.—成都:西南财经
大学出版社,2023.5
ISBN 978-7-5504-5792-8

Ⅰ.①资… Ⅱ.①赵… Ⅲ.①资本市场—定价—影响—公司—投资行为—
研究 Ⅳ.①F276.6

中国国家版本馆 CIP 数据核字(2023)第 090062 号

资本市场错误定价对企业投融资行为影响研究
ZIBEN SHICHANG CUOWU DINGJIA DUI QIYE TOURONGZI XINGWEI YINGXIANG YANJIU

赵玲 著

责任编辑:孙婧
助理编辑:陈婷婷
责任校对:李琼
封面设计:墨创文化
责任印制:朱曼丽

出版发行	西南财经大学出版社(四川省成都市光华村街55号)
网　　址	http://cbs.swufe.edu.cn
电子邮件	bookcj@swufe.edu.cn
邮政编码	610074
电　　话	028-87353785
照　　排	四川胜翔数码印务设计有限公司
印　　刷	成都市火炬印务有限公司
成品尺寸	170mm×240mm
印　　张	14.75
字　　数	219 千字
版　　次	2023 年 5 月第 1 版
印　　次	2023 年 5 月第 1 次印刷
书　　号	ISBN 978-7-5504-5792-8
定　　价	78.00 元

前言

　　资本市场定价偏误，是资本市场中短期内难以被消除的股票价格与其内在价值偏离的现象，也被称为资本市场错误定价或股票市场错误定价。资产定价与资源配置作为资本市场运行的两大基本功能，利用资产价格引导资源合理配置便是资本市场的重要职责与内在运行机制。党的二十大报告明确指出要"健全资本市场功能，提高直接融资比重"，对资本市场更好地服务实体经济发展和投资者需求提出了新的要求和挑战。当前我国经济正处于提质增效迈向高质量发展的关键阶段，如何充分发挥资本市场的价格引导功能，对提升企业创新能力、加快资源优化配置、实现产业结构调整具有十分重要的意义。证监会主席易会满也提到，要在深刻认识我国市场体制机制、行业产业结构特征等情况下，深入研究资本市场的估值理论，分析资本市场错误定价的经济后果，以促进市场资源配置功能更好地发挥。为帮助广大投资者更好地了解资本市场与实体经济发展的关系，厘清资本市场错误定价对企业投融资行为的影响，笔者撰写了《资本市场错误定价对企业投融资行为影响研究》一书。

　　本书共分为7章，第1章为导论，分别介绍了选题背景与研究意义、研究思路和研究方法、预期创新点和本书的整体架构。第2章为文献综述，对资本市场错误定价和企业投融资行为的相关研究文献进行了梳理，分别介绍了资本市场错误定价的含义、测度、影响因素以及对企业投融资行为的影响，并在此基础上对现有文献存在的不足进行评析。第3章为资本市场错误定价影响企业投融资行为的理论分析框架，以资本市场功能发挥服务实体经济发展为逻辑起点，基于信息不对称、投资者非理性等行为金融理论，结合企业市场择时和管理层迎合行为，逻辑推导资本市场错误定价影响企业投融资决策的内在机理和作用路径，从而构建资本市场错误定价情境下企业投融资决策的理论分析框架，为后文的实证检验奠定基础。第4章为资本市场错误定价与资本结构动态调整，从资本结构动态调整的视角出发，考察资本市场错误定价对企业融资决策的影响，并进一步探讨了这一影响的作用机理。同时，区别检验了股价高估和股价低估状态的非对称效应，并从多个维度解释了非对称效应产生的原因。第5章为资本市场错误定价与企业创新决策，从企业创新数量和质量两个维度详细考察了资本市场错误定价环境中企业对创新数量和质量的决策权衡。同时结合择时理论和迎合理论解释股价高估和股价低估时的创新策略选择差异。第6章为资本市场错误定价与企业并购决策，从并购概率、对价支付方式和并购绩效三个方面分别考察了股价高估和股价低估对企业并购决策的影响。第7章为研究结论、建议与展望，包括本书的主要研究结论、政策启示，并对后续的研究方向进行展望。

本书适宜广大从事行为金融学、资本市场定价决策和公司金融相关研究的学者、业界投资者使用。鉴于资本市场估值理论和企业投融资实践还在不断向前拓展，加之笔者水平有限，书中如有不妥之处，还望专家和读者批评指正。

赵玲

2023 年 2 月

目录

1 导论

1.1 选题背景

资本市场如何有效地服务实体经济发展一直是理论界和实务界关注的重点问题。在第五次全国金融工作会议上，习近平总书记指出，金融是实体经济的血脉，为实体经济服务是金融的天职和宗旨。不仅如此，党的二十大报告进一步强调，要健全资本市场功能，提高直接融资比重。资本市场要以服务实体经济为根基，通过推动直接融资"量"的稳步提升和"质"的持续优化，促进资本、科技与实体经济的高质量循环。从学术讨论角度来看，资本市场与实体经济的关系也是近年来学术研究的热点和前沿问题，美国金融学年会（AFA）主席连续五年的发言均罕见地围绕同一个主题即"资本市场与实体经济的关系"进行（陆蓉、王策，2016；陆蓉 等，2017）。资产定价与资源配置作为资本市场运行的两大基本功能，利用资产价格引导资源合理配置便是资本市场的重要职责与内在运行机制。当前我国经济正处于提质增效迈向高质量发展的关键阶段，如何充分发挥资本市场的价格引导功能，对提升企业创新能力、加快资源优化配置、实现产业结构调整具有十分重要的意义。

在传统金融理论分析框架下，托宾 Q 理论一直被视为连接资本市场和实体经济的桥梁，是资本市场发挥资源优化配置功能的理论基础。但这依赖于一个重要的假设前提，即股票价格能够充分有效地反映上市公司的内在价值。然而，由于市场摩擦和投资者非理性行为的干扰，市场价格往往难以反映资产的真实价值，即会出现错误定价现象（Baker et al.，2003；Polk、Sapienza，2009；Dong et al.，2017）。特别是在相关制度尚不十分健全的新兴转轨经济体中，市场投机氛围浓厚，信息不对称现象严重，投资者认知偏差较大，错误定价行为更为严重和频繁（游家兴、吴静，2012；赵玲、黄昊，2019）。在资本市场错误定价可能成为常态的情况下，研究如何有效利用资本市场服务实体经济发展，并在此基础上探析企业行为策略的变化，发挥其"利"，抑制其"弊"，可以为资本市场更好地服务于国家战略提供实证依据和政策支持。

传统的金融经济学研究都假定市场是有效的、投资者是理性的，市场价格能充分反映资产的真实价值。行为金融学的兴起使人们越来越认识到市场并非总是有效的，由于信息不对称、投资者非理性行为等的干扰，资本市场错误定价现象时有发生（李君平、徐龙炳，2015a；李君平、徐龙炳，2015b；张静、王生年，2016）。基于资本市场错误定价的视角，研究企业的投融资决策行为已经成为现代金融学的一个重要研究方向（Baker et al.，2003；Polk、Sapienza，2009）。早期的学者认为，关注企业长期价值的管理者并不会因为短期价格的偏离或波动而改变原有的投资计划，公司投融资决策更多地取决于管理层所掌握的基本面信息（Bosworth，1975；Blanchard et al.，1993）。但这与现实市场的表现并不吻合，现实市场中公司的投融资决策会随着短期股价的变化而变化（Fischer、Merton，1984；Barberis、Thaler，2003）。基于此，Stein（1996）提出了市场时机假说，证明公司可以利用错误定价的时机合理安排融资、改变投资，以创造企业价值。刘澜飚和李贡敏（2005）、王正位等（2007）同样以"市场时机"为基础，考察错误定价对公司融资决策的影响，发现资本市场错误定价在上市公司股权融资中确实发挥了重要作用，当股价被高估时，融资规模增大，同时融资企业的数量也会增多。李君平和徐龙炳（2015a）的研究同样发现，股价高估具有财富效应，公司更倾向于通过股权融资获得低成本资金，从而缓解融资约束。Baker 等（2003）进一步指出，股权依赖度越高的公司，错误定价对融资约束的缓解作用就越明显。Campello 等（2010）在金融危机期间对全球范围内的经理人进行调查研究同样指出，股价高估带来股权融资成本的降低，使得公司可以通过股权融资获得低成本资金，以缓解融资约束。

此外，另一些文献从迎合效应理论出发，研究资本市场错误定价与企业投资决策的关系。从动态的视角来看，股票市场的价格波动在一定程度上可以看成投资者对企业管理层所做投融资决策的反应（Chen et al.，2007）；反过来，企业管理层也会根据股价波动，相机调整投融资策略（Edmans et al.，2017；陈康、刘琦，2018）。换句话说，如果管理层拒绝迎合投资者的偏好，即拒绝投资于那些投资者青睐的项目，那么投资者可能会缩短持股周期，由此将会产生巨大的价格下行压力。出于对自身职位和薪酬的考量，理性的管理层会选择迎合投资者。迎合理论已经被诸多文献验证（Dong et al.，2007；Polk、Sapienza，2009；翟淑萍 等，2017）。但也有文献指出，企业管理者非常重视职业声誉，短期的迎合带来的是未来长远声誉的损失。在面对投资者的善变、非理性定价时，与其冒险迎合，不如保持理性和谨慎，结果呈现出"反向迎合"的现象（刘柏、徐小欢，2019）。

尽管现有文献对资本市场错误定价影响企业投融资行为的方向和路径等研究结论不甚一致，但资本市场错误定价在企业做出投融资决策过程中扮演着重要角色这一观点已被多数文献证实。事实上，企业作为实体经济运行的重要微观组织形式，是推动产业结构转型升级、经济发展质量提升的重要力量和关键载体。所以，从微观企业投融资决策的视角出发，考察资本市场错误定价的影响有助于厘清资本市场服务实体经济发展的微观机制。就融资方面而言，考察公司如何有效地利用各种融资渠道，获得最低成本的资金来源，并形成合理的资本结构，不仅是公司融资决策的核心内容，也是管理层对融资成本权衡的结果以及投资者关注的焦点问题。不仅如此，杠杆调整也是近年来政府经济工作的主攻方向。中国社科院金融研究所设立的国家金融与发展实验室的研究数据显示，截至2015年年底，我国的债务总额为168.48万亿元，全社会杠杆率为249%。其中，非金融企业部门的债务问题尤为突出，债务率高达156%。杠杆率的不断攀升为我国经济社会发展埋下了重大风险隐患，杠杆调整迫在眉睫。2015 年中央经济工作会议将"杠杆调整"列为供给侧结构性改革的重点任务之一，明确指出要增加权益资本比重，调整企业杠杆，促进经济持续健康发展。企业杠杆调整决策取决于调整成本和调整收益的权衡，股价估值偏误会直接影响企业权益资金融资成本，进而影响企业资本结构的动态调整。此外，资本结构的调整与企业价值紧密相关，也是投资者关注的焦点问题。中国资本市场是一个新兴市场，各项制度尚不完善，市场情绪波动明显、投资者跟风炒作行为严重，错误定价现象频现。从这一角度看，资本市场错误定价对企业资本结构动态调整的影响可能比传统经济因素更为深远。从企业资本结构调整的视角进行研究，对于理解我国企业部门杠杆高企的成因以及完善去杠杆相关政策也具有重要的启示意义。

新时代我国经济发展的基本特征是由高速增长阶段转向高质量发展阶段。改革开放以来，中国经济发展取得了举世瞩目的成就，但在高速增长的过程中也积累了一些问题和矛盾。经济结构不合理，增长质量不高是制约我国经济社会进一步持续发展的重要难题。推动经济发展质量变革、效率变革、动力变革是今后一个时期经济工作的重心。与此同时，习近平总书记也指出，要把推动经济高质量发展的工作重点放在推动产业结构转型升级上，把实体经济做实、做强、做优。事实上，经济发展质量提升要求发展模式从更多依靠高投入、低端产业增长向技术驱动、高端产业引领转变。要大力推动技术创新和资源并购整合，加快淘汰低端落后产能。从企业投资的视角来看，创新研发是维持核心竞争力、推动企业持续发展的原动力。掌握了创新的主动权也就等于抢占了未来发展的先机。兼并收购是企业资源配置的重要战略手段，也是公司实现资源整合、规模扩张、技术获取以及品牌价值提升的捷径（陈仕华 等，2015；赖黎 等，2017）。通过兼并收购实现资源整合，对促进产业结构优化升级和经济增长质量提升具有十分重要的战略意义（翟进步 等，2010；张学勇 等，2017）。创新研发和兼并收购作为企业发展过程中的重大战略决策，一方面必然会引起市场投资者的高度关注，另一方面也需要大量资金支持，这与资本市场功能发挥可能影响企业投资行为的渠道不谋而合。因此，从企业创新和并购投资决策出发，能更好地厘清资本市场服务实体经济发展的微观作用机制。

在大力推进供给侧结构性改革，促进经济高质量发展的新时代，如何更好地利用资本市场服务于国家战略是一个十分重要的命题。然而，中国资本市场是一个新兴市场，各项制度尚不十分健全，投资者专业能力参差不齐，投机跟风行为明显，错误定价现象时有发生。这与传统金融经济学中关于市场充分有效、投资者完全理性等相关假设相差甚远。在资本市场错误定价的环境中，如何发挥其"利"，抑制其"弊"，进而更好地服务于实体经济发展对新兴经济体而言有着更为重要的意义。基于此，本书试图从资本市场错误定价的视角出发，以资本市场与实体经济运行的关系为切入点，结合杠杆调整供给侧结构性改革、资源优化整合和创新驱动经济高质量发展的时代背景，深入考察资本市场错误定价如何影响企业的资本结构调整、研发创新和兼并收购等投融资决策行为，以期厘清相应微观机制、弥补现有文献的不足，同时提出有针对性的政策建议。

1.2 研究意义

1.2.1 理论意义

行为金融学的兴起使人们越来越认识到市场并非总是有效的，由于信息不对称、投资者非理性行为等的干扰，资本市场错误定价现象时有发生。在资本市场错误定价的环境中，研究企业如何进行投融资策略选择，有助于更好地认识现实资本市场运行与实体经济发展之间的关系。本书的理论贡献主要体现为：①投融资行为是企业发展过程中的重要价值增值活动，如何提升投融资效率、实现企业高质量发展也一直是学术界关注的热点话题。然而，现有文献大多基于完美市场假说对此展开研究，在资本市场错误定价的情境下考察企业投融资行为的文献仍较少，本书的研究对此提供了很好的补充。②错误定价是转型经济体资本市场中的常态，现有文献对错误定价的影响因素进行了详细分析和探讨，但关注错误定价经济后果的相关文献相对较少。现有研究几乎都指出资本市场错误定价可能会造成资源错配、决策偏差等不良影响，仅有少数文献从产业结构调整、融资约束缓解等角度出发，发现资本市场错误定价带来的有利影响。结合目前正在推进的杠杆调整供给侧结构性改革和创新驱动、产业升级经济高质量发展的时代背景，本书拟围绕企业资本结构动态调整、研发创新和兼并收购等投融资决策行为展开研究，以期全面厘清资本市场错误定价对实体经济发展产生的积极或消极影响，这有助于丰富资本市场错误定价经济后果研究的相关文献。③已有文献对资本市场错误定价的研究，主要集中于整体错误定价程度或股价高估状态，忽略了股价低估状态的影响，更鲜有文献同时从高估和低估两个维度考察资本市场错误定价的影响。本书在区分股价高估和股价低估两个层面后，分别从企业股权融资成本改变、投资者关注、管理层外部压力和迎合等视角出发，实证考察了资本市场错误定价对企业投融资行为的影响，这为后续关于市场估值与企业投融资行为相关文献的研究提供了很好的参考。④基于信息不对称、投资者非理性行为等观点，本书尝试搭建了资本市场错误定价影响企业投融资行为的分析框架，同时从股权融资效应、投资者短视与管理层迎合等视角出发，实证检验了资本市场错误定价影响企业投融资策略选择的作用机制。这有助于丰富资本市场与实体经济关系的相关文献，同时对后续关于行为金融（财务）相关的研究也具有很好的启示意义。

1.2.2　实践意义

本书的实践意义主要表现为：①健全金融服务实体经济的体制机制，促进资源的优化配置和微观企业的战略投资，是推动经济高质量、可持续发展，解决当前中国社会主要矛盾的重要途径。本书基于投资者非理性和市场非有效与企业投融资决策选择的视角，分析资本市场错误定价情况下可能面临的问题及防范措施，有助于资本市场服务实体经济的国家战略实施，确保经济朝着预定的轨道发展。②杠杆率的不断攀升特别是非金融企业部门杠杆居高不下，为我国经济社会发展埋下了重大风险隐患，杠杆调整是近年来经济工作的主攻方向之一。从企业资本结构动态调整的视角出发，杠杆调整有助于进一步理解企业部门在资本市场错误定价环境中所做的融资决策权衡，同时对政府部门完善去杠杆相关政策也具有重要的启示意义。③新时代我国经济发展的基本特征是由高速增长阶段转向高质量发展阶段，微观企业的高质量发展构成了经济高质量发展的基础。发展质量提升要求发展模式从更多依靠高投入、低端产业增长向技术驱动、高端产业引领转变，要大力推动技术创新和资源并购整合，加快淘汰低端落后产能。本书基于企业创新和兼并收购的视角，分析资本市场错误定价影响企业投资策略选择的微观作用机理，有助于从实践层面完善和理解利用资本市场服务经济高质量发展的路径。

1.3 研究思路和方法

1.3.1 研究思路

本书在回顾资本市场错误定价成因和经济后果，以及经济发展质量相关研究文献的基础上，以资本市场功能发挥服务实体经济发展为逻辑起点，基于信息不对称、投资者非理性等行为金融理论，结合企业市场择时和理性迎合行为，尝试构建了一个资本市场错误定价影响企业投融资行为的理论分析框架。并在此基础上，结合杠杆调整供给侧结构性改革、资源优化整合和创新驱动经济高质量发展的时代背景，从企业资本结构调整、研发创新和兼并收购等具体投融资决策行为出发，系统考察了资本市场错误定价影响实体经济运行的微观路径。本书的逻辑结构见图1.1。

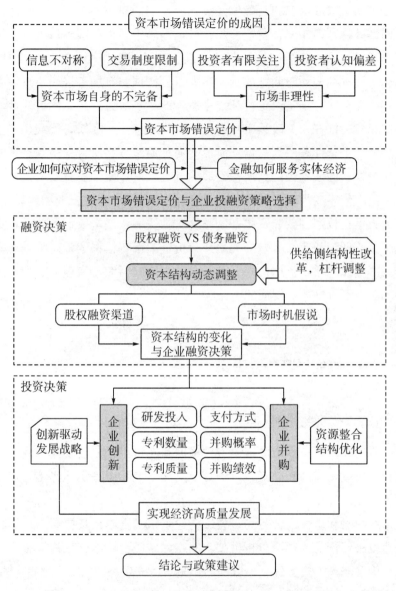

图 1.1　**本书逻辑结构**

1.3.2　研究方法

整体而言，本书主要运用理论分析与实证研究相结合的方法。其中理论分析贯穿始终，实证研究方法主要运用于第 4、5、6 章的经验分析部分。具体而言，在第 2 章文献综述部分，主要运用对比分析、分类归纳总结等方法，梳理已有文献的研究脉络并做简要评述。在第 3 章的理论框架构建部分，主要运用了归纳总结和逻辑演绎等方法。在第 4、5、6 章的实证检验中，主要采用描述性统计、多元回归分析、系统矩估计、工具变量法等方法对本书所提出的研究假设进行实证检验。其中，实证研究主要通过 STATA 15.0 完成。

1.4　创新与不足

1.4.1　研究创新

在大力推进供给侧结构性改革、促进经济高质量发展的新时代，如何更好地发挥资本市场功能服务于国家战略是一个亟待回答的问题。与西方发达市场不同，中国资本市场是一个新兴市场，各项制度尚不十分健全，投资者专业能力参差不齐，散户居多，投机跟风行为明显，错误定价现象较为突出（李君平、徐龙炳，2015a；李君平、徐龙炳，2015b；张静、王生年，2016）。在资本市场错误定价的环境中，如何发挥其"利"，抑制其"弊"，进而更好地服务于实体经济发展对新兴经济体而言有着更为重要的意义。基于此，本书结合杠杆调整供给侧结构性改革、资源整合和创新驱动经济高质量发展的时代背景，从企业资本结构动态调整、研发创新和兼并收购等具体投融资决策行为出发，系统考察了资本市场错误定价影响实体经济运行的微观路径。与已有研究文献相比，本书的创新主要体现在以下四个方面：

（1）拓展了企业投融资行为影响因素的相关研究。投融资行为是企业发展过程中的重要价值增值活动，如何提升投融资效率实现企业高质量发展也一直是学术界关注的热点话题。然而，现有文献大多基于完美市场假说的条件对此展开研究，在资本市场错误定价的情境下考察企业投融资行为的文献仍较少。本书从资产定价的视角出发，系统考察了股价高估和低估两种状态下企业投融资行为的变化，弥补了现有文献的不足。事实上，在制度转轨的新兴经济体中，各项制度尚不完善，投资者专业能力参差不齐，错误定价现象较为突出。从某种意义上说，资产估值偏误对企业投融资行为的影响可能比传统的公司治理、高管特征等因素更为深远。

（2）丰富了资本市场错误定价经济后果的相关研究。错误定价是转型经济体资本市场呈现的常态，现有文献对错误定价的影响因素进行了详细的分析和探讨，但关注错误定价经济后果的文献仍相对较少。现有研究几乎都指出资本市场错误定价可能会造成资源错配、决策偏差等不良影响，仅有少数文献从产业结构调整、融资约束缓解等角度出发，发现了资本市场错误定价带来的有利影响。结合目前正在推进的杠杆调整供给侧结构性改革、资源整合和创新驱动经济高质量发展的时代背景，本书围绕企业资本结构动态调整、研发创新和兼并收购等投融资决策行为展开研究，以期全面厘清资本市场错误定价对实体经济发展产生的积极或消极影响，这有助于丰富资本市场错误定价经济后果研究的相关文献。

（3）从多个维度探讨了资本市场错误定价影响企业投融资行为的作用机理，区分检验了股价高估或低估的非对称性及其不同影响。现有文献都认为资本市场错误定价可能会影响企业的投融资行为，但少有文献进一步探讨错误定价影响企业该行为的作用机理和传导路径。此外，已有文献对错误定价的研究，主要集中于整体错误定价程度或股价高估状态，忽略了股价低估状态的影响，更鲜有文献同时从高估和低估两个维度考察错误定价的影响。本书进一步区分了股价高估和股价低估两种状态，从企业股权融资成本改变、投资者关注、管理层外部压力和迎合等视角出发，实证考察了不同资本市场错误定价情形下企业投融资行为的差异及其内在作用机理。这为资本市场错误定价的文献提供了很好的补充，也为后续关于市场估值与企业投融资行为相关文献的研究提供了很好的参考。同时，从实践的角度来看，本书的研究有助于监管层进一步认识资本市场错误定价对实体经济运行产生的影响，为其制定金融市场改革相关政策提供依据。

（4）尝试构建了资本市场错误定价影响企业投融资行为的理论分

析框架。金融是实体经济的血脉，为实体经济服务是金融的天职和宗旨。现有研究关于资本市场错误定价影响企业投融资行为的理论基础、内在机理和实现形式，相对比较零散、片面，缺乏系统性。本书立足供给侧结构性改革和经济高质量发展的时代背景，以资本市场功能发挥服务实体经济发展为逻辑起点，基于信息不对称、投资者非理性等行为金融理论，结合市场择时和管理层迎合行为，逻辑推导资本市场错误定价影响企业投融资行为的内在机理和作用路径，从而构建资本市场错误定价情境下企业投融资行为的理论分析框架，夯实资本市场运行与实体经济发展相关研究的理论基础。

1.4.2　研究不足

资本市场错误定价与企业投融资行为相关的研究，是一个十分重要而紧迫的课题。本书的研究虽然提出了上述多个创新点，但可能还存在以下不足之处：

（1）理论分析方面，本书在分析资本市场错误定价影响企业投融资决策的内在机理和实现路径时主要以信息不对称、投资者非理性等行为金融理论为支撑，而资本市场错误定价与企业行为决策相关的研究还可能涉及认知心理学、产业经济学和项目投资管理等交叉领域。因此，本书在理论分析方面存在论证不够充分的可能。

（2）指标和模型构建方面，本书实证考察了资本市场错误定价对企业资本结构动态调整、研发创新和并购行为等的影响，涉及资本市场错误定价程度、专利数量和质量、并购绩效、资本结构调整速度等指标的计算。资本市场错误定价是建立在正确估计内在价值、真实价值基础上的，但对企业内在价值的准确估量，仍然面临诸多困难。尽管本书参考了国内外主流文献的做法，分别采用相对估值法、回归分析估值法、剩余收益估值法以及资产定价中的异常收益率衡量法对资本市场错误定价程度进行了测量，但仍难以避免在估算真实或内在价值时出现偏误。资本结构调整速度的估计本书主要运用了最小二乘、广义矩估计和 LSDV 方法，同样各种方法都有一定的缺陷，可能会导致计量结果出现偏误。对于创新质量的衡量，囿于专利引用数据的缺乏，对其的测量也缺乏精准性。本书在研究资本市场错误定价视角下的企业投融资策略选择时，由于资本市场错误定价和企业投融资行为的影响因素较多，因此模型设计中可能存在遗漏变量、反向因果等内生性问题。尽管本书通过控制行业、年份固定效应、将自变量滞后一期、采用工具变量、系统 GMM 等多个方面来解决这一问题，以获得稳健的结论，但仍难以完全解决上述内生性问题所带来的估计偏误。

（3）实现形式方面，为了考察资本市场错误定价对企业投融资策略的影响，本书从具体投融资行为出发，并结合当前国家正在大力实施的供给侧结构性改革、创新驱动经济高质量发展的时代背景，从企业杠杆调整、研发创新和兼并收购的视角，研究了资本市场错误定价对企业投融资策略选择的影响。但事实上，企业投融资行为是多维度、宽泛的概念，尽管本书的研究尝试结合时代背景和国内外文献研究的热点问题，从上述多个维度进行论述，但难免仍有不足之处。

1.5　结构安排

本书以资本市场服务实体经济发展这一重要命题为切入点，基于信息不对称、投资者非理性等行为金融理论，结合市场择时和管理层迎合行为，构建了资本市场错误定价情境下企业投融资行为的理论分析框架。在此基础上，结合杠杆调整供给侧结构性改革、资源整合和创新驱动经济高质量发展的时代背景，从企业资本结构动态调整、研发创新和兼并收购等具体投融资行为出发，实证检验了资本市场错误定价对企业投融资行为的影响。本书共分为 7 章，各章节的结构安排如下：

第 1 章，导论。本章主要包括选题背景与研究意义、研究思路和研究方法、预期创新点和本书的整体架构。

第 2 章，文献综述。本章主要对资本市场错误定价和企业投融资行为相关研究文献进行梳理。具体来讲，包括资本市场错误定价的含义及其测度、影响因素研究以及资本市场错误定价对企业投融资行为影响的经济后果研究，并在此基础上对现有文献存在的不足进行了评析。

第3章，资本市场错误定价影响企业投融资行为的理论分析框架。本章立足供给侧结构性改革和经济高质量发展的时代背景，以资本市场功能发挥服务实体经济发展为逻辑起点，基于信息不对称、投资者非理性等行为金融理论，结合市场择时和管理层迎合行为，逻辑推导资本市场错误定价影响企业投融资行为的内在机理和作用路径，从而构建资本市场错误定价情境下企业投融资行为的理论分析框架，为后文的实证检验奠定基础。

第4章，资本市场错误定价与资本结构动态调整。资本结构是企业融资决策的核心内容，不仅是管理者对融资成本权衡的结果，也是投资者关注的焦点问题，与公司价值密切相关。而资本市场错误定价会为企业带来股权融资或债权融资优势，进而改变企业股权融资或债权融资意愿，促进企业资本结构的调整。本章试图从资本结构动态调整的视角出发，考察资本市场错误定价对企业融资决策的影响。

第5章，资本市场错误定价与企业创新决策。研发创新是企业的重要投资决策，也是推动产业结构转型升级，实现经济发展质量提升的重要力量。同时也是资本市场投资者关注的热点话题。本章详细考察了不同资本市场错误定价情形下，企业创新投资决策的异同，也即企业对创新数量和质量的决策权衡。

第6章，资本市场错误定价与企业并购决策。并购既是企业配置资源的重要战略手段，也是公司实现规模扩张、技术获取以及品牌价值提升的捷径。通过兼并收购实现资源整合，对促进产业结构优化升级和经济增长质量提升具有十分重要的战略意义。本章考察了资本市场错误定价对企业并购投资决策的影响，并进一步结合是否热点并购、非相关并购等探究了其作用机理。

第7章，研究结论、建议与展望。本章对全文的主要研究结论、政策启示进行总结，并对资本市场错误定价与企业投融资行为后续研究的方向进行展望。

本书的研究框架见图 1.2。

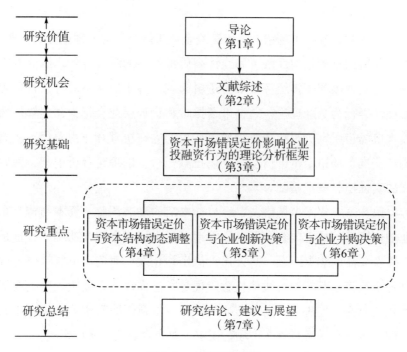

图 1.2 本书研究框架

2 文献综述

本章对资本市场错误定价与企业投融资行为相关文献进行回顾和梳理。首先，归纳和总结关于资本市场错误定价的相关研究，具体包括错误定价的概念界定、指标度量以及影响因素等内容。其次，分别围绕资本市场错误定价对企业投资和融资行为的影响进行综述，梳理资本市场错误定价经济后果的相关研究。最后，对现有研究进行简要评述，并提炼出本书的研究要点。

2.1 资本市场错误定价的含义及其测度

2.1.1 资本市场错误定价的概念界定

按照资本资产定价原理，股票价格的决定因素主要是企业未来期望的现金流和贴现率。理论上股票价格应该等价于公司未来价值的现金流贴现值，也即内在价值。换句话说，在有效资本市场中价格能反映一切可获得的公开信息，市场中公开信息的变动，会带动股票价格的迅速波动，以反映股票价格对其内在价值的合理调整。除此之外，由于市场中套利机制的作用，股价的任何短暂偏离都会被迅速纠正，股票价格与其内在价值的长期偏离现象便不会出现；也即在完全有效资本市场中，公司所创造的价值会迅速反映到市值中，使得股票价格始终与公司内在价值保持一致。但在非完全有效市场中，由于有限套利和信息不对称的存在，股票价格并不能对市场中的所有信息做出迅速反应；加之投资者的预期容易受到心理因素、外部环境等的干扰，导致股票价格与其内在价值偏离。基于此，结合现有文献的定义和研究，本书将资本市场中短期内难以被消除的股票价格与其内在价值的偏离现象定义为资本市场错误定价，也称为资本市场错误定价或股票市场错误定价（游家兴、吴静，2012；陆蓉 等，2017；Dong et al.，2012）。

事实上，我国的资本市场属于新兴市场，经济发展也处于转轨时期，股票价格与其内在价值的偏离可能更甚。首先，就市场交易制度而言，我国特殊的涨跌停制度，使得股价不能迅速回归正常价值，常常存在补涨和补跌的现象，不仅加剧了股价波动，也导致了股票价格的错误定价（Kim、Rhee，1997；Chan et al.，2005；lin et al.，2017；陈平、龙华，2003；王朝阳、王振霞，2017；黄苑 等，2018）。此外，得益于上市首日的超高回报率，投资者"炒新"现象屡见不鲜，加之我国独有的新股上市首日价格管制制度，进一步加剧了 IPO 溢价，在放大股价波动的同时，也导致了新股上市后股票价格连续的非理性攀升（Song et al.，2014；韩立岩、伍燕然，2007；宋顺林、唐斯圆，2019）。不仅如此，我国还存在卖空限制，导致市场中的非理性交易行为并不能被理性投资者完全中和。虽然随着 2010 年融资融券制度的施行，一定程度上缓解了我国的卖空限制，但从整体来看，融资余额远远超过融券余额，这与发达国家资本市场相比还存在一定差距。其次，由于我国证券市场发展历史较短，市场规范和投资理念还不成熟，信息不对称甚至信息失真现象严重。并且市场上的投资者也并非完全理性的，会受到诸如智力水平、金融知识素养、心理情绪及投资经验等因素的影响，资本市场错误定价难以避免（Engelberg、Parsons，2011；赵静梅、吴风云，2009；游家兴、吴静，2012；徐寿福、徐龙炳，2015）。最后，我国的股票市场容易受到政治、经济等宏观不确定因素的干扰和国家相关政策的限制，呈现出明显的"政策市"特点，使得股票市场的定价有效性大打折扣，加剧了错误定价现象的产生（解保华 等，2002；李佳、王晓，2010；朱孔来、李静静，2013；戴方贤、尹力博，2017）。

2.1.2　资本市场错误定价的测度方法

资本市场错误定价的测度依赖于对错误定价内涵的掌握和理解，不同的内涵界定会使得指标度量存在差异。股票市场错误定价的有效测度成为研究错误定价真实效应的重要一环，也关系到错误定价相关结论的可靠性和稳健性。然而由于上市公司股票内在价值难以直接度量，不同学者使用不同方法对上市公司内在价值的测量结果很难保持一致。现有关于资本市场错误定价的测度方法主要分为两种：其一是沿用公司金融的方法，根据公司财务指标信息确定企业的内在价值，通过企业内在价值与市场价值的偏差来度量公司的错误定价程度（Berger、Ofek，1995；Feltham、Ohlson，1995；Rhodes-Kropf et al.，2005）；其二是结合资产定价和套利机制，通过各只股票的历史收益特征，从市场异象的角度进行测度（Hirshleifer et al.，2012；杨开元 等，2013；尹玉刚 等，2018）。此外，Ma 等（2018）、杨威等（2020）的研究，基于锚定效应，采用过去 52 周的股价最高点作为重要的锚定参考变量，通过年度最后一个交易日股价的收盘价与本年度最高收盘价之比，衡量股价的高估程度，但并未考虑股价的低估情形。鉴于本书同时考察股价高估和低估两种状态，因此并未采用该方法衡量错误定价水平。

本书根据已有文献对资本市场错误定价的测度方法进行了回顾分析、总结和对比，以期采用合适、有效的方法衡量其内在价值。目前，资本市场错误定价的测度方法主要有相对估值法（Berger、Ofek，1995；Polk、Sapienza，2003；Doukas et al.，2010；刘澜飚、李贡敏，2005；游家兴、吴静，2012）、回归估值法（Gilchrist et al.，2005；Rhodes-Kropf et al.，2005；刘睿智、韩京芳，2010；陆蓉 等，2017）和剩余收益估值法（Feltham、Ohlson，1995；Dechow et al.，1999；Hou et al.，2012；Dong et al.，2017；徐寿福、徐龙炳，2015；王生年 等，2017）三大类。

Berger 和 Ofek（1995）、游家兴和吴静（2012）采用相对估值法度量资本市场错误定价，以行业平均水平为基准衡量上市公司资本市场错误定价水平。该方法通过比较同行业内各公司的市场价值和资产水平，从而推算各公司的基础价值；接着对各公司实际价值与基础价值进行比较，估算各出公司相对于业内同行的错误定价水平。Peng（2005）、Peng 和 Xiong（2006）在分析投资者有限理性认知行为时，发现有限关注下的投资者更倾向于简单的种类决策规则，也就是说这类投资者会关注市场中上市公司的整体行业面，而不是特定的公司状况。因此，相对估值法也具有一定的合理性。对于以行业为基准的相对估值法而言，估计方法虽然简单易懂，但该方法估计的错误定价水平未充分考虑投资价值和企业成长机会带来的股价变动，同时还可能受到行业划分的影响。

Rhodes-Kropf 等（2005）、陆蓉等（2017）采用回归估值法度量资本市场错误定价，将股票的账面市值分解为错误定价和真实成长机会两部分，在充分考虑公司的成长价值后，通过比较公司的市场价值和真实成长价值的差异，推断错误定价水平。具体来说，首先，根据股票价格的影响因素分年度、分行业对股价进行回归，得到各个行业在每个年度的回归系数；其次，对同一行业在不同年份的回归系数取均值，获得行业估计式；最后，将每个公司变量的具体数值代入所属行业估计式，估算出股价拟合值作为相应的内在价值，市场价值与内在价值的差异即为资本市场错误定价程度。回归估值法相较于相对估值法而言，充分考虑了企业的投资价值和成长机会，估算市场错误定价的有效性得到提高，但估算方法更为复杂，且影响股票价格的因素众多，回归估值法可能存在一定的偏误。

此外，Feltham 和 Ohlson（1995）、Dong 等（2017）、徐寿福和徐龙炳（2015）进一步采用剩余收益估值法，利用财务报表信息估算企业的内在价值，再通过内在价值与市场价值的比较衡量错误定价水平。剩余收益估值法通过构建剩余收益变量的线性动态过程，采用相应的时间序列回归方法估计方程组的参数，然后将估计参数带入对应的估值函数计算出上市公司股票的内在价值，采用内在价值与市场价值之比衡量资本市场错误定价。相比于前两种方法，剩余收益估值法从自身财务报告数据出发，并非基于市场和行业因素，更能体现上市公司的个体特征。但在估计过程中，净利润和净资产预期增长率的确定、折现率的选取以及分析师对未来预期盈余的预测精度等因素都会影响企业的内在价值。

考虑研究结论的稳健性和可靠性，本书还进一步参考杨开云等（2013）、尹玉刚等（2018）的做法，结合资本资产定价原理，采用五因子模型从市场异象的角度测算公司的异常收益情况，并以此作为资本市场错误定价的度量指标。由于市场异象在资本市场中显著且持续存在，具有一定的延续性和预测性，因此从资本市场异象的角度衡量资本市场错误定价程度也具有一定的可信性。但资产定价角度的估算方法，更多基于投资组合中套利机会的存在与否，对公司特有信息的反映稍显不足。

综上可知，不同文献对于资本市场错误定价情况的评价仍存在较大差异，已有文献试图采用不同的方法衡量错误定价程度，力图准确、可靠地估量上市公司股票价格内在价值。值得注意的是，估计错误定价程度的各种方法都或多或少存在缺陷。因此，基于稳健性的考虑，本章在衡量资本市场错误定价程度时，沿用相对估值法、回归估值法、剩余收益估值法的做法，同时考虑资本市场异象的影响，结合资产定价原理，采用五因子模型估算的异常收益情况来估计资本市场错误定价程度。

2.2 资本市场错误定价的影响因素

资本市场错误定价是指在信息不对称和有限理性的情况下，股票价格与其内在价值的偏离。那么是什么原因导致资产价格与其内在价值存在偏离呢？换句话说，资本市场错误定价的影响因素是什么呢？已有文献的研究大致可以分为资本市场信息不对称（Huberman、Regev，2001；Engelberg、Parsons，2011；权小锋、吴世农，2012；徐寿福、徐龙炳，2015；王生年、朱艳艳，2017；张静 等，2018）、卖空和涨跌停等市场交易制度的限制（Miller，1977；Saffi、

Sigurdsson，2011；Boehmer、Wu，2013；李科 等，2014；张丽丽 等，2017）以及投资者的非理性认知（Scheinkman、Xiong，2003；Baker、Wurgler，2006；Hirshleifer、Teoh，2003；Tetlock，2010；Engelberg、Parsons，2011；吴卫星 等，2006；徐永新、陈婵，2009；游家兴、吴静，2012）三个方面。为了更清楚地了解资本市场错误定价的成因，本节分别从资本市场信息不对称、交易制度限制和投资者非理性认知三个方面对资本市场错误定价的影响进行文献综述。

2.2.1　资本市场信息不对称

信息披露制度是证券市场健康、良好运行的基石，真实、及时、完整、准确的上市公司信息披露是市场中投资者理性投资的基础。然而，股东、管理层等上市公司内部人员往往拥有外部投资者无可比拟的信息优势，导致信息不对称，使得股价不能及时有效地反映公司信息的变化（Cheng、Lo，2006；Rogers，2008）。另外，信息不对称会带来逆向选择问题，使优质公司股价被低估，劣质公司股价被高估，产生"劣币驱逐良币"的现象，直接影响投资者对股票真实价值的判断，导致公司股票被市场错误定价（Chaney、Lewis，1995）。不仅如此，信息不对称还会导致羊群效应、跟风炒作、捧高踩低等投资者非理性行为的出现，加大投资者认知偏差，难以形成对上市公司真实价值的理性预期（Hirshleifer、Toeh，2003；Hou et al.，2007；权小峰、吴世农，2012）。而公司财务会计信息作为资本市场的重要信息来源，同时也是投资者价值判断的主要依据，其信息披露质量显著影响着公司的股价，信息不对称成为上市公司股票价格正确形成以及投资者对其内在价值正确反应的绊脚石（Lara et al.，2009；梁上坤 等，2012；徐寿福、徐龙炳，2015）。

现有文献研究认为，企业可靠、稳健、高质量的信息披露，有利于降低管理层与投资者之间的信息不对称风险，从源头上改善投资者判断公司价值的信息供给，进而促使市场价格向真实价值回归（徐寿福、徐龙炳，2015；赵玲、黄昊，2019）。具体来说，徐寿福和徐龙炳（2015）的研究指出，信息不对称是导致上市公司市场价值长期偏离内在价值的根本原因，增强信息披露则是修正资本市场错误定价的主要途径，也是降低市值高估公司市场价值泡沫的有效手段。此外，Berkman 等（2009）、陆蓉和潘宏（2012）的研究表明，信息披露可以通过提高投资者对上市公司的认知程度，减少信息不对称，降低投资者对于上市公司的意见分歧，从而减弱错误定价的程度。杨慧辉等（2009）、冯根福和赵珏航（2012）从委托代理理论的视角出发，借助高管股权激励这一工具，研究管理层机会主义行为对资本市场错误定价的影响。结果表明，管理层会根据自身拥有的信息优势，采用盈余操纵和择时信息披露的手段干扰股票价格，攫取超额收益。管理层在获取期权时降低股票价格，在行权时抬高股票价格，以扩大股票市价与行权价或市价与限制性股票授予价格之差，进而获取超额收益。不仅如此，信息披露质量对资本市场错误定价也具有深远的影响（Hirshleifer，2001；Bailey et al.，2007；张静 等，2018）。稳健的会计信息一方面可以抑制管理层不计或少计损失以及高估资产和收益的行为，使得投资者能接触更多真实、客观的盈余信息；另一方面，也可以降低投资者对市场传闻等其他渠道信息的依赖程度，减少羊群行为和跟风炒作等，使投资者的决策回归理性，进而降低市场估值偏误（刘烨松，2005；徐昊，2012）。

2.2.2 交易制度限制

"经国序民，正其制度"，交易制度是资本市场健康发展的重要保障和有力支撑。为了抑制市场参与者的过度投机行为，防止市场出现过分暴涨暴跌现象，进而维护市场稳定、保护投资者利益，我国相继出台了涨跌幅限制、首日价格管制、熔断机制等一系列市场交易制度，旨在为投资者提供充足时间，以获取有效信息，缓解恐慌情绪，降低市场的大幅波动。但事实上，很多研究却发现，涨跌幅限制反而阻碍了股票价格在交易日当天达到均衡，导致真实价格发现的延迟（Lee et al.，1994；Chan et al.，2005；宋顺林、唐斯圆，2019）。例如，徐龙炳和吴林祥（2003）的研究就指出，涨跌停板制度使股票价格存在一定程度的过度反应。屈文洲（2007）进一步指出，涨跌停板制度不仅影响了股票价格的发现功能，还加剧了股票市场的波动性。王朝阳和王振霞（2017）基于 AH 股的比较研究也发现，涨跌停板制度的实施是 A 股市场股价高波动的重要原因，涨跌停板制度的存在，使得股价不能迅速回归正常价值，常常存在补涨和补跌的现象，不仅进一步加剧了股价波动，也导致了股票价格的错误定价。除此之外，屈源育等（2018）的研究也指出，在 IPO 审核制度下，上市公司可以凭借稀缺的壳资源，获取真实价值以外的溢价。宋顺林和唐斯圆（2019）在对新股首日涨跌停板制度的研究中也表明，首日价格管制导致 IPO 溢价更高，同时还放大了新股上市后的股票换手率和股价波动率，使新股上市后股票价格进一步非理性攀升，加剧了错误定价程度。

不仅如此，实务界和学术界都一致认为卖空机制是资本市场交易体制中不可或缺的重要组成部分（Bri et al.，2007；Saffi、Sigurdsson，2011）。一方面，卖空可以通过增加杠杆的信用交易制度提高资本市场的流动性；另一方面卖空还可以通过大规模的股票交易以及衍生的价格竞争，提高资本市场的定价有效性（李志生 等，2015；李锋森，2017）。因此，已有文献都表明，卖空限制对资产定价效率具有负面影响，在存在卖空约束的资本市场中，那些对未来预期持悲观态度的投资者只能抱憾离场，市场中充斥着乐观情绪，最终导致资产价格不能有效地吸收负面信息，不能真实反映资产的实际价格（Miller，1977）。2010 年，我国融资融券制度的正式实施，意味着资本市场"单边市"正式结束，随着卖空机制的引入，悲观投资者和乐观投资者的态度都能有效地反映在股价中，提高了资本市场的定价效率。李科等（2014）利用融资融券制度对卖空限制与股票市场错误定价之间的关系进行研究，发现卖空限制致使不能被卖空的股票被严重高估，融资融券制度等做空机制的实施有助于矫正股价市场的错误定价，提高市场定价效率。由此可见，涨跌幅限制、卖空机制等市场交易制度也是阻碍资本市场定价功能有效发挥的重要因素。

2.2.3　投资者非理性认知

完全有效市场理论假设投资者具有无限信息处理能力，能够及时充分地将所有公开信息反映在股价中。但随着行为金融学的发展，Kahneman（1973）、Hirshleifer 和 Toeh（2003）指出，注意力对于投资者来说是一种稀缺资源，分配在一件事物上的注意力增加必然相应减少在另一件事物上的注意力。正是因为投资者的有限理性，使得其在对外部信息进行处理和编辑时，不能准确、充分地对全部信息进行简化和编码，亦不能很好地将所有外部粗糙的"异码信息"转化为可供评价、识别的"己码信息"，因此，投资者会有选择地处理信息，对市场中的海量信息仅能保持有限关注（Kahneman et al.，1973；Lavie，1995）。Sims（2003）的研究指出，投资者的这种有限关注行为会引起投资决策的偏差，进而影响资产价格与其内在价值的偏离程度。因此，越来越多的研究从投资者有限理性的视角出发，解释资本市场错误定价的原因。王生年和张静（2017）基于行为金融理论，以我国投资者和管理层双向有限理性为背景，认为导致资本市场错误定价的重要原因是投资者的有限理性认知，那些受投资者关注度越高的股票，越有可能被高估。与之相反，权小锋和吴世农（2012）则发现，投资者注意力的增强能有效提高其对盈余信息的认知和解读效率，同时还能监督并抑制管理层的主观盈余操纵行为，进而减少市场中的错误定价现象。总体而言，由于投资者认知的局限性，在面临资本市场中的超量信息时会有选择地分配其注意力，正是投资者的这种有限关注行为显著影响了资本市场的定价。因此有文献指出，资本市场中错误定价形成的关键驱动因素和前提条件是投资者的有限认知（权小锋、尹洪英，2015）。因此，对投资者的注意力进行了解和研究，能够帮助市场形成正确的资产定价机制，以提高资本市场的配置效率。

值得注意的是，投资者情绪作为非理性认知不可或缺的组成部分，不仅受市场情绪的影响，还会受到媒体的干扰。媒体作为信息传播的载体，在传递信息时，并非中性的传声筒，其不仅向投资者传递上市公司的公开信息，也叠加了自身对公司经营业绩、发展前景等方面的观点和看法（Mullainathan、Shleifer，2005；Gentzkow、Shapiro，2006）。Shiller（2002）较早指出，新闻媒体会积极塑造舆论，通过反馈机制（feedback mechanism）和关注瀑布（attention cascade）两个渠道放大当前价格和可得历史信息之间的相关性，进而影响未来股票价格走势。可见新闻媒体在预期股票价格的形成中扮演着重要角色，游家兴和吴静（2012）的研究认为，新闻媒介能形成一个强大的意见气候，它所传递的情绪能影响投资者对事物的认识，导致投资者产生趋同行为（如从众行为、羊群效应等），最终影响股票市场的定价机制。张静等（2018）的研究也得出了一致的结论，他们认为投资者情绪对资本市场错误定价能够产生直接影响；投资者情绪越乐观，股价越会被高估。与之相反，权小锋和吴世农（2012）在对媒体关注与资本市场错误定价的关系进行研究时发现，媒体关注的监督效应可以提高会计信息披露质量，从而抑制管理层的盈余操纵行为，提高市场盈余信息的定价效率，减少应计误定价。

2.3 资本市场错误定价的经济后果

除考察资本市场错误定价的影响因素外，一部分学者也转而关注资本市场错误定价的经济后果。资本市场错误定价如何影响实体经济发展是一个具有深远意义的话题，而错误定价是否对实体经济产生影响以及通过何种途径产生影响，则是本书关注的焦点。现有文献主要围绕企业投资和融资行为展开，他们认为投资者非理性偏差具有系统性和不可抵消性，错误定价时时存在，可能对公司投资、融资决策产生显著影响（Baker et al.，2003；Gilchrist et al.，2005；Chang et al.，2007；Campello、Granham，2013；陆蓉 等，2017）。因为当资产被错误定价时，股票价格不仅包含了正常的投资机会，还反映了投资者的非理性认知，正是这种非理性因素可能影响企业的投资和融资决策。为了厘清资本市场错误定价对企业投融资行为的影响，接下来本章分别从资本市场错误定价与企业融资、资本市场错误定价与企业投资两个方面对资本市场错误定价的经济后果进行文献综述。

2.3.1 资本市场错误定价对企业融资行为的影响

传统的融资理论认为，企业的融资行为是对融资成本与融资收益权衡后的理性抉择，却忽视了资本市场融资条件的变化对企业融资决策的影响。已有文献指出，在非完全有效资本市场中，错误定价现象频现，管理层可以利用自身信息优势在市场错误定价时进行择时融资。事实上，股票市场价格的波动在一定程度上可以看成投资者对企业管理层所做融资决策的反应（Chen et al.，2007）；反过来，企业管理层也会根据投资者的反应，相机调整融资决策（Edmans et al.，2017；陈康、刘琦，2018）。在股票价格高于基本价值即股价高估时，企业会更多地申请再融资，并且融资规模也更大；但在股票价格低于基本价值即股价低估时，股权融资的影响甚微（刘澜飚、李贡敏，2005；刘端等，2006；王正位 等，2007）。

Stein（1996）首次在研究资本市场价格与企业融资行为时，提出了市场时机假说，并通过理论模型证明了企业存在利用市场错误定价时机合理安排融资决策，以最大化企业价值的行为。随后 Graham 和Harvey（2001）在对上市公司高管进行问卷调查时，同样发现管理者具有择时融资策略，他们倾向于在市场对股票价格预期比较高的时候进行股权融资。Baker 和 Wurgler（2002）、Baker 等（2003）也发现当公司对股权融资依赖度越高时，股价高估对企业融资约束的缓解作用越明显。高估的股价使得股权融资成本降低，企业倾向于在股价高估时发行股票进行融资，表现出明显的择时效应（Brau、Fawcett，2006；Campello、Graham，2013；罗琦、贺娟，2015）。郝颖和刘星（2009）利用中国的样本数据也发现了类似的结论，股价高估有利于缓解企业的融资约束。此外，李君平和徐龙炳（2015a）的研究指出，在我国股价高估不仅会促进高融资约束公司的股权融资，还会促进其债务融资，进而缓解融资约束，促进公司投资。更进一步，在区分不同融资约束程度后，发现错误定价对股权融资的正向作用不受融资约束水平的影响；而对于债务融资而言，错误定价的正向影响则主要体现在高融资约束公司，且更多地体现为短期债务融资。

按照股权融资渠道观，当股价高估时，股权融资成本会显著降低；而根据最优资本结构理论，要实现企业价值的最大化，必须充分利用各种有利的融资渠道，使得加权资本成本最小，以形成合适的资本结构。因此股权融资成本的降低，可能会改变企业进行股权融资的意愿和比例，进而影响企业的资本结构调整。Warr 等（2012）通过分组比较的方法，发现资本市场错误定价会影响企业向目标资本结构调整的速度。具体来看，当股价被高估且企业资本结构高于目标资本结构时，企业倾向于选择发行股票的方式进行资本结构调整；然而，当股票价格被低估同时需要降低财务杠杆时，资本结构调整的速度就会相对缓慢。除市场择时——股权融资渠道观外，另一部分学者从市场迎合理论的视角出发，以大股东参与定向增发为基础研究了资本市场错误定价与企业再融资策略的关系，揭示了大股东倾向于在股价低估时参与定向增发的偏好规律（Cronqvist et al.，2005；Beak et al.，2006；朱红军 等，2008；王志强 等，2010；章卫东 等，2010）。由于控制权和现金流权的严重偏离，企业的代理问题严重、利益冲突更为明显，特别是在我国股权结构集中度较高、资本市场投资者法律保护体系不健全的新兴经济体中，控股股东更有动机以较低的价格向自身或关联方增发股票，最终达到对股东进行利益输送的目的。因此公司股价的低估，无疑为定向增发股票提供了支付较低对价的有利时机（朱红军 等，2008；吴育辉 等，2010）。

2.3.2 资本市场错误定价对企业投资行为的影响

长期以来，公司投资和资本市场之间的关系都是在托宾 Q 理论的框架下讨论的，该理论指出资产的价格不仅是投资决策的重要影响因素，更是连接实体经济和资本市场的桥梁。在实体经济与资本市场的关系中，传统经济学的观点认为，若股票价格涵盖的市场信息越多，则资本市场引导资源合理配置的效率就会越高。因此一些学者指出，资本市场的错误定价即股票价格与其内在价值的长期偏离不利于资源的优化配置，可能阻碍资本市场的健康发展，甚至会对经济产生致命冲击。另一些学者则持相反的观点，认为资本市场的错误定价可能是常态，虽然会造成资源错配，产生追捧热潮、推高泡沫的不良影响；但也应看到其有利一面，股票价格的高估也可能通过缓解企业的融资约束，促进产业结构的转型升级、加速技术的革新和换代、扩大技术进步的空间。

Fisher 和 Merton（1984）最先证实了资本市场错误定价现象的存在，同时还发现股票的错误定价可以发挥信号作用，为管理者提供关于公司投资决策的信号。Stein（1996）进一步提出市场择时理论，指出当需要发行股票来支持投资时，股价的错误估计将影响投资决策。管理者会利用资本市场对公司价值的高估或低估对投资决策做出调整，具体而言，当股价被高估时，股权融资成本会降低，此时理性的管理者倾向于选择股权融资方式，以达到用较低的融资成本增加公司经营活动所需的资金，进而扩大投资的目的。相反地，当股价被低估时，上市公司则倾向于选择债权融资方式或者回购被低估的股票，以避免股权融资成本过高而损害股东的利益和公司的价值。与此类似，Baker 等（2003）、Gilchrist 等（2005）、Chang 等（2007）、Campello 和 Granham（2013）等的研究都认为，资本市场错误定价会影响企业的投资策略选择，且主要通过股权融资渠道产生作用。王生年和张静（2017）从我国上市公司的股权结构特征出发，同样得出了资本市场错误定价通过股权融资渠道对过度投资产生正向影响的结论，尤其是在大股东持股比例较高的情况下影响更为显著。与之相反，另一部分文献则认为，资本市场错误定价可能会导致企业的过度投资，此时企业管理层可能为了迎合投资者的高涨情绪，被股价高估驱动，疏于对投资项目成本和收益的考察，从而盲目冒进投资，造成过度投资，降低公司绩效（Chang et al., 2007；朱迪星、潘敏，2012）。罗琦和贺娟（2015）基于控股股东利益最大化的视角，构建了市场时机影响公司投资支出的理论模型，分析也表明，控股股东容易在市场情绪高涨时为迎合投资者预期进行过度投资。

大部分现有研究认为，资本市场错误定价会影响企业投资行为，股价高估可能导致过度投资；而股价低估可能导致投资不足。但对资本市场错误定价与资源配置效率的研究却未达成一致的结论。Barro（1990）的研究指出，资本市场错误定价会显著影响企业的投资水平，同时还会导致资源配置的扭曲。然而，Samuel（1998）与 Gilchrist 等（2005）则认为，企业的投资是由公司财务指标等基本面因素决定的，与资产价格的错误估计无关，因此资本市场错误定价不会影响企业投资效率。此外，另一小部分学者则持积极态度，认为资本市场错误定价可能提升了资源配置效率。Campello 等（2010）在对全球经理人进行问卷调查时发现，股票价格的高估带来了低廉股权融资成本，可以缓解公司的融资约束状况，打破资金约束对有吸引力项目的投资限制，从而提升公司投资效率，改善资源配置情况。此外，陆蓉等（2017）基于中国的资本市场，考察了资本市场错误定价对产业结构转型升级的影响，发现上市公司股票价格的高估带来了资本投入量的增加，并产生资本变动效应，从而引发产业扩张，最终促进产业结构转型升级。

随着研究的深入和细化，学者还对资本市场错误定价与具体投资策略之间的关系展开了研究。肖虹和曲晓辉（2012）基于上市公司与投资者的行为互动视角，对资本市场错误定价下公司研发投入的投资行为迎合性问题进行了分析和检验。结果表明，错误定价影响企业研发投资的传导机理与股权融资渠道密切相关，与市场外部压力下的迎合渠道不显著相关。在中国经济体制转轨背景下，研发投资迎合行为在民营企业中体现得更为明显。更进一步，徐寿福等（2016）对上市公司错误定价行为与研发支出资本化政策选择之间的关系进行了研究，结果显示，上市公司股票错误定价程度与研发支出资本化比例显著正相关，并且该正相关关系在非国有企业中表现得更为明显。

2.4　研究述评

越来越多的研究证实，由于投资者非理性认知的存在，加之资本市场的非完全有效，股票价格会长期偏离其基础价值，出现系统性的高估或低估现象（Morck et al.，1991；Stein，1996；Barberis、Thaler，2003；Baker et al.，2007）。而进一步研究资本市场错误定价真实效应的关键在于构建有效、合理的指标体系，对错误定价进行准确估量。现有大部分文献对资本市场错误定价的测量，大多采用单一的估计方法，如账面市值分解法、剩余收益估值法或相对估值法中的一种来衡量资本市场错误定价，但不同估计方法可能存在差异。账面市值分解法虽然充分考虑了公司的成长价值，通过比较公司的市场价值和真实成长价值的差异，推断错误定价水平；但估算方法复杂且影响股票价值的因素众多，该方法的有效性也存在争议。剩余收益估值法是根据上市公司自身财务数据，利用干净盈余的原理衡量资本市场错误定价；但在估计过程中，净利润和净资产预期增长率的确定、折现率的选取以及分析师对未来预期盈余的预测精度等都会影响企业的内在价值。相对估值法虽然简单易懂，但会因行业划分标准的不同而产生差异。不仅如此，采用单一的估计方法衡量资本市场错误定价，缺乏对不同指标之间的比较，不能客观全面地反映资本市场错误定价程度，得到的研究结果可能存在争议。

关于资本市场错误定价的研究，已有文献对其影响因素的研究成果颇为丰富，就错误定价的成因进行了比较细致、深入的研究。从资本市场自身的不完备性出发，探究信息不对称、交易成本等市场摩擦的存在以及涨跌停限制和卖空约束等交易制度的不完善、法律法规的不健全等对资产定价效率的影响。对资本市场自身的不完备性以及投资者非理认知是导致资本市场错误定价的重要原因达成了共识。但关注错误定价经济后果的文献仍相对较少，现有研究几乎都指出资本市场错误定价可能会造成资源错配、决策偏差等不良影响，仅有少数文献从产业结构调整、融资约束缓解等角度出发，发现资本市场错误定价带来的有利影响。这不利于全面厘清资本市场错误定价对实体经济发展产生的积极或消极影响。

随着资本市场的发展，股票价格对公司投融资行为的影响也日益增强（Baker et al., 2012）。资本市场错误定价与公司投融资决策之间的关系也更为密切。现有关于错误定价与企业融资行为的研究，多是考虑静态的融资策略，仅考察股权融资或债务融资绝对量的多寡，忽略了在去杠杆的大背景下，对于企业资本结构调整的动态研究。仅有的几篇文献都是利用分组比较的方法给出了在不同负债水平下资本市场错误定价对资本结构动态调整的影响，并未考察不同错误定价程度对资本结构调整速度乃至调整方式的影响。因此，在对企业融资决策进行研究时，结合我国实际情况考察错误定价程度如何影响资本结构调整速度及其调整方式选择依然有很大的研究空间，可以为促进我国微观企业去杠杆提供理论依据。

从投资方面来看，现有关于错误定价与企业投资行为的研究多从总体投资水平和效率的角度出发（如过度投资、投资不足等），对具体投资策略的研究仍显不足。事实上，研发创新和兼并收购作为企业重要的战略投资决策，是维持其核心竞争力，实现资源整合的重要手段。同时，研发创新和兼并收购也需要大量的资金支持，还会受到市场投资者的高度关注和热烈追捧。从这一角度来看，在错误定价的环境中，以研发创新和兼并收购作为具体的投资策略进行研究，不失为良好的切入点。特别地，就企业创新而言，国内大多数文献仍主要关注创新投入、创新总体数量等方面，关于资本市场错误定价与市场迎合如何影响企业创新质量的研究仍然十分缺乏。

在研究思路方面，现有文献在考察资本市场错误定价与企业投融资行为时，仅单一考察投资或融资行为，缺乏一个统一的理论分析框架。事实上，投资和融资是密不可分的，融资行为的改变、融资策略的变动势必会影响企业投资决策。因此，将投资和融资行为纳入统一的研究框架，考察资本市场错误定价对企业融资行为的动态影响，进而改变企业投资行为，具有重要的理论和现实意义。此外，值得注意的是，现有文献对资本市场错误定价的研究，缺乏多维度的探讨。它们要么将资本市场错误定价视为一个整体，研究错误定价绝对程度上对企业投融资行为的影响，并未考虑资本市场错误定价的不同情形，即股价高估或低估的非对称性及其不同影响；要么仅关注股价高估的经济后果，对股价低估状态的研究相对缺乏。本书的研究为此提供了一个很好的补充。

3 资本市场错误定价影响企业投融资行为的理论分析框架

本章立足于供给侧结构性改革和经济高质量发展的时代背景，以资本市场功能发挥服务实体经济发展为逻辑起点，基于信息不对称、投资者非理性等行为金融理论，结合企业市场择时和管理层迎合行为，逻辑推导资本市场错误定价影响企业投融资策略选择的内在机理和作用路径，从而构建资本市场错误定价情境下企业投融资行为的理论分析框架，为后文的实证检验奠定基础。

3.1 理论基础

关于金融与实体经济的关系，在有效市场理论的框架下，托宾 Q 理论一直被视为连接资本市场与实体经济的桥梁，其揭示了股票价格与企业投资相互关联的内在逻辑，为利用资产价格引导资源合理配置，推动资本市场服务实体经济发展提供了理论支撑。合理、有效的定价是资本市场发挥资源优化配置功能、服务实体经济发展的重要前提。但受心理因素、认知局限等的干扰，资本市场并非完全有效，股票价格也并非总能反映其真实价值，即会出现错误定价现象。因此，在错误定价环境中，需进一步引入行为金融理论，以分析非有效市场中资产价格对实体经济的影响。

3.1.1 有效市场理论

证券市场中资产价格总是能够"充分反映（fully reflect）"所有可

得信息（all available information）的变化是有效市场假说（efficient markets hypothesis，EMH）的经典定义（Fama，1970）。有效市场假说是资产定价的基础，也是近几十年来经典金融学中最重要的命题之一，由 Fama 和 Jenson 提出，经过推进和深化将其发展成一套认识金融市场的理论分析框架。该理论认为在参与市场的投资者拥有足够理性，并且能够迅速对所有市场信息做出合理、准确反应的假设前提下，在法制健全、信息透明、功能良好的股票市场中，一切有价值的信息都能及时、准确、充分地反映在当前的股价中。换言之，在有效市场理论的支撑下，资产的真实价值始终与其基本价值保持一致，股票价格是对其内在价值的真实反应，因此不会出现股票价格的高估或低估现象，即资产不会被错误定价。

但有效市场理论的成立依赖于三个假设前提。第一，假定资本市场上的所有交易者都是完全理性的，他们能对金融资产做出合理的价值评估。且当市场上出现新信息时，投资者可以通过公司的盈利情况来推测公司的真实价值，调整对股价的合理预期，使得股票价格总能与公司的内在价值保持一致。第二，投资者的交易行为是独立、随机的，即使市场上存在非完全理性投资者，他们之间独立、随机的交易行为也可以相互抵消、对冲，对股票的价格不会产生影响，市场仍然是有效的。第三，市场上存在理性的套利者，当出现股票价格未能充分反映市场信息时，市场中的理性套利者会迅速通过套利行为抵消其对价格的影响。

在传统金融理论的分析框架下，托宾 Q 理论一直被视为连接资本市场与实体经济的桥梁，其揭示着股票价格与企业投资相互关联的内在逻辑，为利用资产价格引导资源合理配置，推动资本市场服务实体经济发展提供了理论支撑。在有效市场中，股票价格一方面可以作为引导资本市场资金流向，指引企业投资决策的先行指标；另一方面也是对企业投资行为的良好反馈。股票的价格随市场信息的变化而变化，公开、透明的信息传导机制和投资环境，使得企业的融资与投资项目相互匹配，企业所创造的价值也会迅速反映到市值中，使股票价格始终与公司内在价值保持一致。此时，更好的投资机会支撑着更高的企业估值，更高的企业估值也预示着更好的投资机会（Malkiel，1992；何旭强、高道德，2001；Dong et al.，2017）。换句话说，按照有效市场理论的分析框架，资本市场是实现信息充分流动，形成合理、有效资产定价的关键场所；而合理、有效的资产定价，则是引导资源优化配置、企业理性投资的重要一环。因此，在完全有效市场中，股票价格作为其内在价值的真实反应，不仅能为企业的理性投资决策提供支撑和保障，也能为投资者的价值评估行为提供参考依据和评判标准。但在现实世界中，资本市场并非完全有效的，信息不对称或投资者的非理性认知可能导致跟风、从众等行为的产生，严重阻碍资本市场的定价效率；管理层也会充分利用股票价格波动的有利时机，进行择时融资安排和实施迎合投资策略。

3.1.2 行为金融理论

传统金融学中的有效市场理论假设资本市场上的所有交易者是完全理性的。投资者作为完全理性人拥有无限认知能力和信息处理能力，能够对所有可得信息迅速做出分析和判断，并形成对股票价格的合理预期，即投资者的完全理性是保证市场有效的重要前提。即便市场中存在少数非理性参与者，导致股票价格与其内在价值出现短暂偏离，市场中的理性套利者也能及时发现并通过套利行为迅速纠正。因此，长期而言，证券市场中资产的价格也与其内在价值保持一致，市场仍然有效。

然而在现实的资本市场中，长期存在股票价格与其内在价值偏离而被错误定价的"异象"。为解释资本市场的这一"异象"，把心理学应用于金融决策过程的行为金融学应运而生，该理论逐渐放宽了个体理性假设的限制，修正了传统金融理论中的"理性人假说"，从更真实的角度描述投资者的行为决策。行为金融理论认为，股票的价格不只受上市公司自身因素的影响，投资者的行为决策及心理因素也与股票价格息息相关。Shiller 和 Robert（1979）、Shiller（1989）也认为股票市场价格的波动并非只是对企业基本面的反映，也体现了投资者行为决策的变化。基于此，在借鉴心理学和行为学相关理论的基础上，行为金融学对有效市场的三个基本假设分别提出质疑，如图 3.1 所示。首先，是对完全理性投资者提出质疑。由于市场参与者可能受到教育、环境等认知局限以及各种心理因素的影响，其对股票价格的认识表现为有限理性。其次，投资者的行为决策并非完全随机的，决策过程也不是完全独立的，会受到其他投资者或市场环境的影响，容易表现出跟风、从众等羊群行为，使得市场中非理性投资者之间的行为难以被抵消，结果导致系统性的偏差。最后，市场中的套利行为并不能完全消除投资者非理性行为对股票价格造成的影响。由于纠正错误定价的套利策略面临很大的风险和套利成本，加之市场交易规则的限制，比如卖空限制、交易限量、IPO 暂停等，都会严重影响理性套利者套利交易的顺利开展，进而导致证券价格与其基本价值产生偏离，市场定价也不再有效（Kanheneman、Tversky，1979；Shleifer、Vishny，1997；Barberis、Thaler，2003；宋军、吴冲锋，2008；熊艳 等，2014；王生年、张静，2017）。

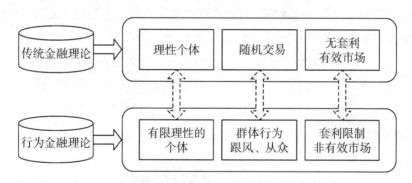

图 3.1　传统金融理论与行为金融理论的差异比较

事实上，在解释资本市场错误定价成因的研究中，越来越多的文献以投资者有限理性作为切入点（游家兴、吴静，2012；王生年、张静，2017）。而投资者的有限理性突出表现为认知能力局限性，尽管市场上存在各种各样的信息，但人的分析能力和解读能力都是有限的，个体往往表现出有限的信息处理能力（Kahneman、Tversky，1973；Lavie，1995）。由于投资者注意力和认知能力的有限性，其对市场中的股票呈现出选择性关注倾向，对于那些概念股、题材股会有更高的关注度。随着关注度的提高，投资者会表现出显著的净买入行为，这种注意力驱动下的买入行为不仅会对股票价格形成正向压力，产生跟风、从众等群体效应，在短期内助推股票价格的高涨（Barber、Odean，2008；Sims，2003；Engelberg、Parsons，2011；游家兴、吴静，2012）；还会为管理层提供良好的信息反馈，助力企业更好地进行迎合性的投资（Chen et al.，2007；于丽峰 等，2014；陈康、刘琦，2018）。按照股价信息反馈效应的观点，管理层具有学习效应，会根据投资—股价敏感性相机调整企业的投资决策，以迎合投资者的偏好和期望，达到维持或推高短期股价的目的（Polk、Sapienza，2006；张静、王生年，2016）。

3.2 内在机理

现有文献关于资本市场错误定价影响企业投融资行为的研究，主要有两种观点，一种是股权融资渠道观，另一种是理性迎合渠道观。这两种观点都指出，由于投资者的非理性，股票价格与其内在价值出现偏离，改变了企业的投融资成本和偏好，进而影响企业的投融资决策（Baker et al.，2003；Polk、Sapienza，2009；张庆、朱迪星，2014；李君平、徐龙炳，2015a；罗琦、贺娟，2015；屈文洲 等，2016）。基于此，本节拟从错误定价的股权融资渠道和理性迎合渠道视角出发，分析资本市场错误定价影响企业投融资行为的内在机理。

3.2.1 资本市场错误定价视角下的企业择时

按照我国传统习俗和解释，择时是指依日月星辰之运行，判定时辰之好坏。在资本市场中，择时理论逐渐发展成行为金融学对于证券发行、企业融资以及投资等企业行为决策进行分析的一个基本理论框架，择时理论的提出和发展进一步为企业投融资活动的研究开拓了新方向。市场择时理论最早由 Stein（1996）提出，他以非有效资本市场中，管理者理性、投资者非理性为假设前提，构建理论模型研究上市公司进行股权融资时的市场择时行为。这表明上市公司会利用资本市场中股票价格的错估时机进行择时融资，具体表现为：当股价被高估时，上市公司会利用股权融资的低成本优势发行更多股票；相反，当股价被低估时，公司更多地通过回购股票或债务融资来最大化企业价值。随后，Baker 和 Wurgler（2002）通过实证模型，证实了市场时机选择对公司融资决策的影响，表明错误定价通过股权融资渠道影响企业融资决策。不仅如此，Rangan（1998）、Cohen 和 Zarowin（2010）在对公司再融资行为进行研究时也发现，股权再融资过程中上市公司会通过盈余操纵提高公司当期收益，以促使股价上涨，为再融资提供有利时机。进一步，Baker 等（2003）根据市场择时理论，提出了与企业投资决策相关的股权融资渠道观，该理论认为管理者会利用市场上的错误定价时机来调节企业的股权融资水平。换句话说，股权融资理论认为市场的估值水平决定着公司的权益资本成本，那么资产的错误定价便可以通过改变融资成本进而直接影响企业融资行为，并间接对公司投资产生作用。

关于市场择时行为的研究，最初 Rajan 和 Zingales（1995）、Pagano 等（1998）以账面市值比（B/M）来反映市场择时效应，即高账面市值比公司意味着相对低的股权融资成本。在此基础上，Baker 和 Wurgler（2002）对上述指标进行了适当调整，以外部加权平均账面市值比作为市场时机的代理变量。随后，Kayhan 和 Titman（2006）进一步通过账面市值比分解法，将外部加权平均账面市值比分解为短期错误定价因素和长期企业成长因素两个部分，并选取短期因素来反映市场的择时效应。

已有文献大多指出，市场择时行为会对企业融资决策产生重要影响（刘澜飚、李贡敏；2005；胡志强、卓琳玲，2008）。就现实市场而言，学者在对众多 CFO 进行匿名调查时发现，资本市场的实际运行状况成为经理人进行股权融资决策的首要考虑因素（Graham、Harvey，2001）。Hovakimian（2006）通过对公司的股票发行行为进行分析，发现股票发行具有明显的市场择时效应。同样，郭杰和张英博（2012）在对中国 IPO 公司进行分析时，指出在我国新股发行体制下，不但企业具有自主择机行为，政府的发行管制行为同样存在择时效应。王正位等（2007）基于 A 股市场再融资行为进行研究时，发现企业再融资存在市场时机选择的情况，表现为在市场高涨时，会有更多的公司申请再融资；再融资申请成功的公司，在市场时机合适的情况下其融资规模会更大。

此外，股权融资渠道理论还指出，市场择时行为会间接影响企业的投资决策（靳光辉，2005；张静、王生年，2016）。如果投资者过度悲观会导致企业股价被严重低估，企业因外部融资成本过高或筹集不到权益资本不得不被迫放弃良好的投资项目；相反，如果投资者情绪高涨，股票价格被高估，企业便拥有便利的融资成本，可能会扩大投资。由于市场择时行为可以带来相对低廉的外源融资资本，对于那些存在融资约束、渴求资金的企业而言，股权融资成本的变化将显著改善公司的融资约束状况，进而影响投资决策。因此，在企业存在融资约束的情况下，股票发行的市场择时效应对企业投资行为产生的间接影响更为显著，也即融资约束越严重，公司的投资决策对股价越敏感（Baker et al.，2003；Gilchrist et al.，2005；Chang et al.，2007）。周振东等（2011）的研究表明，中国资本市场存在市场择时现象，显著影响着公司的股权融资渠道，通过对公司投资—现金流敏感度的检验，发现股权融资渠道缓解了融资约束公司的投资不足现象。除此之外，市场时机理论还广泛应用于对企业并购浪潮的解释中。Shleifer 和 Vishny（2003）尝试运用市场时机理论的观点解释企业并购浪潮的发生，他们发现资产价格的错误估计会驱动上市公司并购行为的发生。毕婧（2008）、唐蓓（2010）也发现，上市公司错误定价会显著影响企业的并购决策，往往主并公司被高估的程度高于标的公司；并且当主并公司股票价格被高估的程度越严重时，企业并购的规模越大。

3.2.2　资本市场错误定价视角下的企业迎合

迎合一词源于成语曲意逢迎，是指揣摩他人意旨而投其所好的行为。随着行为金融学的发展，公司财务、金融领域，将迎合定义为：在管理者理性而投资者非理性的框架下，管理者为满足投资者需求或喜好而实施各项决策的行为（Baker、Wurgler，2004a、2004b）。具体而言，当投资者偏好具有某些特征的股票并且愿意为其支付高于内在价值的溢价时，理性的管理者会在维持其自身职位、最大化股票期权价值以及保护市场声誉等自利动机的驱使下，积极主动地创造出具有这种特征的股票以迎合投资者的非理性需求，以攫取该部分溢价（Baker、Wurgler，2013；李心丹 等，2014）。由于股票价格被投资者视为评价管理者能力的重要指标，而且股票价格的波动会直接影响管理者的股权薪酬利益，因此如果管理者拒绝甚至放弃投资者所偏好、期望的项目，投资者可能会选择抛售股票，导致股价下行，而低股价加剧了管理者被迫离职的概率，因此短视的管理者有可能为了维护自身利益而迎合市场预期，进行迎合市场的投资，以达到维持或推高短期股价的目的（Shleifer、Vishny，1990；Bolton et al.，2003；Polk、Sapienza，2006；张静、王生年，2016）。

迎合理论的思想萌芽起源于 Long（1978）对公司迎合性现金股利政策的研究（肖虹、曲晓辉，2012）。其后，沿用 Long（1978）的思想，Baker 和 Wurgler（2002）进一步结合行为金融学理论，在放松有效市场假设的基础上，提出了著名的股利迎合理论（Catering Theory of Dividends），用于解释股利政策的发放行为。接着，Baker 和 Wurgler（2004a，2004b）通过对经验数据的实证检验，证实了迎合理论的存在。他们发现理性的管理者能够识别市场的错误定价，在权衡利弊之后会迎合市场需求制定相应的股利政策。具体表现为：当市场存在正的股利溢价时，管理层偏好发放股利；而当市场存在股利折价时，管理层则倾向于不发放股利。同样，吕纤和罗琦（2019）的研究也发现，当资本市场表现出无效率的特征时，管理者能够迎合投资者的非理性股利需求获得现金股利溢价。随着对迎合理论的深入掌握和理解，后续研究进一步将迎合理论拓展到股利政策以外的公司决策上，例如公司更名（Coorper et al.，2001；Coorper et al.，2005；郑志刚 等，2018；徐龙炳 等，2018）、股票拆分（Baker et al.，2009）、高送转（李心丹 等，2014；胡聪慧 等，2019）以及企业投融资决策（Zhang，2008；Polk、Sapienza，2009；肖虹、曲晓辉，2012；张静、王生年，

2016）等方面。李捷瑜和王美今（2006）的研究也发现，中国上市公司具有迎合股东的动机，投机泡沫会对企业的真实投资产生显著影响。另外，徐龙炳和陈历轶（2018）、胡聪慧等（2019）的研究指出，管理层会通过股票的送转策略来迎合投资者的名义价格幻觉，以增加公司的认可度，吸引更多投资者关注，从而提升企业估值水平。

与择时理论不同的是，迎合理论突破了企业的融资约束限制。Polk 和 Sapienza（2009）研究发现，即使企业资金渴求度较弱，融资约束不强，投资者情绪也会显著影响其投资决策。他们将这种理性管理层对非理性投资者的迎合行为视作迎合渠道，并据此率先提出了关于企业投资决策的迎合渠道理论（catering channel theory）。该理论认为理性的管理者会根据股票价格的波动，努力识别并选择那些被投资者认可和关注的项目进行投资，同时摒弃风险较大、不被投资者看好、可能带来解雇风险的投资项目。肖虹和曲晓辉（2012）、Dong 等（2017）以企业的创新投资为切入点，进一步对企业投资决策的迎合渠道理论的存在性进行检验。Dong 等（2017）发现，企业的创新投资决策支持迎合渠道理论，在市场估值偏误的情况下，尤其是股价被高估时，企业的创新投入和产出都会显著增加。因为创新是企业持续发展的不竭动力，往往也被视为企业向好发展的积极信号，极易成为市场竞相追捧和炒作的热点以及投资者关注的重点，企业管理层会为了迎合投资者预期而加大创新投入。除此以外，黎文婧和郑曼妮（2016）、申宇等（2018）在对我国政府政策与企业创新行为之间的关系进行分析时，发现企业的迎合效应不仅是对市场中追逐潮流和热点的投资者的迎合，还包括对分配补贴项目和税收优惠的政策制度和社会环境的迎合。

3.3　实现形式

本节立足于供给侧结构性改革和经济高质量发展的时代背景，以投资者广泛关注、追捧的企业投融资决策为切入点，围绕资本市场错误定价与资本结构动态调整、资本市场错误定价与企业创新、资本市场错误定价与企业并购三个方面，论述资本市场错误定价影响微观企业投融资策略选择的实现路径。首先，因为投融资策略的选择需要依附具体的投融资行为来体现，笼统的投融资水平或效率不能体现出策略选择的差异；其次，考虑到融资方式以及融资策略的改变会显著影响企业的投资决策，而企业创新和并购行为均需要大量的资金投入，对融资策略的变动可能更为敏感和明显；最后，考虑到数据可得性以及企业战略的重要性程度，下文从资本结构动态调整、创新和并购的视角出发考察资本市场错误定价对企业投融资策略选择的影响。

3.3.1 投融资行为的切入点

2008 年全球金融危机以来，我国杠杆率迅速攀升，尤其是非金融企业的杠杆率快速提高，从 2008 年的 95.2% 跃升到 2015 年的 151.2%。杠杆率的不断攀升为我国经济社会发展埋下了重大风险隐患，杠杆调整迫在眉睫。2015 年中央经济工作会议将"杠杆调整"列为供给侧结构性改革的重点任务之一，明确指出要增加权益资本比重，调整企业杠杆，促进经济持续健康发展。2018 年中共中央政治局会议进一步强调，要把防范化解金融风险和服务实体经济更好地结合起来，坚定做好杠杆调整工作。事实上，企业杠杆调整决策取决于调整成本和调整收益的权衡，股价估值偏误会直接影响企业权益融资成本，改变企业股权融资或债权融资意愿，影响企业融资方式的选择，进而影响企业资本结构的动态调整。此外，资本结构的调整与企业价值紧密相关，也是投资者关注的焦点问题。企业管理层也会根据投资者的定价信息反馈改变现有资本结构以迎合市场偏好。从这一角度看，资本市场错误定价对企业资本结构动态调整的影响可能比传统经济因素更为深远。因此，结合供给侧结构性改革和杠杆调整的社会背景，从企业资本结构动态调整的视角考察资本市场错误定价环境中企业融资策略的变化，有助于深入理解我国企业部门杠杆高企的成因以及完善杠杆调整相关政策措施。

新时代我国经济发展的基本特征是，经济已由高速增长阶段转向高质量发展阶段。习近平总书记指出，推动经济高质量发展，要贯彻新发展理念，把创新作为第一要义；把重点放在推动产业结构转型升级上，做实、做强、做优实体经济。事实上，经济发展质量提升要求我们积极推动经济发展质量变革、效率变革、动力变革，将更多依靠高投入、低端产业增长的发展模式向技术驱动、高端产业引领转变；大力推动技术创新和资源并购整合，加快淘汰低端落后产能。微观企业的高质量、可持续发展构成了经济高质量发展的基础，而研发创新是维持核心竞争力，推动企业持续发展的原动力。掌握了创新的主动权也就等于抢占了未来发展的先机。兼并收购是促进企业资源整合、效率提升的重要战略手段，也是公司实现规模扩张、技术获取以及品牌价值提升的捷径（陈仕华 等，2015；赖黎 等，2017）。通过兼并收购实现资源整合，对促进产业结构优化升级和经济增长质量提升同样具有十分重要的战略意义（翟进步 等，2010；张学勇 等，2017）。不仅如此，研发创新和兼并收购作为企业发展过程中的重大战略决策，一方面必然会引起市场投资者的高度关注和热烈追捧；另一方面也需要大量资金支持，这与资本市场功能发挥可能影响企业投资决策的股权融资渠道和理性迎合渠道不谋而合。因此，本书从企业创新和并购投资决策的视角出发，分析资本市场错误定价对企业投资策略选择的影响，能更好地厘清资本市场服务实体经济发展，尤其是服务于创新驱动发展战略的微观作用机理，也有助于从实践层面完善和理解金融对实体经济的影响。

3.3.2 资本市场错误定价与资本结构动态调整

资本结构是指企业资本总额中各种资本的构成及其比例关系，也就是债务资本在企业全部资本中所占的比重。根据权衡理论的观点，企业通过权衡负债的利弊，从而决定债务融资与权益融资的比例。权衡理论假设金融市场是无摩擦的，资本结构的调整是无成本的，企业存在最优资本结构，因此当企业资本结构偏离最优状态时，会迅速调整至目标水平。然而，在现实社会中，由于金融市场中代理问题等的存在，公司不得不考虑资本结构的调整成本和收益，当且仅当调整收益大于调整成本时，企业才会进行资本结构调整，因此公司资本结构调整往往存在时滞性（Fischer et al.，1989；Flannery、Rangan，2006；

Morellec et al.，2012）。这一情况在中国尤为突出，大量媒体报道和政府文件显示，我国公司的资本结构中，常常出现过度负债和融资困难的"冰火两重天"现象，这使得公司向目标资本结构调整的速度异常缓慢。因此，研究如何有效提升公司资本结构调整速度，促进公司向目标资本结构靠近，降低公司负债率水平，具有重要理论价值和现实意义（姜付秀、黄继承，2011；黄继承 等，2014）。

企业杠杆调整成为近年来公司金融领域研究的热门话题，2015 年中央经济工作会议也将"杠杆调整"作为供给侧结构性改革的重要任务之一。债务融资和权益融资是企业进行杠杆调整，实现资本结构转变的两条重要渠道；其中债务融资作为间接融资更多依靠银行信贷的发放，权益融资作为直接融资在我国一般以股权融资为主。股权融资的难易程度取决于资本市场的发展，中国资本市场作为一个新兴市场，各项制度尚不十分健全，投资者专业能力参差不齐、投机跟风行为明显，错误定价现象时有发生。依据市场时机假说的观点，企业能够利用市场错误定价的时机合理安排融资决策（Stein，1996；王正位 等，2007）。股票估值偏误作为股权融资成本的重要影响因素，可能影响公司股权融资意愿，改变企业资本结构决策。企业会在股票错估时充分利用高估和低估不同状态的优势，进行股权融资和债券融资的权衡，进而影响其向目标资本结构的靠近。Warr 等（2012）的研究发现，资本市场错误定价会影响企业向目标资本结构调整的速度，当股价被高估且企业资本结构高于目标资本结构时，企业选择发行股票来进行资本结构调整的速度显著加快；然而，当股票价格被低估且处于过度负债情形，需要降低财务杠杆时，资本结构趋向目标水平的调整速度就会相对缓慢。因此，从企业资本结构调整的视角考察资本市场错误定价环境中企业融资策略的变化，可以进一步厘清资本市场错误定价对微观企业融资行为的影响。

3.3.3 资本市场错误定价与企业创新

党的十八大后，提出"大众创业、万众创新"的号召，呼吁企业不断创新。2017 年中央经济工作会议也明确指出："强化创新驱动……

推进基础性关键领域改革取得新的突破。"国家倡导大力培育新动能，强化科技创新，推动传统产业优化升级，培育一批具有创新能力的排头兵企业。近年来，不管是"中兴通讯事件"还是"华为事件"，都掀起了人们对中国信息通信产业发展道路、创新模式和生态环境的关注热潮，引发实业界和学术界对企业自主创新，特别是高质量、原创性创新的深思。进一步，人们更加深刻地认识到"中国创造"、自主知识产权的重要性。根据内生经济增长理论，技术进步是经济增长的重要推动力，要保持我国经济持续快速发展，必须加快实施企业创新发展战略，促进企业创新能力的提升。结合新时代经济高质量发展的主旋律，党的十九大进一步强调，创新是引领发展的第一动力，是牵动经济社会发展全局的"牛鼻子"，是建设现代化经济体系的战略支撑。要切实践行新发展理念，促进金融市场服务于实体经济，尤其是服务于创新驱动的发展战略。

金融市场如何服务于实体经济，服务于创新驱动的发展战略，促进经济高质量发展，一直是我国一个重要而紧迫的课题，因此研究资本市场错误定价对企业创新的影响便显得尤为重要。一方面，从我国经济体制、背景来看，现阶段我国股票市场参与者投机氛围浓厚，信息不对称现象严重，且研发投资天然的高风险性、高不确定性、高估值主观性等特点，使得定价尤为困难，无疑加大了资本市场错误定价的概率（陈炜，2003）。另一方面，为了推动经济增长方式的转变，政府不断出台优惠政策鼓励公司加大研发投资、转变创新发展战略。研发投资逐渐成为股票市场关注的焦点，导致投资者的盲目跟风和从众行为，也对投资者估值预期产生了一定影响。对于企业创新投资而言，需要充足、持续的资金支持，长期、稳定的权益融资是保障创新顺利进行的重要力量（李云鹤 等，2018）。市场择时理论认为，此时资本市场的错误定价为企业融资提供了有利的市场时机，便于企业合理安排融资；当市场价值高于真实价值即股价被高估时，企业拥有更低的股权融资成本，这将有效地缓解企业的融资约束，促进研发资金的投入。Dong 等（2017）的研究发现，股票价值的高估会促进企业创新，在高估程度更严重的企业中表现得更为明显。从动态的视角看，市场定价在某种程度上表征了投资者对公司投融资决策和未来前景的反应；反过来，企业管理层也会从投资者定价信息中进行反馈，相机调整财务决策（Edmans et al.，2017；陈康、刘琦，2018）。创新活动、专利产出等往往预示着公司发展动力强劲，甚至被视为向外界投资者传递企业具有高投资价值的信号（刘督 等，2016）。因此从这一角度来看，企业致力于研发创新，还可能表现为一种博取投资者关注、吸引投资者眼球，旨在抬高股票价格的一种策略性行为。

3.3.4 资本市场错误定价与企业并购

在 2017 年第五次全国金融工作会议上，习近平总书记指出，要贯彻新发展理念，树立质量优先、效率至上的理念，更加注重供给侧的存量重组、增量优化、动能转换。由此可见，在国家大力倡导供给侧结构性改革和经济高质量发展的时代背景下，创新驱动、转型升级已然成为企业发展的主旋律。通过兼并收购实现资源整合，对促进产业结构优化升级和经济增长质量提升具有十分重要的战略意义（翟进步等，2011；张学勇 等，2017）。并购不仅是企业实现外部扩张、建立商业帝国的主要手段，更是企业实现快速成长、资源整合的有效途径。因此，近年来并购已逐渐成为我国企业规模扩张、做大做强的最主要方式之一，尤其是 2014 年以来，我国 A 股市场掀起了一场前所未有的并购浪潮，并购数量和并购规模都在不断攀升。企业并购已经成为我国资本市场中实现资源整合、优化资源配置、改善公司治理、提高公司价值、增强公司竞争力的重要手段和主要方式。

资本市场服务实体经济，不仅要助力于企业创新，还应推动资源整合和效率提升，助推企业兼并重组，淘汰落后产能。众所周知，企业并购活动需要大量的资金支持，其融资能力会直接影响企业并购发生的概率，尤其是较高的外部融资能力可能成为企业并购活动实施的关键（Celikurt et al.，2010；周守华 等，2016）。根据股权融资理论，当市场价值高于真实价值即股价被高估时，企业将拥有更低的股权融资成本，股权融资能力显著提高。Shleifer 和 Vishny（2003）在股票市场驱动并购的理论模型中也指出，在市场无效的情况下，股票价格会出现高估和低估两种状态，理性的管理者往往会利用股价被高估这一有利时机，去并购那些相对被低估的标的，从而为股东谋利。Dong 等（2006）、Ang 和 Cheng（2006）、Antoniou 等（2008）的研究也从实证的角度验证了资本市场错误定价驱动公司并购假说，发现相比于目标公司，并购公司的股票通常被高估的程度更高。此外，迎合渠道理论指出，理性的管理者会为满足投资者需求或喜好而实施相应的投资决策（Baker、Wurgler；2004a、2004b）。并购作为企业发展过程中的重大投资决策，受到了投资者的广泛关注和热烈追捧。Tong 等（2014）、蔡庆丰和田霖（2019）的研究都发现，企业热衷于并购并非由于协同效应带来的经营业绩的改善，更多是出于"蹭政策热点""博取投资者关注"等策略性行为。因此，从并购的视角出发考察资本市场错误定价对企业投资行为的影响，有助于全面理解资本市场错误定价的经济后果及其作用机制。资本市场错误定价与企业投融资策略选择的内在逻辑如图 3.2 所示。

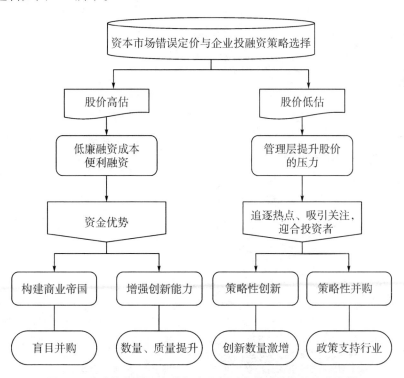

图 3.2 资本市场错误定价与企业投融资策略选择的内在逻辑

4　资本市场错误定价与资本结构动态调整

　　行为金融学的兴起使人们越来越认识到市场并非总是有效的，投资者也并非总是理性的，市场估值并不一定能反映资产的真实价值，即会出现错误定价现象。在错误定价的环境中，企业如何进行投融资决策已然成为行为金融学研究领域的一个重要分支。资本结构调整作为公司融资决策的核心内容，既是管理层对融资成本权衡的结果，也是投资者关注的焦点问题，与公司价值密切相关。基于此，本书试图从资本结构动态调整的视角出发，考察资本市场错误定价对企业融资策略的影响。

4.1　问题提出

　　2008 年全球金融危机发生后，中央政府出台并实施了"四万亿"投资计划和十项扩大内需措施①，通过投资拉动方式成功地扭转了经济下滑的趋势，但与此同时也加剧了各部门的债务负担。国家资产负

---

　　①　2008 年 11 月中华人民共和国国务院常务会议提出应对 2008 年国际金融危机、稳定经济的一系列财政、货币等政策，总规模约 4 万亿元，称为"四万亿"投资计划，同时出台了扩大内需的十项措施：①加快建设保障性安居工程；②加快农村基础设施建设；③加快铁路、公路和机场等重大基础设施建设；④加快医疗卫生、文化教育事业发展；⑤加强生态环境建设；⑥加快自主创新和结构调整；⑦加快地震灾区灾后重建各项工作；⑧提高城乡居民收入；⑨在全国所有地区、所有行业全面实施增值税转型改革，鼓励企业技术改造，减轻企业负担 1200 亿元；⑩加大金融对经济增长的支持力度。

债表研究中心把 2008—2015 年定义为快速加杠杆阶段，因为在短短 7 年时间里，实体经济杠杆率增加了 86.2%，尤其是非金融企业杠杆率迅速提高，从 2008 年的 95.2% 跃升到 2015 年的 151.2%。杠杆率的不断攀升为我国经济社会发展埋下了重大风险隐患，杠杆调整迫在眉睫。2015 年中央经济工作会议将"杠杆调整"列为供给侧结构性改革的重点任务之一，明确指出要增加权益资本比重，重视直接融资，调整企业杠杆，促进经济持续健康发展。因此企业杠杆调整即资本结构问题也成为近年来学术界讨论的热点话题（Oztekin，2015；Jiang et al.，2017；姜付秀、黄继承，2011；巫岑 等，2019）。总的来看，现有文献主要从宏观制度环境（Oztekin，2015；Jiang et al.，2017；姜付秀、黄继承，2011；巫岑 等，2019）和微观企业特征（Chang et al.，2014；姜付秀、黄继承，2013；盛明泉 等，2018）两个方面出发，研究了资本结构动态调整的影响因素。然而，上述研究都建立在资本市场是有效的、无摩擦的假设基础上。事实上，市场并非总是有效的，特别是在制度尚不完善的新兴经济体中，资本市场错误定价现象时有发生（赵玲、黄昊，2019）。那么，在市场存在估值偏误的状态下，企业会如何权衡不同融资方式，进行资本结构调整？换句话说，资本市场错误定价是否以及如何影响企业的资本结构调整行为，这是本章研究的核心问题。

股票错误定价中对企业投融资决策有直接影响的就是股权融资成本，股价高估时企业通过股权融资能获得更廉价的资金。Campello 和 Graham（2013）、李君平和徐龙炳（2015）等的研究都认为，企业确实存在一定的择时行为，他们倾向于在股价高估时进行股权再融资以降低融资成本。错误定价影响企业投融资行为的另一依据是迎合理论，股票市场价格的波动在一定程度上可以看成投资者对企业管理层所做投融资决策的反应（Chen et al.，2007）；反过来，企业管理层也会根据股价波动，相机调整投融资决策（Edmans et al.，2017；陈康、刘琦，2018）。Polk 和 Sapienza（2009）的研究支持了管理层的迎合假说，他们认为企业管理层会根据投资者的定价行为捕捉其偏好，并进行迎合以推动股价上涨。

事实上，Modigliani 和 Miller（1958）提出企业资本结构问题以来，公司金融领域就企业是否存在最优资本结构展开了激烈讨论。尽管早期有一些理论和实证文献对目标资本结构的存在性提出了质疑，但更多的学者对最优资本结构的存在还是持肯定态度的。企业目标资本结构的存在性也逐渐成为现代公司金融领域的共识（Hovakimian et al.，2001；姜付秀、黄继承，2013；盛明泉 等，2018）。然而，由于受外部环境和内部条件变化的影响，以及现实世界中税收、破产成本等因素的存在，企业实际资本结构往往会偏离其最优值。在权衡调整收益与成本后，公司会在调整收益大于成本时，相机对资本结构做出调整（Leary、Roberts，2005；黄继承 等，2016）。资产价格是股权融资成本的重要决定因素，也是企业股权融资意愿的关键所在，对公司资本结构的调整决策也影响深远。按照市场时机假说，从股权融资渠道来看，当股价高估时企业股权融资成本较低，企业很有可能增加权益融资比重，从而改变其资本结构。而中国资本市场作为一个新兴市场，各项制度尚不十分健全，投资者专业能力参差不齐、投机跟风行为明显，错误定价现象时有发生。因此在这一情况下深入研究资本市场错误定价对企业资本结构调整的影响具有十分重要的实践意义。

基于此，本章参考 Warr 等（2012）、黄继承和姜付秀（2015）、郑曼妮等（2018）的研究，选取 2004—2017 年中国沪、深两市 A 股上市公司作为研究样本，按照实际资本结构与目标值之间的偏离程度，区分过度负债和负债不足的公司。同时，参考游家兴和吴静（2012）、徐寿福和徐龙炳（2015）、Dong 等（2017）的研究估算公司内在价值，并按照股票市场价值与其内在价值之间的差异，将股票分为股价高估组和股价低估组。进而对过度负债公司与负债不足公司在不同资本市场错误定价情形下，趋向目标资本结构的调整速度进行实证检验。

相比于已有文献，本章可能的研究贡献主要体现在以下三个方面：

第一，本章的研究拓展了资本市场错误定价经济后果研究领域的文献。现有关于错误定价经济后果的研究，主要集中在公司融资约束缓解、企业投资效率等方面（肖虹、曲小辉，2012；李君平、徐龙炳，2015；陆蓉 等，2017；Dong et al.，2017），鲜有考察资本市场错误定价对公司融资结构动态权衡的影响，本章的研究对此提供了很好的补充。

第二，本章丰富了资本结构调整影响因素的相关研究。已有文献对资本结构调整的研究涵盖了宏观经济环境、微观公司特征以及媒体等中介机构的作用等多个角度（Faccio、Xu，2015；Serfling，2016；盛明泉 等，2012；黄继承 等，2016；申广军 等，2019；巫岑 等，2019），本章的研究进一步拓展到了资本市场定价行为上，发现估值偏误对企业资本结构调整具有重要影响。中国资本市场是一个新兴市场，各项制度尚不完善，市场情绪波动明显，投资者跟风炒作行为严重，错误定价现象频现。从这一角度看，资本市场错误定价对企业资本结构动态调整的影响可能比传统经济因素更为深远。

第三，本章不仅考察了资本市场错误定价对公司资本结构动态调整的影响，还进一步探讨了这一影响的作用机理，在内容上丰富了资本市场与实体经济关系的研究成果，也为后续关于错误定价与资本结构动态调整的研究提供了很好的参考。总之，本章的研究及其结论对于全面认识资本市场错误定价的经济后果和资本结构调整的影响因素，以及改善非金融企业过度负债状况，有效调整企业杠杆等方面，都有重要的启示意义。

4.2　理论分析与假设推导

4.2.1　资本结构调整

资本结构的研究主要是从 MM 理论提出开始的，在给予一定的假设条件后，MM 理论指出资本结构不会影响企业价值。但是，在现实世界中，由于公司所得税、破产危机、代理问题等因素的存在，MM理论假设的条件往往难以满足。早期的部分理论和实证文献虽然对目标资本结构的存在性提出了质疑，但随着更多学者对最优资本结构的存在持肯定态度，企业目标资本结构的存在性也逐渐成为现代公司金融领域的共识（Hovakimian et al., 2001；姜付秀、黄继承，2013；盛明泉 等，2018）。陆正飞和高强（2003）在对我国深交所 500 家上市公司进行调查时发现，上市公司确实存在"合理"的目标资本结构。李锐等（2007）的调查结果也支持了上述结论。

尽管企业存在最优资本结构或在某一时点恰好处于最优水平，但在其经营发展过程中，由于受到外部环境和内部条件变化的影响，企业的最优资本结构会处于一个动态变化的过程。追求价值最大化的企业也必然会不断调整其资本结构，以期达到最优水平（姜付秀、黄继承，2011）。已有文献对企业资本结构动态调整的研究主要聚焦于以下三方面：一是成长性、规模性等公司特征；二是法律状况、宗教信仰等制度环境；三是经济周期、财政政策等宏观经济条件。就企业特征而言，常亮和连玉君（2013）通过动态面板门限模型对资本结构调整进行研究，发现企业的规模越大、持有现金越多，其资本结构的调整速度就越快。Drobertz 和 Wanzenried（2006）也发现，当公司的成长性越高、资本结构的偏离程度越大时，资本结构的调整速度越快。与之类似，郑曼妮和黎文靖（2018）采用沪、深两市 A 股上市公司的数据，结合企业自身的财务状况研究发现，过度负债企业，尤其是非国有企业，当其财务赤字越大、盈利能力越强、成长性越快、账面市值比越高时，资本结构的调整速度越快。此外，还有学者考虑了代理问题对资本结构调整的影响，从股东和经理人代理冲突的视角出发对企业资本结构的调整问题进行了研究。Morellec 等（2012）首先在理论层面对此问题进行了探讨，提出了债务约束效应机理以解释股东与经理人之间的代理冲突对资本结构动态调整的影响。黄继承等（2016）、盛明泉等（2016）的经验证据也发现，经理人或高管的薪酬激励会显著影响企业的资本结构调整速度。

除企业特征外，我国独特的环境、制度因素同样受到了学者们的广泛关注。姜付秀和黄继承（2011）在考察市场化程度与资本结构调整问题时，发现市场化程度越高地区的企业，其资本结构的调整速度越快，偏离程度也越低。与之类似，承袭法与金融的观点，黄继承等（2014）指出良好的法律环境通过对债权人的保护，以增加或减少债务的方式显著提升了资本结构的调整速度。此外，Jiang 等（2015）、何鑫萍等（2016）还考察了宗教信仰与资本结构调整之间的关系。他们发现，受宗教影响程度越大的企业，其资本结构高于目标水平的可能性越低，并且资本结构向下调整的速度越快。表明宗教信仰具有"低资本结构效应"，受宗教影响较大的企业更倾向于通过减少负债而不是增加权益的方式来降低资本结构水平。

宏观经济状况以及经济周期的波动，制约着公司的外部融资行为，也吸引了一批学者对此展开研究。Korajczyk 和 Levy（2003）、Cook 和 Tang（2010）在对企业资本结构问题进行研究时，发现经济的周期性波动会显著影响企业的资本结构调整决策。江龙等（2013）、潜力和胡援成（2015）也得出了类似的结论，发现经济的周期性波动通过改变公司的融资环境，进而影响资本结构调整决策。除融资成本外，资金的可得性或许是更为重要的调整成本，伍中信等（2013）的研究就指出，信贷政策作为宏观金融供给面重要的决定因素，会显著地影响企业资本结构的调整，其中法定存款准备金率的影响效果最为显著。类似地，郑曼妮和黎文靖（2018）根据金融抑制理论，发现在利率管制与信贷歧视条件下，信贷配给制度会导致过度负债的国有企业缺乏去杠杆动力；利率市场化后，过度负债企业的资本结构调整速度会加快。王红建等（2018）的研究也认为放松利率管制，可以消除信贷市场摩擦，实现信贷风险与资本成本之间的匹配，从而加快资本结构调整速度。Lu 等（2012）、张胜等（2017）进一步从债务资金可得性的视角出发，研究了企业持有银行股份对其资本结构动态调整的影响。

事实上，企业资本结构的调整与证券市场行为、资本市场环境皆密不可分，融资渠道的畅通以及融资成本的降低，显著影响着企业资本结构的调整速度。基于此，本章试图从资本市场定价行为的视角出发，考察资本市场错误定价对企业资本结构调整的影响。

4.2.2 资本市场错误定价

资本市场错误定价是指在信息不对称和有限理性的情况下，股票价格与其内在价值的偏离。已有文献从多个方面解释了股票价格偏离其内在价值的成因，如卖空约束（Boehmer、Wu，2013；李科 等，2014）、投资者异质性信念（Hirshleifer、Teoh，2003；吴卫星 等，2006）、媒体报道（Huberman、Regev，2001；Engelberg、Parsons，2011；徐永新、陈婵，2009；游家兴、吴静，2012）、高管股权激励（王生年、朱艳艳，2017）、信息披露（权小锋、吴世农，2012；徐寿福、徐龙炳，2015）等。具体而言，徐寿福和徐龙炳（2015）认为，资本市场估值偏误严重阻碍了证券市场的健康发展，而信息不对称是导致上市公司市场价值长期偏离内在价值的根本原因。更进一步，Berkman 等（2009）、陆蓉和潘宏（2012）认为及时、准确的信息披露可以增加投资者对公司的认知，减少信息不对称，降低投资者对于上市公司的意见分歧，从而减弱股价被高估的程度。另外，杨慧辉等（2009）、冯根福和赵珏航（2012）从委托代理理论的视角出发，借助高管股权激励这一工具，研究管理层机会主义行为对资本市场错误定价的影响。结果表明，管理层会根据自身拥有的信息优势，采用盈余操纵和择时信息披露的手段干扰股票价格，攫取超额收益。管理层在获取期权时降低股票价格；在行权时抬高股票价格，以扩大股票市价与行权价或市价与限制性股票授予价格之差，进而获取超额收益。

投资者作为市场定价的主体，其信息关注行为也是影响资本市场错误定价的重要因素。王生年和张静（2017）基于行为金融理论，以我国投资者和管理层双向有限理性为背景，研究了投资者关注对资本市场错误定价的影响路径，结果表明，投资者关注度越高，股价越有可能被高估；投资者关注通过信息透明度的部分中介效应提高了股价高估的程度。权小锋和吴世农（2012）则发现，一方面，投资者注意力具有认知效应，投资者注意力的提高能够显著提升其对盈余构成信息的认知效率，并降低市场中投资者对应计信息的定价；另一方面，投资者注意力也具有治理效应，即投资者对股票的充分注意能够显著减少管理层主观的盈余操纵行为，从而减轻市场中的错误定价现象。

除考察资本市场错误定价的影响因素外，更多的学者也关注了资本市场错误定价的经济后果。就融资决策而言，Stein（1996）首次提出了市场时机假说，证明公司可以利用错误定价的时机合理安排融资，以创造企业价值。刘澜飚和李贡敏（2005）、刘端等（2006）、王正位等（2007）同样以"市场时机"为基础，考察错误定价对公司融资决策的影响，发现资本市场错误定价在上市公司股权融资中确实发挥了重要作用，当股价被高估时，会有更多的公司申请再融资，并且融资规模也更大。同样，李君平和徐龙炳（2015a）的研究也发现，股价高估具有财富效应，公司更倾向于通过股权融资获得低成本资金，从而缓解融资约束；且在公司股权依赖度越高时，错误定价对公司股权融资的促进作用就越明显（Baker et al.，2003）。Campello 等（2010）在金融危机期间对全球范围内的经理人进行调查研究时同样指出，股价高估带来股权融资成本的降低，使得公司可以通过股权融资获得低成本资金，从而缓解融资约束。对企业来说，融资决策的改变或融资方式的不同选择，反映了企业资本结构的变化。Warr 等（2012）就美国数据展开的研究认为，资本市场错误定价会影响企业向目标资本结构调整的速度。当股价被高估且处于过度负债情形时，企业更倾向于选择通过发行股票的方式来进行资本结构的调整，且调整速度会更快；当股票价格被低估且需要降低财务杠杆时，资本结构调整的速度就会相对缓慢。

总体而言，现有研究在讨论资本市场错误定价对企业融资行为的影响时，多是考虑静态的融资方式选择和融资约束缓解效果，以及股权融资或债务融资绝对量的多寡，而忽略了在去杠杆的背景下，对于企业资本结构动态调整的研究。少量文献从企业面临的资本市场环境尤其是错误定价视角研究资本结构动态调整问题，得出的结论也不甚一致，对错误定价与资本结构动态调整的作用机理和路径选择的分析和检验也显得不足。基于此，本章试图从企业资本市场行为出发，考察错误定价如何影响资本结构动态调整行为，并厘清其内在机理及调整路径。

4.2.3　假设推导

从理论上来说，企业进行资本结构调整时，既可以依赖自身的内部资源，也可以寻求外部融资帮助。然而，值得指出的是，并非所有企业都拥有强大的内源融资系统以及充裕的内部资金，外部资金的获取也面临着市场摩擦、融资成本较高等诸多困难。中国企业家调查系统的年度跟踪调查报告也指出，近年来我国企业特别是中小企业的融资依然比较困难，融资约束成为影响企业发展的主要制约因素。在这种情况下，融资成本的降低，将有利于降低资本结构调整成本，进而加快资本结构的调整速度（Chang et al.，2014；盛明泉 等，2018；巫岑 等，2019）。

债务融资和权益融资是企业实现资本结构调整的两种重要渠道。根据市场时机假说，企业可以利用错误定价的时机合理安排融资（Stein；1996；王正位 等，2007）。按照传统市场择时理论的观点，公司股价被高估时，会潜在地降低权益融资成本，改变融资意愿，此时企业可以用较低的成本获取更多的股权融资；而随着公司股价被低估，权益融资会变得不划算，此时依靠股权融资方式进行资本结构调整的速度就会相对缓慢（Flannery、Rangan，2006；Lemmon et al.，2008；盛明泉 等，2018）。但在我国特殊体制背景下，章卫东等（2014）指出，大股东也存在择时行为，会在股价低估时进行定向增发，以谋取利益。由此可见，企业会充分利用股价高估或低估时不同状态的优势，权衡股权融资或债券融资的利弊，进而改变选择不同融资方式的意愿，以调整企业资本结构。

已有文献表明，企业的负债水平也会显著影响其资本结构的调整速度，在过度负债和负债不足时，企业趋向最优资本结构的调整速度是非对称的，并且存在显著差异（Byoun，2008；Faulkender et al.，2012；王正位 等，2007；黄继承、姜付秀，2015）。事实上，不同负债水平的企业，其资本结构调整的动机可能不尽相同，调整速度以及调整成本、调整收益等方面可能也存在较大差异，趋向目标资本结构的调整速度也并不对称。例如，对于过度负债的企业而言，可能更多地关注资不抵债的破产风险，对资本结构的偏离程度更为重视；而负债不足的企业，面临的财务风险较小，资本结构调整的动机和迫切性可能稍显不足。基于此，本章按照资本结构与目标资本结构的偏离程度，将其划分为高于目标水平和低于目标水平两种状态；同时，根据错误定价的方向，可分为股价高估组和股价低估组，具体而言，分为以下四种情况进行讨论：

第一，股价被高估且处于过度负债的情况。当公司股价被高估时，权益融资成本降低，股权融资能力提高，企业股权融资意愿较强，更倾向于通过股权融资方式进行资本结构调整，调整成本也会更低。而此时，公司正好处于过度负债的状态，其向目标资本结构趋近时应降低杠杆水平，可以通过增加权益或降低负债两种方式实现。因此，利用高估的股价进行股权融资，不仅能降低融资成本，还能降低过度负债企业的资产负债率，加快企业向最优资本结构调整的速度。即股价高估程度越大，股权融资成本越低，企业资本结构向下调整的速度越快。基于此，提出本章的第一个假设：

H4-1：当公司处于高估和过度负债的情况时，股价高估程度与资本结构向下调整速度正相关。

第二，股价被低估且处于过度负债的情况。按照传统市场择时理论，股权融资渠道观指出，当公司股价被低估时，股权融资的成本变得昂贵，企业通过股权融资来实现资本结构调整的意愿会下降，它们更倾向于采用债务融资。那么对于实际负债率水平较高且需要通过股权融资来降低杠杆水平的公司而言，股价被低估便不能很好地使公司向下调整资本结构，从而向目标水平靠近（Warr et al.，2012；于军，2015）。不仅如此，李君平和徐龙炳（2015a）的研究指出，股票价格不仅会影响企业的股权融资成本，也会间接影响企业的债务融资行为。低廉的股票价格不仅会遭到市场中投资者的抛售，还会加大公司债务融资的难度。因此，从这一角度来看，当公司股价被低估且处于过度负债的情况时，股价低估的程度不会加快企业资本结构向下调整的速度。

除传统的市场择时理论外，大量学者还基于中国股票市场特殊的制度背景，探究大股东控制背景下的择时行为。诸多文献都指出在股价被低估时，企业存在向大股东进行输送利益的定向增发行为（Cronqvist et al.，2005；Beak et al.，2006；朱红军 等，2008；王志强 等，2010；章卫东 等，2010）。在现代公司治理体系中，由于控制权和现金流权的严重偏离，大股东与中小股东之间的利益冲突更为明显。特别是在我国股权结构集中度较高、资本市场投资者法律保护体系尚不健全的新兴经济体中，控股股东更有动机以较低的价格向自身或关联方增发股票，最终达到利益输送的目的（朱红军 等，2008；吴育辉等，2010）。那么公司股价的低估，无疑为企业向大股东定向增发提供了支付较低对价以迎合大股东的有利时机。此时，定向增发决策对于实际负债水平较高且需要提高股权融资比例的公司而言，可以加快其向目标资本结构调整的速度。因此，从定向增发的角度来说，当公司股价被低估且处于过度负债的情况时，股票错误定价程度越高，企业资本结构向下调整的速度越快。综合以上两方面的分析，提出本章的第二个假设：

H4-2a：当公司处于低估和过度负债的情况时，股价低估程度与资本结构向下调整速度不相关。

H4-2b：当公司处于低估和过度负债的情况时，股价低估程度与资本结构向下调整速度正相关。

第三，股价被高估且处于负债不足的情况。当公司的股价被高估但是实际资产负债率水平又比较低时，公司运用股权融资趋向目标资本结构的动机较弱。按照市场择时理论的观点，股票价格的高估虽然可以降低股权融资成本，更利于权益融资，但这并不符合公司在负债不足时向上调整资本结构，从而趋向最优水平的方向。因为当负债不足时，企业应该通过增加负债或减少权益的方式向目标资本结构靠近。这意味着公司在融资决策中更有可能选择债务融资方式而非股权融资方式。然而，黄继承等（2016）的研究指出，负债对经理人具有较强的约束效应，减弱了企业资本结构向上调整的动机，使公司在资本结构低于目标时向上调整的速度变得缓慢。综上而言，当股价被高估且处于负债不足的情形时，股票错误定价的程度与资本结构向上调整的速度不相关。基于此，提出本章的第三个假设：

H4-3：当公司处于高估和负债不足的情况时，股价高估程度与资本结构向上调整速度不相关。

第四，股价被低估且处于负债不足的情况。当公司股价被低估时，股权融资成本增加，此时选择债务融资方式筹集资本更符合价值最大化目标。那么对于实际资产负债率水平较低，且需要通过增加债务融资比例来提高杠杆水平的公司而言，债务融资更符合其趋向目标资本结构调整的方向。但低廉的股票价格会遭到市场中投资者的抛售，从而加大债务融资的难度，此时的债务融资便成为投资者价值判断的重要信号。因为 Ross（1977）的信号传递理论模型指出，由于企业经营者和外部投资者之间存在信息不对称，经营者掌握更多的内部信息，他们会使用企业的负债比例向投资者发送信号，以显示企业经营质量良好。因此高负债率也被投资者看作企业高盈利能力、高质量的表现，企业经营状况越好，负债率越高。股价被低估时，负债融资可以向外界传递公司发展前景较好的信号，并赢得更多投资者的关注，进而拉升股价。综上而言，当公司处于股价被低估和负债不足的情况时，股价低估程度越严重，企业越有动机进行债务融资，进而加快资本结构向目标资本结构的调整速度。基于此，提出本章的第四个假设：

H4-4：当公司处于低估和负债不足的情况时，股价低估程度与资本结构向上调整速度正相关。

综上所述，资本市场错误定价与资本结构调整速度的理论预期如表4.1所示。

表 4.1　资本市场错误定价与资本结构调整速度的理论预期

杠杆水平	错误定价	
	股价高估	股价低估
高于目标水平	错误定价程度与资本结构向下调整速度正相关（H4-1）	错误定价程度与资本结构向下调整速度无关（H4-2a） 错误定价程度与资本结构向下调整速度正相关（H4-2b）
低于目标水平	错误定价程度与资本结构向上调整速度无关（H4-3）	错误定价程度与资本结构向上调整速度正相关（H4-4）

4.3 研究设计

4.3.1 样本选取与数据来源

本章选取 2004—2017 年中国沪、深两市 A 股上市公司作为初始样本，上市公司数据主要来源于国泰安（CSMAR）和万德（WIND）数据库，其中包括上市公司财务报表数据、股票交易数据以及上市公司企业性质等信息。同时借鉴已有研究的做法，对初始样本进行了如下筛选：①考虑金融行业的特殊性，剔除行业分类属于金融、保险业的公司；②避免异常、极端值的影响，剔除了资产负债率大于 1 的样本；③剔除计算错误定价以及目标资本结构所需财务数据缺失的样本；④由于估算资本结构调整至少需要连续两年以上的数据，故剔除了观测值少于两年的样本。

4.3.2 变量说明

（1）资本结构调整模型。

首先，本章借鉴已有文献的做法，采用公司特征变量对目标资本结构进行估计，并同时考虑时间和行业等因素（Flannery、Rangan，2006；Byoun，2008；Huang、Ritter，2009；黄继承 等，2014；盛明泉 等，2018），采用模型（4-1）来估计企业的目标资本结构：

$$\text{Lev}_{i,t}^* = a_1 \text{Lnsize}_{i,t-1} + a_2 \text{Profit}_{i,t-1} + a_3 \text{Tang}_{i,t-1} + a_4 \text{Dep}_{i,t-1} +$$
$$a_5 \text{Tobinq}_{i,t-1} + a_6 \text{Lev\_med}_{i,t-1} \qquad (4-1)$$

模型（4-1）中，$\text{Lev}_{i,t}^*$ 表示有息负债率的目标值，即公司 i 在第 t 年末的目标资本结构。其他公司特征变量，在后文表 4.3 中给出了详细的变量定义和说明，除此以外，还考虑了时间和行业的固定效应。

其次，在定义了目标资本结构后，参考现有文献的研究，利用标准的部分调整模型来估计资本结构调整速度（Faulkender et al.，2012；Li et al.，2017；黄继承、姜付秀，2015；巫岑 等，2019），具体模型设定如下：

$$\text{Lev}_{i,t} - \text{Lev}_{i,t-1} = \lambda \left(\text{Lev}_{i,t}^* - \text{Lev}_{i,t-1} \right) + \varepsilon_{i,t} \qquad (4-2)$$

与上式定义一致，模型（4-2）中 $\text{Lev}_{i,t}^*$ 表示目标资本结构，$\text{Lev}_{i,t}$ 表示实际资本结构。系数 λ 即为资本结构调整速度，表示公司每年以 λ 的速度缩小实际资本结构与目标资本结构之间的差距。

考虑到市场摩擦等调整成本的影响，公司资本结构向目标水平的靠近并非一蹴而就的，而是进行适应性的部分调整，即公司每年是部分地而不是完全地趋向目标资本结构调整。因此，本章借鉴 Flannery 和 Rangan（2006）、Huang 和 Ritter（2009）、黄继承和姜付秀（2015）的研究方法，将模型（4-2）带入模型（4-1）中，同时对目标资本结构及其调整速度进行估计。也即通过模型（4-3）可以得到资本结构的调整速度：

$$\text{Lev}_{i,t} = (1-\lambda)\text{Lev}_{i,t-1} + \lambda \left(\alpha_1 \text{Lnsize}_{i,t-1} + \alpha_2 \text{Profit}_{i,t-1} + \alpha_3 \text{Tang}_{i,t-1} + \right.$$
$$\left. \alpha_4 \text{Dep}_{i,t-1} + \alpha_5 \text{Tobinq}_{i,t-1} + \alpha_6 \text{Lev\_med}_{i,t-1} \right) + \varepsilon_{i,t} \qquad (4-3)$$

在对资本结构动态调整模型（4-3）的几种常见估计方法进行比较后发现，修正最小二乘虚拟变量法（LSDVC）获取的估计结果最为精确，也被诸多研究广泛采用（Flannery、Hankins，2013；Li et al.，2017；黄继承、姜付秀，2015；黄继承 等，2016；巫岑 等，2019）。基于此，本章也采用该方法对模型（4-3）进行估计，估计结果如表4.2所示。同时，为了保证研究结论的可靠性和稳健性，本章还使用固定效应模型重新对模型（4-3）进行估计。从表4.2的结果可以看出，上期资本结构（Lev_{t-1}）的估计系数为0.798，即1-λ等于0.798，与以往文献保持一致（黄继承 等，2014；巫岑 等，2019）。

最后，将模型（4-3）的系数估计值代入模型（4-1）中，得到目标资本结构 $\text{Lev}_{i,t}^*$。再通过 OLS 方法对模型（4-2）进行回归，获取公司资本结构调整速度的基准结果。通过对基准模型（4-2）添加错误定价指标与偏离程度（$\text{Lev}_{i,t}^* - \text{Lev}_{i,t-1}$）交互项的方式对模型进行扩展，直接检验资本市场错误定价程度对资本结构调整速度的影响（Faulkender et al.，2012）。

表 4.2　LSDVC 模型估计的目标资本结构

	Lev_t
Lev_{t-1}	0.798
Lnsize_{t-1}	0.015
Profit_{t-1}	−0.014
Tang_{t-1}	0.012
Dep_{t-1}	−0.732
Tobinq_{t-1}	0
Lev_med_{t-1}	0.031

（2）资本市场错误定价衡量。

参考现有文献的做法，本章拟采用三种学术界广为接受的方法来衡量资本市场错误定价程度。第一种方法为相对估值法，由 Berger 和 Ofek（1995）率先提出，在后续研究中也得到了广泛的使用（Doukas et al.，2010；游家兴、吴静，2012）。该方法是通过比较同行业内公司的市场价值和资产水平，从而推算公司的基础价值；接着对公司实际价值与基础价值进行比较，估算出公司相对于业内同行的错误定价水平。计算公式如下：

$$\text{misp1}_{i,t} = \ln[\,\text{Capital}_{i,t} \div \text{Imputed}(\text{Capital}_{i,t})\,]$$
$$= \ln[\,\text{Capital}_{i,t} \div (\text{Asset}_i \times \text{Ratio}_i)\,] \qquad (4\text{-}4)$$

式（4-4）中，Capital 为公司总价值，用普通股市值与负债账面价值之和表示；公司基础价值 Imputed（Capital）由资产总额 Asset 和行业中各公司 Capital 与 Asset 之比的中位数之积 Ratio 表示，由此可得资本市场错误定价水平（misp1）。同时，根据错误定价的方向，区分高估组和低估组，用 MISP1 表示。在高估时（大于 0），MISP1 = misp1，值越大表示高估程度越严重；在低估时（小于 0），MISP1 = −misp1，同样值越大表示低估程度越严重。MISP1 为正向指标，其值越大，表示错误定价程度越严重。

第二种方法借鉴 Rhodes-Kropf 等（2005）、陆蓉等（2017）的研究，沿用账面市值分解法，通过比较同行业内公司市场价值相对于基础价值的偏离程度来衡量错误定价水平。首先，分行业、年份对模型

（4-5）进行回归，获取每个行业每个年度的回归系数估计值 $\{\alpha_{0jt},$ $\alpha_{1jt}, \alpha_{2jt}, \alpha_{3jt}, \alpha_{4jt}\}$；其次，按照行业对系数估计值取均值，获得行业估计式，测算公司基础价值 V；最后，通过计算 $\ln (M/V)$ 来测度错误定价程度（misp2）。同样，根据错误定价的方向，区分高估组和低估组，用 MISP2 表示。在高估时（大于 0），MISP2＝misp2，值越大表示高估程度越严重；在低估时（小于 0），MISP2＝−misp2，同样值越大表示低估程度越严重。MISP2 为正向指标，其值越大，表示错误定价程度越严重。

$$\ln M_{i,\,t} = \alpha_{0jt} + \alpha_{1jt}\ln B_{i,\,t} + \alpha_{2jt}\ln (\text{NI})_{i,\,t}^{+} + \alpha_{3jt}I_{(<0)}\ln (\text{NI})_{i,\,t}^{+} +$$
$$\alpha_{4jt}\text{Lev}_{i,\,t} + \varepsilon_{i,\,t} \tag{4-5}$$

出于稳健性的考虑，本章还借鉴已有文献的研究思路（Feltham、Ohlson，1995；Dechow et al.，1999），采用 Hou 等（2012）、徐寿福和徐龙炳（2015）、Dong 等（2017）、王生年等（2017）的研究方法，运用公司自身财务数据（账面价值、未来预期收益）衡量企业的内在价值（Ohlson，1995）。具体而言，参考 Frankel 和 Lee（1998）的做法，通过分析师对企业未来三期的盈余预测，采用剩余收益模型估算内在价值：

$$V_t = b_t + \frac{f(1)_t - r \cdot b_t}{(1+r)} + \frac{f(2)_t - r \cdot b(1)_t}{(1+r)^2} + \frac{f(3)_t - r \cdot b(2)_t}{(1+r)^2 \cdot r}$$

$$\tag{4-6}$$

模型（4-6）中，V_t 为每股内在价值，$f()_t$ 为分析师盈余预测，b_t 表示每股权益账面价值，r 为资本成本，参考徐寿福和徐龙炳（2015）的研究选用 5% 的固定资本成本。事实上，我国分析师数量较少难以覆盖所有上市公司，同时其预测行为也存在乐观偏差（饶品贵、岳衡，2012），因此在预测公司未来盈余时，采用 Hou 等（2012）、徐寿福和徐龙炳（2015）的预测方法取代分析师盈余预测：

$$\text{Earnings}_{1,\,t+j} = \alpha_0 + \alpha_1 \text{Asset}_{i,\,t} + \alpha_2 \text{Dividend}_{i,\,t} + \alpha_3 \text{DD}_{i,\,t} +$$
$$\alpha_4 \text{Earnings}_{i,\,t} + \alpha_5 \text{NegEn}_{i,\,t} + \alpha_6 \text{Accural}_{i,\,t} + \varepsilon_{i,\,t+j}$$

$$\tag{4-7}$$

模型（4-7）中，j 取值为 1，2，3，$\text{Earnings}_{i,t+j}$ 则表示未来一至三年的

每股盈余；$Earnings_{i,t}$ 表示当年的每股盈余（营业利润/总股本）；$Asset_{i,t}$ 为每股总资产；$Dividend_{i,t}$ 为每股现金股利；DD 表示是否发放股利的虚拟变量，若发放股利取值为 1，否则取值为 0；$NegEn_{i,t}$ 为是否亏损的虚拟变量，若亏损取值为 1，否则取值为 0；$Accrual_{i,t}$ 是每股应计项目。对于资本市场错误定价的度量，首先通过模型（4-7）的估计系数预测公司未来一至三年的每股盈余。然后将其代入模型（4-6）中测量公司的内在价值，采用内在价值与市场价值之比 V/P 衡量错误定价水平（misp3）。理论上，V/P 小于 1 表示股价高估；V/P 大于 1 表示股价低估；为了结果的稳健以及解释的方便，转换为 $1-V/P$ 来测量错误定价水平（misp3），并将中位数作为股价高估或低估的划分依据（Warr et al.，2012；于军，2017），用 MISP3 表示。在高估时（大于 0），MISP3＝misp3，值越大表示高估程度越严重；在低估时（小于 0），MISP3＝-misp3，同样值越大表示低估程度越严重。MISP3 为正向指标，其值越大，表示错误定价程度越严重。

对于资本市场错误定价的衡量方法，除通过企业财务信息确定公司内在价值，用企业内在价值与市场价值的偏离衡量资本市场错误定价程度外，另一些文献尝试从资产定价和套利原理出发，通过市场异象的角度刻画资本市场错误定价程度（Shiller，1981；Hirshleifer et al.，2012；杨开元 等，2013；尹玉刚 等，2018）。出于稳健性的考虑，本书也采用五因子模型测度异常收益率，以衡量资本市场错误定价程度，其中五因子模型计算公式如下：

$$r_{i,t} - r_{f,t} = \beta_0 + \beta_1 MKT_{i,t} + \beta_2 SMB_{i,t} + \beta_3 HML_{i,t} + \beta_4 RMW_{i,t} + \beta_5 CMA_{i,t} + \varepsilon_{i,t} \tag{4-8}$$

式中，$r_{i,t}$ 为第 i 只股票第 t 期的个股收益率，$r_{f,t}$ 为一年期定期存款利率，$MKT_{i,t}$、$SMB_{i,t}$、$HML_{i,t}$、$RMW_{i,t}$、$CMA_{i,t}$ 分别为月度 Fama-French（2014）市场因子、规模因子、账面市值比因子、盈利能力因子与投资因子。按照资产定价原理，不能被模型（4-8）解释的超额收益部分，即为股票的错误定价程度（misp4），异常收益越高，错误定价程度就越高。与上述指标类似，根据错误定价的方向，区分高估组和低估组，用 MISP4 表示。在高估时（大于 0），MISP4＝misp4，值越大表示高估程度越严重；在低估时（小于0），MISP4＝−misp4，同样值越大表示低估程度越严重。MISP4为正向指标，其值越大，表示错误定价程度越严重。

表4.3　资本结构动态调整：主要变量定义和说明

Panel A：目标资本结构和资本市场错误定价变量

△Lev	年末的资本结构减去年初的资本结构
Dev	实际资本结构与目标资本结构的偏离程度 $Lev_{i,t} * Lev_{i,t-1}$
Lev	有息负债总额/总资产。其中，有息负债＝短期贷款+应付票据+一年内到期的非流动负债+应付短期债券+长期借款+应付债券
misp1	公司市场价值与基础价值的差异（Berger、Ofek，1995；Doukas et al.，2010；游家兴、吴静，2012），具体计算方法见变量说明
misp2	公司市场价值与基础价值的差异（Rhodes-Kropf et al.，2005；陆蓉 等，2017），具体计算方法见变量说明
misp3	每股内在价值/股价（Frankel、Lee，1998；Hou et al.，2012；徐寿福、徐龙炳，2015；王生年 等，2017），具体计算方法见变量说明
misp4	五因子模型计算的超额收益率部分（Fama、French，2014；尹玉刚 等，2018），具体计算方法见变量说明

Panel B：用于估计目标资本结构的公司特征

Lnsize	公司规模，年末资产总额的自然对数变量
Profit	盈利能力，年末息税前利润/总资产
Tang	抵押能力，固定资产/总资产
Dep	非债务税盾，固定资产折旧/总资产
Tobinq	成长性，（年末流通市值+非流通股份占净资产的金额+长期负债合计+短期负债合计）/总资产
Lev_med	行业中位数，当年公司所在行业的资本结构中位数

4.3.3　模型设定

（1）错误定价与资本结构调整速度。

借鉴Faulkender等（2012）、黄继承等（2016）、林慧婷等（2016）、巫岑等（2019）的研究，对基准模型（4-2）进行如下扩展，来考察错误定价对资本结构调整速度的影响：

$$\text{Lev}_{i,t} - \text{Lev}_{i,t-1} = (\gamma_0 + \gamma_1\text{MISP} + \sum_t \gamma_t\text{Year}_t)(\text{Lev}_{i,t}^* - \text{Lev}_{i,t-1}) + \nu_{i,t}$$

$$(4-9)$$

其中，MISP 表示年初的资产错误定价程度，其值越大表示错误定价程度越严重。为了便于回归结果的解释，本章对错误定价指标进行了均值为 0，标准差为 1 的标准化处理；同时考虑了调整速度的年度差异性，控制了调整速度的年度效应。γ_1 是资本结构偏离程度与错误定价交互项的回归系数，表示错误定价对资本结构调整速度的影响程度。若 γ_1 显著为正，表明错误定价程度越严重，企业趋向目标资本结构的调整速度就越快；若 γ_1 显著为负，表明错误定价程度越严重，企业趋向目标资本结构的调整速度就越慢。

（2）错误定价与资本结构调整方式。

在研究了错误定价对资本结构调整速度的影响之后，为了进一步探讨这一影响的作用路径，继续检验错误定价对资本结构调整方式选择的影响，参考 Leary 和 Roberts（2005）、黄继承等（2014）、林慧婷等（2016）的研究，构建了如下实证模型：

$$P(\text{Adjust}\_N_{i,t} = 1) = \Phi(\alpha_0 + \alpha_1\text{Dev}_{i,t-1}^\alpha + \beta X_{i,t-1} + \varepsilon_{i,t})$$

$$(4-10)$$

$$P(\text{Adjust}\_N_{i,t} = 1) = \Phi(\alpha_0 + \alpha_1\text{Dev}_{i,t-1}^\alpha + \alpha_2\text{MISP}_{i,t} + \alpha_3\text{MISP}_{i,t} \times \text{Dev}_{i,t-1}^\alpha + \beta X_{i,t-1} + \varepsilon_{i,t})$$

$$(4-11)$$

式中，$\text{Adjust}\_N_{i,t}$ 为资本结构调整方式的虚拟变量，借鉴 Hovakimian（2004）、黄继承等（2014）、林慧婷等（2016）的做法，采用债务融资和权益融资两种方式，包括增加或减少有息负债和权益融资。其中，新增（减少）有息债务/年初总资产幅度大于等于 5% 时，增加（减少）有息负债取值为 1，否则取值为 0；新增（减少）扣除净利润的净权益变化/年初总资产幅度大于等于 5% 时，增加（减少）权益融资取值为 1，否则取值为 0。$\text{Dev}_{i,t-1}^a = |\text{Lev}_{i,t}^* - \text{Lev}_{i,t-1}|$，表示资本结构偏离程度的绝对值。其中模型（4-10）用于检验偏离程度与资本结构调整方式的关系；模型（4-11）添加了错误定价与资本结构偏离程度的交互项，用于检验错误定价与资本结构调整方式的关系。假定 Φ 服从 Logistic 分

布，运用 Logit 模型进行回归估计，若 α_1 显著为正，表明当公司资本结构偏离程度较大时，会显著提高企业通过方式 N 进行资本结构调整的概率；若 α_3 显著为正，则表明错误定价显著提高了企业通过方式 N 进行资本结构调整的概率。

4.3.4 描述性统计

表 4.4 展示了主要变量的描述性统计结果。其中，Panel A 报告了目标资本结构、偏离程度与资本市场错误定价等变量的描述性统计结果。目标资本结构（Lev Target）的均值为 0.258，中位数为 0.246，标准差为 0.181，说明不同公司之间的目标资本结构存在明显差异。实际资本结构与目标资本结构偏离程度 Dev 的均值为 0.017，标准差为 0.150。此外，资本结构的年度调整 △Lev 的均值为 0.003，标准差为 0.088，与已有文献的研究一致（Faulkender et al.，2012；黄继承等，2014）。不同方法衡量的资本市场错误定价指标的样本分布也与游家兴和吴静（2012）、陆蓉等（2017）、王生年等（2017）的研究保持一致。

此外，Panel B 报告了模型（4-2）中公司特征变量的描述性统计结果。可以看出，企业规模的均值（中位数）为 21.875（21.737），有息负债率的均值（中位数）为 0.244（0.227），盈利能力的均值（中位数）为 0.051（0.050）。从这些结果来看，各变量分布较为均匀，没有明显的偏态。

表 4.4 资本结构动态调整：主要变量描述性统计

	均值	中位数	标准差	最小值	最大值
PanelA：目标资本结构、偏离程度和资本市场错误定价					
LevTarget	0.258	0.246	0.181	0	0.736
△Lev	0.003	0	0.088	−0.743	0.743
Dev	0.017	0.009	0.150	−0.742	0.736
misp1	0.040	−0.024	0.485	−0.829	1.659
misp2	0.073	0.053	0.587	−1.138	1.567
misp3	0.407	0.352	0.284	−0.258	1.390

表4.4(续)

	均值	中位数	标准差	最小值	最大值
PanelB：用于估计目标资本结构的公司特征					
Lev	0.244	0.227	0.184	0	0.743
Lnsize	21.875	21.737	1.284	19.061	25.705
Profit	0.051	0.050	0.067	−0.256	0.242
Tang	0.248	0.214	0.178	0.002	0.747
Tobinq	2.054	1.557	1.465	0.915	10.171
Dep	0.022	0.018	0.016	0	0.076
Lev_med	0.215	0.207	0.084	0.008	0.470

4.4 资本市场错误定价与资本结构调整速度

4.4.1 资本结构调整：基准结果

本节首先运用基准回归模型（4-2）对我国上市公司的资本结构调整情况进行估计。由于企业的负债水平会显著影响其资本结构的调整速度，并且过度负债与负债不足时企业趋向目标资本结构的调整速度具有非对称性（Byoun，2008；Faulkender et al.，2012；王正位 等，2007）。因此，参考已有研究，本章将总样本分为过度负债和负债不足两组，用于检验资本结构向不同方向调整时的速度差异。除此之外，市场择时理论指出，公司股价的市场表现（高估或低估）会潜在地影响调整成本，进而影响资本结构调整速度。基于此，本章还根据错误定价的方向，分为股价高估组和股价低估组，分别考察高估和低估状态下资本结构调整速度的异同。

实证结果如表4.5所示，可以看出，在第（1）列全样本中，偏离程度（Dev）的回归系数为0.284，表明在研究期间样本公司的平均调整速度为0.284。这与Flannery等（2006）利用LSDVC方法，估计的美国上市公司平均调整速度为0.3，黄继承等（2016）估计的我国上市公司平均调整速度为0.302均较为类似。第（2）列和第（3）列的回归结果表明，在高于和低于目标水平时，Dev 的回归系数分别为 0.395 和 0.224，这表明当实际资本结构高于目标水平时，上市公司向下调整的速度为 0.395；而当实际资本结构低于目标水平时，上市公司向上调整的速度为 0.224，说明在不同负债水平下，资本结构的调整速度具有很强的不对称性。正如 Hovakimian（2004）分析指出的那样，过度负债公司资本结构向下调整的速度要快于负债不足公司向上调整的速度。第（4）列和第（5）列的结果表明，在股价高估时资本结构的调整速度为 0.343，在股价低估时资本结构的调整速度为 0.246，同样显示出在不同错误定价情形下，资本结构调整速度具有非对称性。

表 4.5　资本结构调整速度基准模型

	（1）全样本	（2）高于目标水平	（3）低于目标水平	（4）高估	（5）低估
Dev	0.284 ***	0.395 ***	0.224 ***	0.343 ***	0.246 ***
	（63.722）	（31.506）	（36.407）	（40.391）	（37.364）
Const	−0.006 **	0.033 ***	−0.006	−0.016	−0.014 ***
	（−2.285）	（5.032）	（−1.419）	（−1.156）	（−3.160）
N	26 868	11 872	14 996	14 335	12 400
Adj. R^2	0.224	0.175	0.099	0.255	0.204

注：1. *、**、*** 分别表示在 10%、5%、1%水平上显著（双尾检验），下同。

2. 括号内为 t 值，标准误经过了公司层面的聚类调整，下同。

4.4.2　资本市场错误定价对资本结构调整速度的影响

表 4.5 的结果表明，企业在不同负债水平和错误定价情况下，资本结构的调整速度呈现出明显的非对称性。为了检验本章的研究假设，将样本分为四个组，分别考察在不同负债水平以及错误定价情况下，资本结构调整速度的差异。此外，还参考黄继承等（2016）的研究，通过年度固定效应来控制资本结构调整的年度趋势。结果如表 4.6 所示，第（1）列报告了实际资本结构高于目标水平且股价被高估的子样本的回归结果，错误定价与偏离程度的交互项（Dev×MISP1）显著为正，这说明股价的高估程度越严重，企业趋向目标资本结构向下调

整的速度就越快；交互项回归系数为 0.046，由于对错误定价变量进行了标准化处理，因此从经济意义上来看，股价高估的程度每提高一个标准差，资本结构向下调整的速度将提高 0.133（0.046/0.345），这说明错误定价对资本结构调整具有较强的统计显著性和经济显著性。证实了本章提出的假设 H4-1，即股价被高估会降低权益融资成本，增加股权融资意愿，企业可以利用高估的股价进行股权融资，这恰好可以降低过度负债公司的资产负债率，从而进一步加快资本结构向下调整以靠近最优值的速度。

第（2）列的回归结果表明，对于实际资本结构高于目标水平且股价被低估的子样本而言，错误定价与偏离程度的交互项（Dev×MISP1）依然显著为正，这说明股价的低估程度越严重，企业趋向目标资本结构向下调整的速度就越快；错误定价程度每提高一个标准差，企业趋向目标资本结构向下调整的速度将提高 0.086（0.023/0.269），这一结果与本章假设 H4-2b 提出的定向增发结果相吻合。因为我国的股权结构集中度较高、资本市场投资者法律保护体系尚不健全，即使低估公司股权融资成本相对较高，也不会阻碍控股股东以较低的价格向自身或关联方增发股票，从而达到利益输送的目的（朱红军 等，2008；吴育辉 等，2010）。此时公司股价的低估，可以为大股东进行定向增发提供支付较低对价的有利时机。不仅如此，公司通过定向增发对于实际负债水平较高需要通过提高股权融资比例来降低杠杆率的公司而言，可以加快其向目标资本结构调整的速度。因此，从定向增发的角度来看，当公司股价被低估且处于过度负债的情况时，资本结构趋向目标水平向下调整的速度会更快。

第（3）列报告了实际资本结构低于目标水平且股价被高估的子样本的回归结果，可以看出错误定价与偏离程度的交互项（Dev×MISP1）不显著，这说明当实际资本结构低于目标水平且股价被高估时，错误定价的程度对资本结构调整速度无显著影响。因为当公司的股价被高估但实际资产负债率又比较低时，公司运用股权融资趋向目标资本结构的动机较弱。股价的高估虽然可以降低股权融资成本，更利于权益融资，但这不符合负债不足公司向上调整，以达到趋向最优资本结构的目的。因为当负债不足时，企业应该通过增加负债或减少权益的方式调整资本结构。综上所述，在股价被高估且实际资本结构低于目标水平时，资本市场错误定价的程度不会影响资本结构的调整速度，也即假设 H4-3 得到验证。

第（4）列报告了实际资本结构低于目标水平且股价被低估的子样本的回归结果。错误定价与偏离程度的交互项（Dev×MISP1）显著为正，这说明股价的低估程度越严重，企业趋向目标水平向上调整资本结构的速度就越快，错误定价程度每提高一个标准差，企业趋向目标水平向上调整资本结构的速度将提高 0.236（0.058/0.246），验证了本章的假设 H4-4。当公司股价被低估时，股权融资成本增加，此时选择债务融资方式筹集资本更符合上市公司股东的利益，也与实际资产负债率水平较低需要通过增加债务融资比例来提高公司杠杆水平的目的相吻合，因此股价的低估会加快上市公司趋向目标资本结构调整的速度。虽然债务对经理人有约束效应，但 Ross（1977）提出的信号传递理论认为，由于企业经营者和外部投资者之间的信息不对称，经营者会使用企业的负债比例向投资者传递信号，高负债率也会被投资者看作企业高质量的表现，此时负债融资可以向外界传递公司发展前景较好的信号，使得股价快速回升。综合上述结果，我们可以看出，错误定价加快了企业资本结构调整的速度，有利于企业利用资本市场错误定价的时机，调整企业杠杆，增加权益融资比重，达到最优资本结构水平。

表 4.6 资本市场错误定价对资本结构调整速度的影响

	(1)	(2)	(3)	(4)
	高于目标水平		低于目标水平	
	高估	低估	高估	低估
Dev	0.345 ***	0.269 ***	0.192 ***	0.246 ***
	(6.049)	(8.584)	(7.807)	(9.169)
Dev×MISP1	0.046 ***	0.023 **	−0.001	0.058 ***
	(2.739)	(2.550)	(−0.138)	(3.119)
2005Dummy×Dev	−0.036	−0.105 **	−0.074 **	0.001
	(−0.670)	(−2.298)	(−2.221)	(0.032)

表4.6(续)

	（1）	（2）	（3）	（4）
	高于目标水平		低于目标水平	
	高估	低估	高估	低估
2006Dummy×Dev	0.046	0.019	−0.005	0.105 **
	（0.708）	（0.523）	（−0.097）	（1.982）
2007Dummy×Dev	0.117	0.045	0.045	0.174 ***
	（1.631）	（1.260）	（0.871）	（3.746）
2008Dummy×Dev	0.322 ***	0.010	−0.017	0.084 **
	（3.059）	（0.193）	（−0.512）	（2.452）
2009Dummy×Dev	0.280 ***	0.082 **	0.123 **	0.161 ***
	（3.384）	（2.051）	（2.286）	（3.722）
2010Dummy×Dev	0.352 ***	0.029	−0.015	0.142 ***
	（3.945）	（0.768）	（−0.361）	（3.261）
2011Dummy×Dev	0.159 *	0.094 **	−0.060 **	0.097 ***
	（1.692）	（2.030）	（−2.064）	（2.913）
2012Dummy×Dev	0.379 ***	0.071	−0.050 *	0.142 ***
	（3.197）	（1.547）	（−1.647）	（4.345）
2013Dummy×Dev	0.405 ***	0.102 **	−0.012	0.163 ***
	（3.829）	（2.315）	（−0.402）	（4.428）
2014Dummy×Dev	0.346 ***	0.090 **	0.044	0.204 ***
	（4.451）	（2.122）	（1.172）	（4.635）
2015Dummy×Dev	0.494 ***	0.246 ***	0.079 **	0.328 ***
	（6.049）	（5.993）	（2.048）	（5.452）
2016Dummy×Dev	0.483 ***	0.152 ***	0.010	0.456 ***
	（5.644）	（4.141）	（0.309）	（6.209）
2017Dummy×Dev	0.779 ***	0.380 ***	0.092 ***	0.187 ***
	（6.034）	（7.336）	（3.184）	（4.098）
Const	0.035 ***	0.010 ***	0.004 ***	−0.009 ***
	（10.003）	（6.814）	（3.775）	（−4.324）
N	5 395	6 466	7 292	7 701
Adj. R^2	0.283	0.206	0.107	0.117

4.4.3 资本市场错误定价与资本结构调整：稳健性检验

为了保证研究结论的可靠性和稳定性，本节分别从目标资本结构的其他衡量方法、控制其他宏观因素对目标资本结构的影响、错误定价的其他衡量方法以及内生性问题考虑四个方面进行稳健性检验，以期获得稳健可靠的结论。

（1）目标资本结构的其他衡量方法。

对于目标资本结构模型的估计，已有文献常用的估计方法除了最小二乘虚拟变量法（LSDVC），还包括普通最小二乘法、固定效应模型、广义矩估计法（Byoun，2008；Uysal，2011；张胜 等，2017）。为了保证研究结论的稳健性，本章利用固定效应模型重新对模型（4-8）进行估计，得到新的目标资本结构，并重新对表4.6进行检验。从表4.7的回归结果可以看出，采用不同目标资本结构衡量方法得到的结论基本保持一致。由此可见，错误定价对资本结构调整速度的影响并不随目标资本结构衡量方法的不同而改变，表明本章的研究结论具有较强的稳健性。

表4.7　目标资本结构的其他衡量方式：固定效应模型

	（1）	（2）	（3）	（4）
	高于目标水平		低于目标水平	
	高估	低估	高估	低估
Dev	0.376***	0.324***	0.267***	0.312***
	(6.111)	(9.419)	(7.822)	(8.061)
Dev×MISP1	0.060***	0.020*	−0.011	0.089***
	(2.925)	(1.875)	(−0.858)	(3.533)
2005Dummy×Dev	−0.025	−0.100**	−0.095**	−0.001
	(−0.408)	(−1.969)	(−2.088)	(−0.034)
2006Dummy×Dev	0.104	0.089**	−0.032	0.086
	(1.378)	(2.115)	(−0.601)	(1.390)
2007Dummy×Dev	0.230***	0.127***	0.044	0.168***
	(2.673)	(3.102)	(0.710)	(2.971)
2008Dummy×Dev	0.434***	0.073	0.009	0.122***
	(3.529)	(1.298)	(0.200)	(2.586)
2009Dummy×Dev	0.477***	0.174***	0.194***	0.204***
	(4.821)	(3.783)	(2.631)	(3.651)
2010Dummy×Dev	0.566***	0.106**	0.021	0.159***
	(5.076)	(2.398)	(0.384)	(2.810)
2011Dummy×Dev	0.189*	0.155***	−0.035	0.126***
	(1.788)	(3.058)	(−0.838)	(2.645)

表4.7(续)

	(1)	(2)	(3)	(4)
	高于目标水平		低于目标水平	
	高估	低估	高估	低估
2012Dummy×Dev	0.478 ***	0.100 **	−0.006	0.167 ***
	(3.239)	(1.972)	(−0.139)	(3.568)
2013Dummy×Dev	0.517 ***	0.164 ***	0.023	0.205 ***
	(4.010)	(3.390)	(0.492)	(3.789)
2014Dummy×Dev	0.526 ***	0.146 ***	0.091 *	0.182 ***
	(5.230)	(3.060)	(1.693)	(2.903)
2015Dummy×Dev	0.672 ***	0.292 ***	0.125 **	0.266 ***
	(6.232)	(6.345)	(2.201)	(3.451)
2016Dummy×Dev	0.644 ***	0.210 ***	0.041	0.281 ***
	(5.781)	(5.069)	(0.807)	(3.166)
2017Dummy×Dev	0.637 ***	0.249 ***	0.133 ***	0.090
	(4.042)	(4.926)	(3.093)	(1.489)
Const	0.032 ***	0.011 ***	0.003 **	−0.001
	(8.962)	(8.266)	(2.185)	(−0.456)
N	5 344	6 788	7 343	7 379
Adj. R^2	0.297	0.214	0.117	0.109

（2）控制其他宏观因素对目标资本结构的影响。

前文在对目标资本结构进行估计时，控制了年份和行业固定效应，但没有控制除企业特征外的其他宏观经济因素的影响。然而，宏观经济状况以及经济周期的波动，制约着公司外部融资行为，Korajczyk 和 Levy（2003）、Cook 和 Tang（2010）以及江龙等（2013）的研究都发现，宏观经济状况和制度背景显著影响着企业的资本结构调整决策。因此，在对目标资本结构进行估计时，加入市场化程度、产权性质和人均 GDP 等宏观经济指标作为控制变量，并进行 LSDVC 估计，在计算出新的目标资本结构后，重新对上述过程进行了回归。结果如表 4.8 所示，可以看出，在控制了宏观因素的影响之后，回归结果与原有结论保持一致，这进一步证实了本章结果的稳健性。

表 4.8　控制其他宏观因素对目标资本结构的影响

	（1）	（2）	（3）	（4）
	高于目标水平		低于目标水平	
	高估	低估	高估	低估
Dev	0.340 ***	0.057	0.205 ***	0.232 ***
	（6.125）	（0.991）	（5.773）	（8.548）
Dev×MISP1	0.038 **	0.054 ***	−0.017	0.056 ***
	（2.345）	（2.853）	（−1.094）	（2.986）
2005Dummy×Dev	−0.020	−0.253 **	−0.055	0.004
	（−0.384）	（−2.006）	（−1.482）	（0.143）
2006Dummy×Dev	0.036	0.583 ***	0.078	0.105 *
	（0.542）	（8.142）	（1.258）	（1.875）
2007Dummy×Dev	0.147 **	0.165 **	0.138 **	0.151 ***
	（2.031）	（2.170）	（2.273）	（3.302）
2008Dummy×Dev	0.319 ***	−0.429 **	0.006	0.089 ***
	（3.034）	（−2.379）	（0.151）	（2.596）
2009Dummy×Dev	0.283 ***	0.510 ***	0.151 **	0.196 ***
	（3.480）	（4.793）	（2.412）	（4.343）
2010Dummy×Dev	0.345 ***	0.042	0.083	0.158 ***
	（3.985）	（0.444）	（1.536）	（3.344）
2011Dummy×Dev	0.182 *	0.241 *	−0.001	0.111 ***
	（1.916）	（1.897）	（−0.019）	（3.221）
2012Dummy×Dev	0.353 ***	−0.340 **	0.037	0.150 ***
	（2.787）	（−2.320）	（0.830）	（4.477）
2013Dummy×Dev	0.438 ***	0.743 ***	0.113 **	0.185 ***
	（3.995）	（8.340）	（2.280）	（5.042）
2014Dummy×Dev	0.354 ***	0.004	0.211 ***	0.222 ***
	（4.499）	（0.032）	（3.504）	（5.092）
2015Dummy×Dev	0.520 ***	0.487 ***	0.272 ***	0.340 ***
	（6.072）	（4.939）	（4.367）	（6.037）
2016Dummy×Dcv	0.482 ***	0.327 ***	0.308 ***	0.506 ***
	（5.558）	（4.798）	（4.083）	（7.315）
2017Dummy×Dev	0.785 ***	0.144 *	0.327 ***	0.194 ***
	（6.173）	（1.686）	（4.862）	（4.218）
Const	0.036 ***	−0.003	−0.012 ***	−0.010 ***
	（9.902）	（−1.441）	（−3.336）	（−4.412）
N	4 983	5 960	6 754	7 039
Adj. R^2	0.286	0.246	0.092	0.117

（3）错误定价的其他衡量方法。

出于稳健性的考虑，本章也采用了错误定价的其他衡量方法对上述结果进行检验。采用账面市值比分解法衡量的错误定价对资本结构调整的影响的回归结果如表4.9所示，可以看出，在不同的错误定价指标下，错误定价程度对企业趋向目标资本结构的调整速度的影响依然与前文假设保持一致。由此可见，错误定价对资本结构调整速度的影响并不随错误定价指标衡量方法的不同而改变，表明本章的研究结论具有较强的稳健性。

表4.9　错误定价的其他衡量方法：账面市值比分解法

	（1）	（2）	（3）	（4）
	高于目标水平		低于目标水平	
	高估	低估	高估	低估
Dev	0.221*	0.264***	0.602**	0.410***
	(1.796)	(10.234)	(2.201)	(12.958)
Dev×MISP2	0.036***	0.021**	−0.007	0.040***
	(3.969)	(2.110)	(−0.885)	(3.958)
2005Dummy×Dev	0.282	−0.104***	−1.359**	−0.428***
	(1.556)	(−3.074)	(−2.119)	(−5.902)
2006Dummy×Dev	0.262*	−0.009	−0.015	−0.569***
	(1.935)	(−0.312)	(−0.038)	(−5.484)
2007Dummy×Dev	0.131	0.067*	−0.375	−0.261
	(1.051)	(1.897)	(−1.358)	(−1.395)
2008Dummy×Dev	0.490***	0.122***	−0.213	−0.254***
	(3.606)	(3.289)	(−0.711)	(−5.539)
2009Dummy×Dev	0.326***	0.086*	−0.391	0.073
	(2.612)	(1.887)	(−1.407)	(0.945)
2010Dummy×Dev	0.301**	0.149***	−0.406	−0.309***
	(2.408)	(3.422)	(−1.449)	(−3.083)
2011Dummy×Dev	0.334***	0.086*	−0.509*	−0.190***
	(2.581)	(1.929)	(−1.773)	(−4.545)
2012Dummy×Dev	0.507***	0.148***	−0.223	−0.371***
	(3.920)	(3.498)	(−0.775)	(−9.870)
2013Dummy×Dev	0.563***	0.123***	−0.421	−0.144***
	(4.346)	(2.920)	(−1.506)	(−3.609)

表4.9(续)

75

4

资
本
市
场
错
误
定
价
与
资
本
结
构
动
态
调
整

	（1）	（2）	（3）	（4）
	高于目标水平		低于目标水平	
	高估	低估	高估	低估
2014Dummy×Dev	0.420 ***	0.119 **	−0.176	−0.444 ***
	(3.313)	(2.427)	(−0.632)	(−7.539)
2015Dummy×Dev	0.569 ***	0.072	−0.356	−0.177 *
	(4.524)	(1.048)	(−1.297)	(−1.838)
2016Dummy×Dev	0.492 ***	0.186 ***	−0.448	−0.250 ***
	(3.922)	(3.888)	(−1.636)	(−3.421)
2017Dummy×Dev	0.904 ***	0.387 ***	−0.417	−0.142 ***
	(6.759)	(6.160)	(−1.527)	(−4.036)
Const	0.029 ***	0.011 ***	0.007 ***	0.011 ***
	(15.142)	(6.183)	(5.686)	(7.620)
N	6 852	4 906	7 473	7 470
Adj. R^2	0.224	0.230	0.187	0.227

此外，本章还考虑使用剩余收益估值法估算错误定价的方法。通过企业自身财务数据推测企业内在价值，并采用每股内在价值和股价之间的差异衡量出错误定价程度，再对上述过程重新进行回归，结果如表4.10所示。可以看出，在不同负债水平和错误定价情况下，错误定价程度对企业趋向目标资本结构的调整速度的影响依然与原有结论保持一致。由此可见，错误定价对资本结构调整速度的影响并不随错误定价指标衡量方法的不同而改变，表明本章的研究结论依然具有稳健性。

表 4.10　错误定价的其他衡量方法：剩余收益估值法

	（1）	（2）	（3）	（4）
	高于目标水平		低于目标水平	
	高估	低估	高估	低估
Dev	0.184 ***	0.537 ***	0.213 ***	0.115 ***
	(3.490)	(8.483)	(8.055)	(2.890)
Dev×MISP3	0.153 ***	0.109 ***	−0.013	0.024 ***
	(9.388)	(5.767)	(−1.587)	(2.782)
2005Dummy×Dev	−0.036	−0.116 *	−0.076 *	0.064
	(−0.730)	(−1.767)	(−1.943)	(0.760)

表4.10(续)

	(1)	(2)	(3)	(4)
	高于目标水平		低于目标水平	
	高估	低估	高估	低估
2006Dummy×Dev	0.068	−0.245***	−0.001	−0.075
	(1.086)	(−3.795)	(−0.013)	(−1.007)
2007Dummy×Dev	0.135**	−0.082	0.036	0.066
	(2.067)	(−1.274)	(0.621)	(0.790)
2008Dummy×Dev	0.300***	0.105	−0.012	0.135**
	(3.198)	(1.034)	(−0.317)	(2.275)
2009Dummy×Dev	0.244***	0.052	0.130**	0.043
	(3.231)	(0.708)	(2.415)	(0.450)
2010Dummy×Dev	0.241***	0.048	−0.033	−0.114
	(3.081)	(0.594)	(−0.743)	(−1.409)
2011Dummy×Dev	0.137*	0.193**	−0.058*	0.025
	(1.812)	(2.320)	(−1.836)	(0.510)
2012Dummy×Dev	0.340***	0.149	−0.039	−0.009
	(3.569)	(1.585)	(−1.175)	(−0.195)
2013Dummy×Dev	0.370***	0.093	−0.004	0.049
	(4.205)	(1.195)	(−0.124)	(0.878)
2014Dummy×Dev	0.306***	0.142*	0.034	−0.029
	(4.368)	(1.882)	(0.836)	(−0.475)
2015Dummy×Dev	0.410***	0.256***	0.120***	0.087
	(5.418)	(3.177)	(2.670)	(1.545)
2016Dummy×Dev	0.388***	0.155**	0.037	0.006
	(4.966)	(2.212)	(0.983)	(0.117)
2017Dummy×Dev	0.656***	0.785***	0.096***	0.014
	(5.951)	(7.852)	(3.055)	(0.335)
Const	0.035***	0.020***	0.008***	0.011***
	(11.508)	(10.493)	(7.014)	(8.122)
N	5 918	5 943	7 168	7 825
Adj. R^2	0.274	0.275	0.221	0.083

不仅如此，本章还进一步从资本市场异象的角度出发，利用五因子模型估算异常收益率部分，以此衡量错误定价程度，重复上述回归过程，结果如表4.11所示。可以看出，在不同负债水平和错误定价情

况下，错误定价程度对企业趋向目标资本结构的调整速度的影响基本与原有结论保持一致。由此可见，错误定价对资本结果调整速度的影响并不随错误定价指标衡量方法的不同而改变，表明本章的研究结论依然是稳健的。

表 4.11　错误定价的其他衡量方法：五因子模型

	(1)	(2)	(3)	(4)
	高于目标水平		低于目标水平	
	高估	低估	高估	低估
Dev	0.639 ***	0.079	0.267 ***	0.148 **
	(8.776)	(1.102)	(4.198)	(2.248)
Dev×MISP4	0.208 ***	0.289 ***	0.096	0.009
	(6.115)	(3.300)	(1.372)	(0.104)
2005Dummy×Dev	−0.113	−0.114 **	0.004	−0.004
	(−1.511)	(−2.447)	(0.108)	(−0.120)
2006Dummy×Dev	−0.043	0.016	0.114 *	0.046
	(−0.574)	(0.408)	(1.798)	(0.921)
2007Dummy×Dev	0.036	−0.112 *	0.181 ***	0.084
	(0.514)	(−1.670)	(2.580)	(1.088)
2008Dummy×Dev	0.190 **	0.065	0.063	0.089
	(1.971)	(0.959)	(1.341)	(1.383)
2009dummy×Dev	0.037	0.209 ***	0.251 ***	0.117 **
	(0.476)	(4.527)	(4.375)	(2.213)
2010Dummy×Dev	0.152 *	0.174 ***	0.182 ***	0.077
	(1.651)	(3.795)	(3.592)	(1.553)
2011Dummy×Dev	0.215 **	0.014	0.166 ***	0.012
	(2.434)	(0.193)	(3.165)	(0.200)
2012Dummy×Dev	0.341 ***	0.104	0.210 ***	0.044
	(3.025)	(1.555)	(3.765)	(0.801)
2013Dummy×Dev	0.322 ***	0.061	0.211 ***	0.100 *
	(2.784)	(0.971)	(4.105)	(1.904)
2014Dummy×Dev	0.201 **	0.258 ***	0.278 ***	0.134 **
	(2.377)	(4.243)	(4.628)	(2.313)
2015Dummy×Dev	0.291 ***	0.411 ***	0.410 ***	0.179 ***
	(3.326)	(7.970)	(6.697)	(2.718)

表4. 11(续)

	(1)	(2)	(3)	(4)
	高于目标水平		低于目标水平	
	高估	低估	高估	低估
2016dummy×Dev	0. 155 *	0. 457 ***	0. 433 ***	0. 253 ***
	(1. 883)	(9. 137)	(5. 753)	(3. 769)
2017Dummy×Dev	0. 503 ***	0. 793 ***	0. 292 ***	0. 231 ***
	(3. 321)	(11. 658)	(5. 802)	(4. 040)
Const	0. 027 ***	0. 027 ***	−0. 013 ***	0. 001
	(8. 264)	(13. 259)	(−5. 231)	(0. 461)
N	6 018	5 856	7 277	7 717
Adj. R^2	0. 251	−0. 190	0. 103	0. 064

（4）内生性问题考虑：工具变量法。

为了降低内生性问题对本章研究结论的影响，除采用滞后期回归外，本章进一步采用工具变量法进行回归。王艳艳和陈汉文（2006）、刘柏和徐小欢（2019）的研究指出，经四大会计师事务所审计的公司，其财务信息质量更高，也更加可信、可靠。信息披露质量的提升可以通过提高投资者对上市公司的认知程度，减少信息不对称，降低投资者对于上市公司的意见分歧，从而减弱错误定价程度（Berkman et al.，2009；陆蓉、潘宏，2012；徐寿福、徐龙炳，2015）。由此可见，经由四大会计师事务所审计的企业，其错误定价程度会降低，而企业资本结构的调整与否与是否被四大会计师事务所审计并没有直接的关联，因此采用是否被四大会计师事务所审计（Big4）作为错误定价的工具变量具有一定的合理性。表4.12 中第（1）列为股价被高估时第一阶段的回归结果（股价低估时结果与之类似，故未报告），表明被四大会计师事务所审计（Big4）的企业，其错误定价程度显著降低。第二阶段工具变量回归结果如第（2）—（5）列所示，可以看出，采用工具变量回归的结果与前文基本保持一致，即错误定价会显著影响企业的资本结构调整速度。

表 4.12　资本市场错误定价与资本结构调整速度：工具变量法

	(1)	(2)	(3)	(4)	(5)
	First	高于目标水平		低于目标水平	
	MISP1	高估	低估	高估	低估
Dev	0.429***	0.514**	0.924**	0.556***	0.511***
	(3.40)	(2.264)	(2.286)	(7.099)	(4.942)
Dev×MISP1		0.489***	0.684	−0.595	0.492*
		(3.496)	(0.713)	(−0.679)	(1.940)
Big4	−0.279***				
	(−5.96)				
2005Dummy×Dev	−0.621***	0.282	−0.104***	−1.359**	−0.428***
	(−4.38)	(1.556)	(−3.074)	(−2.119)	(−5.902)
2006Dummy×Dev	−0.570***	−0.320	−0.427	−0.589***	0.159
	(−3.67)	(−1.567)	(−0.727)	(−4.010)	(0.359)
2007Dummy×Dev	−0.227	−0.140	−0.598	−0.600*	0.327
	(−1.32)	(−0.638)	(−1.557)	(−1.654)	(0.651)
2008Dummy×Dev	0.014	−0.260	−0.362	−0.422**	0.245
	(0.08)	(−1.536)	(−0.587)	(−2.505)	(0.615)
2009dummy×Dev	−0.140	−0.058	−0.538	−0.382***	0.001
	(−0.79)	(−0.346)	(−1.637)	(−4.338)	(0.007)
2010Dummy×Dev	−0.010	−0.045	−0.369	−0.206*	0.284
	(−0.05)	(−0.253)	(−0.767)	(−1.906)	(0.731)
2011Dummy×Dev	−0.443***	0.048	−0.448	−0.064	0.104
	(−3.12)	(0.261)	(−1.034)	(−0.193)	(0.450)
2012Dummy×Dev	−0.479***	−0.187	−0.440	−0.299***	−0.015
	(−3.38)	(−1.072)	(−1.640)	(−2.805)	(−0.121)
2013Dummy×Dev	−0.328**	−0.062	−0.206	−0.173	0.176
	(−2.29)	(−0.393)	(−0.353)	(−0.803)	(0.656)
2014Dummy×Dev	−0.289**	−0.011	−0.176	−0.291***	0.192
	(−2.08)	(−0.070)	(−0.248)	(−3.060)	(0.695)
2015Dummy×Dev	−0.053	0.077	−0.324	0.139	0.194
	(−0.37)	(0.401)	(−0.733)	(0.316)	(0.915)
2016dummy×Dev	−0.162	0.125	−0.161	0.124	0.292*
	(−1.18)	(0.757)	(−0.367)	(0.446)	(1.898)
2017Dummy×Dev	−0.294**	−0.025	−0.425*	0.421	0.304***
	(−2.12)	(−0.186)	(−1.749)	(0.887)	(3.458)

表4.12(续)

	(1)	(2)	(3)	(4)	(5)
	First	高于目标水平		低于目标水平	
	MISP1	高估	低估	高估	低估
N	4 431	4 431	5 731	5 333	6 336
Adj. R^2	0.258	0.137	0.095	0.154	0.083
F	13.14	52.550	36.794	7.323	85.709

4.5　异质性分析及调整路径选择

上文的实证结果表明,资本市场错误定价对企业的资本结构决策产生了重要影响。为了进一步探究错误定价影响企业融资决策的作用机理,本节拟从资本市场错误定价影响资本结构调整的异质性效果和调整路径两方面进行深入分析。

4.5.1　资本市场错误定价与资本结构调整:股价高估 & 过度负债

(1)资本结构调整方式的选择。

表4.6的研究结果表明,资本市场错误定价显著影响了资本结构的调整速度,并且在企业过度负债与股价高估时,资本结构调整受错误定价影响的程度更大,企业趋向目标资本结构的调整速度也更快。为了研究错误定价加速调整资本结构的作用路径,本章参考黄继承等(2014)、林慧婷等(2016)、盛明泉等(2018)的做法,从债务融资和权益融资两个方面检验了资本市场错误定价对资本结构调整方式的影响。在企业资本结构高于目标水平的情况下,本章以减少有息负债和增加权益融资两种方式考察了企业的融资行为,对模型(4-9)和模型(4-10)进行了 Logit 回归,结果如表4.13所示。

从表4.13的第(1)列和第(3)列可以看出,当实际资本结构高于目标水平时,偏离程度绝对值的回归系数均显著为正。这说明资本结构向上偏离目标越远,企业通过减少有息负债和增加股东权益,以调整资本结构向目标水平靠拢的可能性越大。第（2）列和第（4）列考察错误定价对资本结构调整方式选择的影响，仅第（4）列错误定价与偏离程度绝对值的交互项显著为正，这说明，当股价被高估时，高估的程度越严重，企业通过增加权益融资趋向目标资本结构的可能性越大。换句话说，当实际资本结构高于目标水平且股价被高估时，企业受错误定价的影响越大，越倾向于选择股权融资方式向下调整，以向目标资本结构靠近。

表 4.13　资本结构调整路径的选择：股价高估 & 过度负债

	（1）	（2）	（3）	（4）
	减少有息负债		增加权益融资	
	$\Delta Debt \leqslant -5.0\%$取1，其余为0		$\Delta Equity \geqslant 5.0\%$取1，其余为0	
MISP1 $*$ Dev^a		−0.524		1.355**
		（−0.774）		（2.137）
MISP1		1.255***		−0.970***
		（7.308）		（−5.279）
Dev^a	1.194***	1.277**	2.439***	1.798***
	（3.166）	（2.336）	（6.909）	（3.450）
Size	−0.099**	0.013	0.154***	0.073
	（−2.189）	（0.266）	（3.185）	（1.391）
Profit	−1.910***	−1.920***	0.679	0.594
	（−4.173）	（−3.949）	（1.410）	（1.178）
Tang	−0.548*	−0.412	0.897***	0.820**
	（−1.671）	（−1.243）	（2.594）	（2.372）
Dep	4.690	4.044	−6.656*	−6.138*
	（1.334）	（1.153）	（−1.873）	（−1.731）
Tobinq	−0.043	−0.183***	0.154***	0.240***
	（−1.550）	（−5.474）	（6.439）	（7.787）
Lev_Med	0.813	−0.327	−0.952	−0.150
	（0.735）	（−0.292）	（−0.828）	（−0.129）
Const	3.717***	1.745	−6.340***	−4.803***
	（3.647）	（1.613）	（−5.733）	（−4.160）
Year	Yes	Yes	Yes	Yes
Industry	Yes	Yes	Yes	Yes
N	4 895	4 895	4 895	4 895
Pseud. R^2	0.029	0.045	0.049	0.057

（2）股票流动性的影响。

前文的结果表明，在股价高估同时企业过度负债的样本中，错误定价程度与资本结构调整速度显著正相关，进一步的路径分析也发现，股价高估显著提高了企业通过增加股权融资的方式来调整资本结构的可能性。因为股价高估能降低企业股权融资成本，增加企业股权融资意愿，促使企业参与更多股权融资，进而使得过度负债公司能更快地向目标资本结构进行调整。事实上，股权融资成本还与股票流动性、交易制度等因素紧密相关（Amihud、Mendelson，1986；罗登跃 等，2007；屈文洲 等，2011）。在流动性较强、交易制度便利的样本中，股权融资成本相对更低、融资难度更小（Wanzenried，2002）。因此，在股价高估并且企业过度负债时，错误定价程度与资本结构调整速度的正相关关系在股票流动性不同的样本中可能存在异质性。

参考苏冬蔚和麦元勋（2004）、陈辉和顾乃康（2017）的做法，利用换手率衡量股票市场流动性，若公司换手率高于行业中位数，则视为流动性较高组；若公司换手率低于行业中位数，则视为流动性较低组。预期在资本结构高于目标水平且股价被高估的样本中，流动性较高的企业，其资本结构向下调整，且趋向目标水平的速度更为迅速。表 4.14 展示了按照流动性高低进行分组的结果，第（1）列和第（3）列的结果显示，错误定价和偏离程度交互项（Dev×MISP）的回归系数在股票流动性较高组中显著为正；而在第（2）列和第（4）列股票流动性较低组中没有表现出显著为正。以上结果表明，股票市场流动性的提高可以减少交易成本，降低调整成本，进而加快资本结构向下调整速度。因此，在流动性较高的样本中，错误定价对资本结构向下调整速度的影响更为明显。

表 4.14　资本市场错误定价与资本结构调整速度：股票流动性的影响

	（1） 高流动性	（2） 低流动性	（3） 高流动性	（4） 低流动性
Dev	0.354 *** （8.100）	0.225 *** （4.991）	0.353 *** （9.788）	0.376 *** （3.951）
Dev×MISP1	0.033 ** （2.516）	0.008 （0.600）		

表4.14(续)

	（1） 高流动性	（2） 低流动性	（3） 高流动性	（4） 低流动性
Dev×MISP2			0.040**	0.041
			(2.445)	(1.187)
2005Dummy×Dev	-0.112*	-0.100	-0.165***	-0.078
	(-1.796)	(-1.540)	(-3.466)	(-1.264)
2006Dummy×Dev	-0.015	0.036	-0.078*	0.011
	(-0.290)	(0.689)	(-1.865)	(0.100)
2007Dummy×Dev	-0.055	0.117**	-0.127**	0.142
	(-1.106)	(2.340)	(-2.096)	(1.253)
2008Dummy×Dev	-0.072	0.101	0.017	0.333***
	(-1.011)	(1.421)	(0.301)	(2.811)
2009dummy×Dev	0.005	0.137**	-0.168**	0.284*
	(0.089)	(2.395)	(-2.279)	(1.812)
2010Dummy×Dev	-0.124**	0.167***	-0.022	0.343**
	(-2.355)	(3.018)	(-0.307)	(2.554)
2011Dummy×Dev	-0.017	0.223***	0.060	0.273**
	(-0.268)	(3.298)	(0.938)	(2.172)
2012Dummy×Dev	0.041	0.128**	0.176***	0.346***
	(0.641)	(1.990)	(2.949)	(3.498)
2013Dummy×Dev	0.046	0.171***	0.163***	0.255**
	(0.716)	(2.776)	(2.577)	(1.977)
2014Dummy×Dev	-0.102*	0.239***	-0.136*	0.455***
	(-1.657)	(4.086)	(-1.661)	(3.787)
2015Dummy×Dev	0.107*	0.368***	-0.232*	0.194
	(1.823)	(6.373)	(-1.780)	(1.514)
2016dummy×Dev	0.009	0.261***	-0.012	0.320**
	(0.167)	(5.028)	(-0.147)	(2.019)
2017Dummy×Dev	0.268***	0.503***	0.199*	0.732***
	(3.507)	(7.061)	(1.822)	(4.865)
Const	0.006***	0.014***	0.011***	0.040***
	(3.232)	(6.604)	(3.743)	(6.755)
N	3 244	3 222	2 216	2 690
Adj. R^2	0.194	0.246	0.236	0.291

（3）成长性的影响。

在股价高估同时企业过度负债的样本中，股权融资具有优势，错误定价程度越高，企业向目标资本结构调整的速度越快。事实上，就企业发展过程而言，在成长期的企业，一方面拥有较多的投资机会且需要大量的资金支持；另一方面，成长期的企业往往面临的风险较高、短期内难以获得现金收益。因此，这些企业更想获得不要求即时还本付息的、稳固的股权资金的支持。这意味着在股价高估并且企业过度负债时，错误定价程度与资本结构调整速度的正相关关系在成长性不同的样本中可能存在异质性。

为了检验成长机会对错误定价与资本结构调整速度之间关系的异质性，用营业利润增长率衡量公司成长机会，如果公司营业利润增长率大于同年度同行业的中位数，则视为高成长性公司，否则视为低成长性公司。表 4.15 展示了按照成长机会高低分组的回归结果。第（1）列和第（3）列的结果显示，错误定价和偏离程度交互项（Dev×MISP）的回归系数在企业成长性较高组中显著为正；而在第（2）列和第（4）列成长性较低组中没有表现出显著为正。这表明在股权资金需求更强烈的高成长性公司中，错误定价对资本结构向下调整的影响更为明显。

表 4.15　资本市场错误定价与资本结构调整速度：成长性的影响

	（1） 高成长性	（2） 低成长性	（3） 高成长性	（4） 低成长性
Dev	0.299 ***	0.433 ***	0.329	0.146
	（3.803）	（5.191）	（0.835）	（1.230）
Dev×MISP1	0.079 ***	0.010		
	（3.382）	（0.443）		
Dev×MISP2			0.017 *	0.030
			（1.798）	（1.484）
2005Dummy×Dev	−0.001	−0.006	0.541	0.179 **
	（−0.008）	（−0.058）	（0.842）	（2.465）
2006Dummy×Dev	0.074	0.002	0.027	0.375 *
	（0.882）	（0.022）	（0.066）	（1.702）

表4.15(续)

85

4

资本市场错误定价与资本结构动态调整

	(1) 高成长性	(2) 低成长性	(3) 高成长性	(4) 低成长性
2007Dummy×Dev	0.217 **	−0.016	−0.055	0.183
	(2.417)	(−0.159)	(−0.140)	(1.398)
2008Dummy×Dev	0.394 **	0.111	0.579	−0.164 *
	(2.467)	(0.807)	(1.446)	(−1.769)
2009dummy×Dev	0.355 ***	0.101	0.099	0.256 **
	(3.094)	(1.029)	(0.250)	(2.016)
2010Dummy×Dev	0.244 **	0.239 **	−0.028	0.337 **
	(1.972)	(1.969)	(−0.071)	(2.519)
2011Dummy×Dev	0.236 *	−0.087	−0.024	0.343 **
	(1.849)	(−0.928)	(−0.061)	(2.353)
2012Dummy×Dev	0.463 ***	0.185	0.185	0.577 ***
	(2.680)	(1.181)	(0.466)	(3.070)
2013Dummy×Dev	0.487 ***	0.169	0.277	0.490 ***
	(3.343)	(1.559)	(0.697)	(3.412)
2014Dummy×Dev	0.387 ***	0.218 *	0.021	0.458 ***
	(3.437)	(1.780)	(0.053)	(3.170)
2015Dummy×Dev	0.459 ***	0.391 ***	0.085	0.711 ***
	(4.101)	(3.412)	(0.214)	(5.247)
2016dummy×Dev	0.619 ***	0.292 ***	0.178	0.502 ***
	(4.393)	(2.597)	(0.449)	(3.854)
2017Dummy×Dev	0.494 *	0.838 ***	0.177	1.196 ***
	(1.669)	(5.054)	(0.445)	(7.238)
Const	0.038 ***	0.027 ***	0.008 ***	0.024 ***
	(6.666)	(5.103)	(3.964)	(6.014)
N	2 717	2 677	3 367	3 484
Adj. R^2	0.309	0.266	0.229	0.275

4.5.2 资本市场错误定价与资本结构调整：股价低估 & 过度负债

（1）资本结构调整方式的选择。

前文分析表明，企业处于过度负债和股价低估状态时，错误定价程度对其资本结构调整具有显著的影响，支持了企业通过定向增发向下调整资本结构以快速趋向目标水平的假设。为了进一步探究错误定价促进资本结构调整的作用路径，本章参考黄继承等（2014）、林慧婷等（2016）、盛明泉等（2018）的做法，从债务融资和权益融资两个方面，检验错误定价对资本结构调整方式的影响。当企业资本结构高于目标水平时，本章以减少有息负债和增加权益融资两种方式考察了企业的融资行为，对模型（4-9）和模型（4-10）进行了 Logit 回归，结果如表 4.16 所示。

表 4.16 的第（1）列和第（3）列的回归结果显示，在股价低估且企业过度负债的样本中，Dev^a 的回归系数均显著为正，意味着当资本结构向上偏离的程度越大时，企业采取减少有息负债或增加股东权益的方式降低资产负债率水平的概率越高。第（2）列和第（4）列考察了在股价低估时，错误定价程度对资本结构调整方式选择的影响，从第（4）列的结果可以看出，错误定价与偏离程度绝对值的交互项显著为正，说明当股价被低估时，低估的程度越严重，企业采用权益融资方式趋向目标资本结构的可能性越大，从侧面验证了本章的假设 H4-2b。换句话说，在股价低估且企业过度负债的样本中，受错误定价影响越大的企业，越倾向于选择股权融资方式向下调整，以趋向目标资本结构。

表 4.16　资本结构调整路径的选择：股价低估 & 过度负债

	（1）	（2）	（3）	（4）
	减少有息负债		增加权益融资	
	$\Delta Debt \leqslant -5.0\%$取 1，其余为 0		$\Delta Equity \geqslant 5.0\%$取 1，其余为 0	
MISP1 * Dev^a		-1.615		2.875*
		(-0.995)		(1.678)
MISP1		-1.274***		-0.258
		(-6.111)		(-1.067)
Dev^a	1.332***	1.763***	2.212***	1.653**
	(3.295)	(2.741)	(5.504)	(2.445)
Size	-0.078**	0.024	-0.118***	0.267***
	(-2.478)	(0.695)	(-3.121)	(7.180)
Profit	-2.072***	-2.856***	1.619**	0.792
	(-3.466)	(-4.469)	(2.332)	(1.131)

表4.16(续)

87

4

资本市场错误定价与资本结构动态调整

	（1）	（2）	（3）	（4）
	减少有息负债		增加权益融资	
	ΔDebt≤−5.0%取1，其余为0		ΔEquity≥5.0%取1，其余为0	
Tang	0.497*	0.679**	0.522*	0.322
	(1.774)	(2.403)	(1.655)	(1.000)
Dep	4.135	4.126	−6.469*	−6.006*
	(1.385)	(1.372)	(−1.942)	(−1.782)
Tobinq	−0.255***	−0.389***	0.600***	0.803***
	(−5.600)	(−7.835)	(10.279)	(12.216)
Lev_Med	0.674	−0.404	−0.863	−1.766
	(0.765)	(−0.448)	(−0.803)	(−1.622)
Const	2.657***	1.150	−1.971*	−9.859***
	(3.416)	(1.416)	(−1.937)	(−10.146)
Year	Yes	Yes	Yes	Yes
Industry	Yes	Yes	Yes	Yes
N	6 138	6 138	6 138	6 138
Pseud. R^2	0.032	0.043	0.073	0.082

（2）定向增发的概率。

从表4.16的结果可以看出，在股价低估且企业过度负债的样本中，企业受错误定价的影响越大，越倾向于选择股权融资方式向目标资本结构靠近。我们猜测，这是因为当股价被低估时，企业更倾向于通过定向增发降低其实际资产负债率水平。股权分置改革以来，定向增发逐渐成为中国资本市场主流的权益再融资方式。尤其是当上市公司估值尚处于较低位置时，对采取定向增发的企业而言，其不仅可以支付较少的对价，还能改变公司资本结构，增加企业价值。因此，为了更直接地验证定向增发假说，参考章卫东等（2010）的研究，选择样本期间内总资产最为接近的未实施过 IPO、配股等股权融资行为的同行业同年度公司作为配对样本，并利用 Logit 模型检验当股价被低估时，错误定价程度对定向增发概率的影响。从表4.17 的回归结果可以看出，当股价被低估且企业处于过度负债时，定向增发的概率显著提高，采用不同方法衡量的错误定价程度，结果基本保持一致。这说明，当股价被低估时，实际资本结构高于目标水平的公司更倾向于通过定向增发的方式，向下调整，以降低实际资产负债率水平。

表 4.17 股价低估 & 过度负债对定向增发概率的影响

	（1）	（2）	（3）
MISP1	0.181		
	（1.091）		
MISP2		0.668**	
		（2.149）	
MISP3			0.315*
			（1.669）
Size	−0.109**	−0.099	−0.123**
	（−2.446）	（−0.985）	（−1.977）
Lev	0.555**	0.283	0.442*
	（2.332）	（0.669）	（1.769）
Cash	0.461	0.115	−0.055
	（0.743）	（0.117）	（−0.082）
Profit	1.289*	−0.062	0.152
	（1.652）	（−0.039）	（0.189）
Dep	−1.975	13.223**	5.652
	（−0.465）	（2.171）	（1.316）
Tang	0.146	−1.828***	−0.666
	（0.347）	（−2.728）	（−1.581）
Tobinq	0.062*	0.185	−0.002
	（1.896）	（0.566）	（−0.029）
Top1	0.002	0.003	0.002
	（0.683）	（0.697）	（0.834）
Const	0.857	1.191	1.814
	（0.807）	（0.480）	（1.209）
Year	Yes	Yes	Yes
Industry	Yes	Yes	Yes
N	1 056	401	923
Pseud. R^2	0.009	0.024	0.008

（3）大股东持股的影响。

上文的结果显示，当股价低估且企业过度负债时，低估程度越大，资本结构调整速度越快，同时，企业会选择定向增发的方式进行筹资，使得资本结构向下调整，快速向目标资本结构靠近。事实上，与西方发达资本市场不同，我国股权结构集中度普遍较高，资本市场投资者法律保护体系尚不健全，大股东攫取中小股东利益以获得控制权及私有收益的可能性更大。诸多文献研究发现，定向增发过程中确实存在向大股东进行利益输送的行为，尤其是当股价被低估时，控股股东更有动机以较低的价格向自身或关联方增发股票（Cronqvist et al.，2005；Beak et al.，2006；朱红军 等，2008；王志强 等，2010；章卫东 等，2010）。大股东持股比例越高，越有能力掌控公司决策，通过定向增发进行利益输送的动机也越强。因此，当股价低估并且企业过度负债时，错误定价程度与资本结构调整速度的正相关关系在大股东持股比例不同的样本中可能存在异质性。

基于此，本节运用第一大股东持股比例衡量股权集中度，并根据中位数进行分组，以考察其在股价被低估时对资本结构调整的影响的异质性。表 4.18 展示了按照第一大股东持股比例进行分组的回归结果，第（1）列和第（3）列的结果显示，错误定价和偏离程度交互项（Dev×MISP）的回归系数在第一大股东持股比例较高组中显著为正；而在第（2）列和第（4）列第一大股东持股比例较低组中没有表现出显著为正。这表明，当股价被低估且企业过度负债时，第一大股东持股比例越高的公司，越倾向于通过定向增发降低其实际资产负债率水平，其趋向目标资本结构调整的速度也就越快。

表 4.18　资本市场错误定价与资本结构调整速度：大股东持股的影响

	（1）持股比例高	（2）持股比例低	（3）持股比例高	（4）持股比例低
Dev	0.354 ***	0.225 ***	0.353 ***	0.376 ***
	(8.100)	(4.991)	(9.788)	(3.951)
Dev×MISP1	0.033 **	0.010		
	(2.516)	(0.443)		
Dev×MISP2			0.040 **	0.041
			(2.445)	(1.187)
2005Dummy×Dev	−0.112 *	−0.100	−0.165 ***	−0.078
	(−1.796)	(−1.540)	(−3.466)	(−1.264)
2006Dummy×Dev	−0.015	0.036	−0.078 *	0.011
	(−0.290)	(0.689)	(−1.865)	(0.100)

表4.18(续)

	(1)	(2)	(3)	(4)
	持股比例高	持股比例低	持股比例高	持股比例低
2007Dummy×Dev	−0.055	0.117**	−0.127**	0.142
	(−1.106)	(2.340)	(−2.096)	(1.253)
2008Dummy×Dev	−0.072	0.101	0.017	0.333***
	(−1.011)	(1.421)	(0.301)	(2.811)
2009dummy×Dev	0.005	0.137**	−0.168**	0.284*
	(0.089)	(2.395)	(−2.279)	(1.812)
2010Dummy×Dev	−0.124**	0.167***	−0.022	0.343**
	(−2.355)	(3.018)	(−0.307)	(2.554)
2011Dummy×Dev	−0.017	0.223***	0.060	0.273**
	(−0.268)	(3.298)	(0.938)	(2.172)
2012Dummy×Dev	0.041	0.128**	0.176***	0.346***
	(0.641)	(1.990)	(2.949)	(3.498)
2013Dummy×Dev	0.046	0.171***	0.163***	0.255**
	(0.716)	(2.776)	(2.577)	(1.977)
2014Dummy×Dev	−0.102*	0.239***	−0.136*	0.455***
	(−1.657)	(4.086)	(−1.661)	(3.787)
2015Dummy×Dev	0.107*	0.368***	−0.232*	0.194
	(1.823)	(6.373)	(−1.780)	(1.514)
2016dummy×Dev	0.009	0.261***	−0.012	0.320**
	(0.167)	(5.028)	(−0.147)	(2.019)
2017Dummy×Dev	0.268***	0.503***	0.199*	0.732***
	(3.507)	(7.061)	(1.822)	(4.865)
Const	0.006***	0.014***	0.011***	0.040***
	(3.232)	(6.604)	(3.743)	(6.755)
N	3 244	3 222	2 216	2 690
Adj. R^2	0.194	0.246	0.236	0.291

4.5.3 资本市场错误定价与资本结构调整：股价低估 & 负债不足

（1）资本结构调整方式的选择。

当企业负债不足且股价被低估时，同样参考黄继承等（2014）、林慧婷等（2016）、盛明泉等（2018）的做法，以增加有息负债和减少权益融资两种渠道考察企业的资本结构调整方式选择，对模型（4-9）和模型（4-10）进行了 Logit 回归，结果如表 4.19 所示。

从表 4.19 可以看出，第（1）—（2）列的偏离程度绝对值 Dev^a 的回归系数显著为正，说明资本结构向下偏离目标越远，企业选择增加有息负债的方式趋向目标水平的可能性越大，这种调整方式也更为常用。第（3）—（4）列偏离程度绝对值 Dev^a 的回归系数显著为负，表明当实际资本结构低于目标水平时，企业通过减少权益即股票回购行为调整资本结构的方式较为罕见，选择负权益融资的可能性也更低。此外，第（2）列错误定价与偏离程度绝对值的交互项显著为正，进一步说明了，当股价被低估时，低估的程度越严重，企业通过扩大债务融资向上调整以趋向目标资本结构的可能性越大。换句话说，当资本结构低于目标水平且股价被低估时，企业受错误定价影响越大，越倾向于选择债务融资方式向目标资本结构靠近。

表 4.19 资本结构调整路径的选择：股价低估 & 负债不足

	（1）	（2）	（3）	（4）
	增加有息负债		减少权益融资	
	$\Delta Debt \geqslant 5.0\%$ 取 1，其余为 0		$\Delta Equity \leqslant -5.0\%$ 取 1，其余为 0	
MISP1 * Dev^a		0.877*		0.225
		(1.651)		(0.360)
MISP1		0.005		-0.622***
		(0.058)		(-6.107)
Dev^a	4.027***	4.177***	-1.434***	-1.164***
	(13.981)	(13.365)	(-3.968)	(-3.209)
Size	0.185***	0.220***	0.074**	0.110***
	(7.383)	(7.260)	(2.020)	(2.988)
Profit	-0.617	(1.651)	1.782**	1.262
	(-1.067)	-5.490***	(2.162)	(1.584)
Tang	1.016***	2.865***	-0.182	-0.066
	(3.993)	(7.707)	(-0.481)	(-0.175)
Dep	-5.417*	(-7.615)	4.760	2.948
	(-1.910)	-35.157***	(1.130)	(0.704)
Tobinq	0.113**	0.179***	-0.641***	-0.400***
	(2.365)	(3.080)	(-9.777)	(-6.235)

表4.19(续)

	(1)	(2)	(3)	(4)
	增加有息负债		减少权益融资	
	ΔDebt≥5.0%取1, 其余为0		ΔEquity≤−5.0%取1, 其余为0	
Lev_Med	1.152	0.785	−0.971	−0.801
	(1.365)	(0.871)	(−0.776)	(−0.630)
Const	−5.390***	−5.772***	2.503***	1.316
	(−8.438)	(−7.551)	(2.595)	(1.360)
Year	Yes	Yes	Yes	Yes
Industry	Yes	Yes	Yes	Yes
N	6 806	6 806	6 806	6 806
Pseud. R^2	0.046	0.069	0.070	0.082

（2）金融发展水平的影响。

表4.19的实证结果表明，在股价被低估且负债不足的企业中，低估程度越高，资本结构向上调整的速度越快。这表明在负债不足的企业中，股价低估程度越严重，企业选择债务融资向市场示好的动机可能越强，使得资本结构调整速度加快。中国幅员辽阔，各地区的金融发展水平、债务融资环境差异较大。在银行等金融中介发展较好的地区，企业债务融资较为便捷，股价被低估的企业进行负债融资的成功性也更高。因此，当企业股价被低估且负债不足时，资本市场错误定价程度与资本结构调整速度的正相关关系在金融发展水平不同的样本中可能存在异质性。

基于此，本节运用地区银行业竞争程度衡量金融发展水平，并根据中位数进行分组，考察其对错误定价与资本结构调整速度之间关系的影响。结果如表4.20所示，第（1）列和第（3）列的结果显示，错误定价和偏离程度交互项（Dev×MISP）的回归系数在银行业竞争程度较高组中显著为正；而在第（2）列和第（4）列银行业竞争程度较低组中没有表现出显著为正。这表明在银行业竞争更激烈、金融发展更好的样本中，当实际资本结构低于目标水平且股价被低估时，错误定价对资本结构调整速度的影响更为明显。

表 4.20　资本市场错误定价与资本结构调整速度：金融发展水平的影响

	（1）	（2）	（3）	（4）
	金融发展好	金融发展弱	金融发展好	金融发展弱
Dev	0.236***	0.239***	0.243***	0.201***
	（7.649）	（6.379）	（8.043）	（6.922）
Dev×MISP1	0.046**	0.035		
	（2.378）	（1.222）		
Dev×MISP2			0.071***	0.010
			（4.824）	（0.481）
2005Dummy×Dev	0.029	−0.028	−0.163***	−0.003
	（0.777）	（−0.821）	（−2.735）	（−0.111）
2006Dummy×Dev	0.169***	0.045	−0.116	0.063
	（3.624）	（0.685）	（−1.309）	（1.276）
2007Dummy×Dev	0.082	0.242***	0	0.341***
	（1.204）	（3.726）	（−0.001）	（4.855）
2008Dummy×Dev	0.111***	0.068	−0.070	0.026
	（2.784）	（1.573）	（−1.310）	（0.684）
2009dummy×Dev	0.197***	0.121**	0.385***	0.236***
	（3.656）	（2.183）	（5.397）	（3.097）
2010Dummy×Dev	0.169***	0.153**	−0.053	0.233***
	（2.787）	（2.231）	（−0.591）	（3.740）
2011Dummy×Dev	0.111***	0.103**	0.009	0.110**
	（2.689）	（2.242）	（0.180）	（2.251）
2012Dummy×Dev	0.161***	0.154***	−0.195***	0.182***
	（3.887）	（3.280）	（−4.633）	（3.717）
2013Dummy×Dev	0.214***	0.143***	0.045	0.243***
	（4.655）	（2.701）	（0.959）	（4.674）
2014Dummy×Dev	0.237***	0.199***	−0.244***	0.371***
	（4.405）	（3.230）	（−2.726）	（4.988）
2015Dummy×Dev	0.450***	0.278***	0.083	0.299***
	（7.839）	（3.064）	（0.390）	（2.888）
2016dummy×Dev	0.540***	0.476***	0.019	0.285**
	（7.044）	（5.567）	（0.150）	（2.456）
2017Dummy×Dev	0.294***	0.168**	0.070*	0.195*
	（6.439）	（2.132）	（1.869）	（1.844）
Const	−0.012***	−0.010***	0.009***	−0.012***
	（−4.631）	（−3.089）	（4.153）	（−2.907）
N	3 621	3 991	3 531	3 865
Adj. R^2	0.233	0.114	0.229	0.098

（3）法律环境的影响。

La-Porta 等（1998）关于法与金融的文献指出，法律可以保护股东和债权人的权利，促进资本市场和信贷市场的健康发展。法律对债权人权利的保护，显著改善了银行的贷款预期，从而提高了企业进行债务融资的意愿（Haselmann et al.，2009；黄继承 等，2014）。此外，Oztekin 和 Flannery（2012）的研究也表明，在法制较完善和投资者保护较好的国家，企业资本结构的调整成本更小，因此调整速度会更快。黄继承等（2014）以我国上市公司为样本，发现了同样的结论。基于此，本节运用樊纲等（2016）编制的市场化指数中的"市场中介组织的发育和法律制度环境指数"衡量地区的法律环境，并以中位数为界限，分为法律环境好和法律环境坏两组，考察其对错误定价与资本结构调整速度之间关系的影响。

表 4.21 展示了按照法律环境好坏进行分组的回归结果，第（1）列和第（3）列的结果显示，错误定价和偏离程度交互项（Dev×MISP）的回归系数在法律环境较好组中显著为正；而在第（2）列和第（4）列法律环境较坏组中没有表现出显著为正。这表明，随着地区法制环境的提升，债权人的利益得到保护，提高了债权人的贷款意愿，增加了企业债务资金的可得性，降低了资本结构调整的潜在成本，进而加快资本结构向上调整的速度。因此，在地区法制环境更好的样本中，当实际资本结构低于目标水平且股价被低估时，错误定价对资本结构向上调整速度的影响更为明显。

表 4.21　资本市场错误定价与资本结构调整速度：法律环境的影响

	(1) 法律环境好	(2) 法律环境坏	(3) 法律环境好	(4) 法律环境坏
Dev	0.414 *** (14.867)	0.239 *** (9.236)	0.145 *** (12.812)	0.361 *** (9.098)
Dev×MISP1	0.051 ** (2.201)	0.036 (1.254)		
Dev×MISP2			0.035 *** (3.085)	0.006 (0.234)

表4.21(续)

	（1） 法律环境好	（2） 法律环境坏	（3） 法律环境好	（4） 法律环境坏
2005Dummy×Dev	0.011* （1.740）	−0.019** （−2.284）	−0.046*** （−4.850）	0.001 （0.202）
2006Dummy×Dev	0.029*** （3.952）	−0.005 （−0.480）	−0.059*** （−4.696）	0.033*** （3.498）
2007Dummy×Dev	0.048*** （5.866）	0.005 （0.410）	−0.044* （−1.919）	0.045*** （2.887）
2008Dummy×Dev	0.021*** （3.102）	0.010 （1.128）	−0.025*** （−3.518）	0.040*** （4.771）
2009dummy×Dev	0.037*** （5.035）	0.014 （1.540）	−0.015 （−1.249）	0.091*** （5.775）
2010Dummy×Dev	0.042*** （5.731）	0 （−0.038）	−0.016 （−1.144）	0.078*** （4.448）
2011Dummy×Dev	0.031*** （4.665）	0.012 （1.262）	−0.024*** （−3.221）	0.061*** （5.369）
2012Dummy×Dev	0.037*** （5.440）	0.019** （2.130）	−0.046*** （−6.824）	0.073*** （6.469）
2013Dummy×Dev	0.044*** （6.102）	0.013 （1.532）	−0.028*** （−3.976）	0.070*** （6.706）
2014Dummy×Dev	0.049*** （6.517）	0.008 （0.884）	−0.037*** （−4.102）	0.098*** （6.423）
2015Dummy×Dev	0.057*** （6.938）	0.012 （1.442）	−0.034** （−2.320）	0.098*** （5.003）
2016dummy×Dev	0.072*** （8.055）	0.016 （1.537）	−0.033*** （−3.754）	0.063** （2.365）
2017Dummy×Dev	0.268*** （3.507）	0.503*** （7.061）	0.199* （1.822）	0.732*** （4.865）
Const	−0.051*** （−7.107）	0.002 （0.319）	0.044*** （8.280）	−0.058*** （−5.605）
N	4 871	1 661	5 099	1 665
Adj. R^2	0.126	0.118	0.106	0.137

本章基于资本结构动态调整的视角，利用 2004—2017 年 A 股上市公司数据研究了资本市场错误定价对企业融资决策的影响，并进一步考察了其作用机理。结果显示，资本市场错误定价显著影响了公司的资本结构动态调整决策。具体表现为：在实际资本结构高于目标水平且股价被高估的企业中，资本市场错误定价程度与资本结构向下调整速度显著正相关，并且这一正相关关系在股票流动性较高、企业成长性较好的子样本中更为明显。高估的股价为企业进行股权融资提供了极大的便利，为资本结构向目标资本结构调整提供了权益资金支持。在实际资本结构高于目标水平且股价被低估的企业中，资本市场错误定价程度与资本结构向下调整速度同样显著正相关。这一相关关系在第一大股东持股比例较高的样本中更为显著，并且此时资本市场错误定价程度与企业定向增发的概率也显著正相关。这说明当股价被低估且过度负债时，企业会向大股东及其关联方进行定向权益融资以提升资本结构的调整速度。在实际资本结构低于目标水平且股价被高估的企业中，资本市场错误定价程度并不影响资本结构向上调整的速度。最后，在实际资本结构低于目标水平且股价被低估的企业中，资本市场错误定价程度与资本结构向上调整速度显著正相关，即低估程度越大，资本结构向上调整速度越快，并且这一相关关系在金融发展水平较高、法制环境较好的地区更为明显。

资本结构是企业融资决策的核心内容，不仅是管理者对融资成本权衡的结果，也是投资者关注的焦点问题，与公司价值密切相关。本章的研究结论表明，资本市场错误定价改变了企业股权融资或债权融资意愿，对企业融资决策产生了重要影响。错误定价在加快资本结构调整速度的同时，也促使企业利用错误定价时机，调整杠杆水平，增加权益融资比重，以及优化企业资本结构水平。股价高估会降低企业股权融资成本，为过度负债公司提供更多股权融资机会。股价低估一方面为大股东进行定向增发和利益输送提供了机会，从而促使过度负债公司向目标资本结构调整；另一方面，股价被低估且负债不足时，会激励企业进行更多的债务融资，以期向市场传递公司盈利质量较高的信号，吸引投资者的关注，从而拉抬股价。

5　资本市场错误定价与企业创新决策

在第 4 章探讨了资本市场错误定价对企业融资策略影响的基础上，本章进一步对错误定价与企业投资决策之间的关系展开研究。从企业投资的视角来看，创新作为企业的重大战略投资行为，是维持核心竞争力，推动企业持续发展的原动力。党的十九大报告指出，我国经济已经由高速增长阶段转向高质量发展阶段。创新是推动产业结构转型升级，实现经济高质量发展的重要力量，也是引领发展的第一动力。因此，从创新的角度出发，考察资本市场错误定价对企业投资策略的影响，有利于更好地厘清资本市场服务实体经济发展，尤其是服务于创新驱动发展战略的微观作用机理。

5.1　问题提出

创新是历史进步的动力、时代发展的关键。党的十八届五中全会提出的创新、协调、绿色、开放、共享的新发展理念，把创新提到首要位置，习近平总书记在省部级主要领导干部学习贯彻党的十八届五中全会精神专题研讨班的讲话中更是形象地指出，抓住了创新，就抓住了牵动经济社会发展全局的"牛鼻子"。推动经济迈向高质量发展的重点工作是实现产业结构转型升级，而创新是实现产业转型升级的关键（庄子银，2007）。对企业创新行为的研究也是近年来学术界关注的热点话题。现有文献分别从制度环境（顾夏铭 等，2016；申宇等，2018）、产业政策（黎文靖、郑曼妮，2016；蔡庆丰、田霖，2019）、社会网络（Faleye，2014；申宇 等，2017）和公司治理特征（Coles et al.，2006；唐清泉、甄丽明，2009）等多个角度考察了企业创新的影响因素，却鲜有关注资本市场定价行为对公司创新的影响。事实上，创新是一项长周期、高风险的投资，市场权益融资是企业创新资金的重要来源。同时，企业创新也是投资者市场定价的重要概念。那么，在市场错误定价的状态下，企业会如何进行创新决策？换句话说，资本市场错误定价是否以及如何影响企业的创新行为，这是本章研究的核心问题。

创新作为企业的重要战略投资决策，与企业长期竞争优势的建立密切相关。但创新又是一个持续性、积累性的投资过程，在项目的初期和后期都需要大量的资金支持，任何一个环节资金链的断裂都会使整个项目前功尽弃（陈海声，2006；卢馨 等，2013）。长期、稳定的权益融资是保障创新资金供给的重要力量（李云鹤 等，2018）。当市场价值高于真实价值即股价被高估时，企业拥有更低的股权融资成本，这将有效缓解企业的融资约束，促进研发资金加快投入。从动态的视角来看，市场定价在某种程度上表征了投资者对公司投融资决策和未来前景的反应；反过来，企业管理层也会从投资者定价信息中进行反馈，相机调整财务决策（Edmans et al.，2017；陈康、刘琦，2018）。创新活动、专利产出等丰富往往预示着公司发展动力强劲，甚至被视为向外界投资者传递企业具有高投资价值的信号（刘督 等，2016）。Yang 和 Chen（2003）利用台湾电子行业企业数据发现，专利申请数量增加，显著提高了企业的市场认可度。作为对投资者定价信息的反馈，企业很有可能改变创新策略，迎合市场投资者以获得股价的提升。上述分析表明，资本市场错误定价很可能对企业创新行为产生重要影响。创新作为企业的重要投资决策，从这一角度切入也有助于深入理解资本市场错误定价的经济后果。本书通过手工整理企业专利申请相关数据，与黎文靖和郑曼妮（2016）、潘越等（2015）的做法类似，从专利申请总量和专利申请质量两个维度来衡量企业的创新活动；同时，参考游家兴和吴静（2012）、Dong 等（2017）的方法估算资本市场错误定价程度指标，系统地考察了资本市场错误定价对企业创新行为的影响。

与现有文献相比较，本章的研究贡献主要体现在以下三个方面：

第一，本章拓展了企业创新行为影响因素的相关研究。研发创新作为企业持续发展的动力，以及国家产业升级、结构调整的关键抓手，一直受到学术界和实务界的广泛关注。现有关于企业创新影响因素的研究，多从产业政策和公司治理特征等方面展开。本章从资产定价的视角出发，系统考察了资产价值高估和低估状态下企业创新决策的变化，为深化对现实市场中企业创新行为的认识提供了一个新的视角。事实上，在制度转轨的新兴经济体中，各项制度尚不完善、投资者专业水平参差不齐，错误定价现象时有发生。从某种意义上说，资本市场错误定价对企业创新决策的影响可能比传统的公司治理、高管特征等因素更为深远。

第二，本章的研究丰富了资本市场错误定价经济后果的相关研究。本章考虑了不同资本市场错误定价状态的非对称性，不仅对股价高估的经济后果进行了研究，也对股价低估的公司策略进行了分析。现有关于资本市场错误定价的研究多集中于其对公司整体投资效率的影响（李君平、徐龙炳，2015；张静、王生年，2016），对具体投资项目影响的讨论仍较少。创新研发作为企业重要的投资决策，既是投资者定价时关注的热点问题，又需要充足的资金支持（Billett、Qian，2008；Chen et al.，2017；王艳、李善民，2017；钟宁桦 等，2019）。因此，以企业创新这一重大投资决策作为切入点，有助于全面理解资本市场错误定价对企业投资行为的影响，弥补现有文献的不足。

第三，本章从投资者短视与管理层迎合等多个方面对资本市场错误定价影响企业创新行为的作用机理进行了探究，为后续关于市场估值与企业投资、创新数量与质量相关的研究提供了很好的参考。同时，从实践的角度来看，本章的研究有助于监管层进一步认识资本市场错误定价对实体经济运行产生的影响，并为其制定金融市场改革相关政策提供了理论依据，为资本市场更好地服务于企业创新发展提供了实证支撑。

5.2 理论分析与假设推导

本章研究资本市场错误定价对企业创新行为的影响，首先介绍了有关资本市场错误定价经济后果和企业创新影响因素的相关研究成果，并在此基础上讨论资本市场错误定价影响企业创新行为的作用机制，同时提出研究假设。

5.2.1 企业创新

创新研发作为推动企业持续发展的动力，以及国家产业升级、结构调整的关键抓手，一直受到学术界和实务界的广泛关注。总的来看，现有关于企业创新行为影响因素的文献大体可以分为宏观制度环境和微观企业治理特征两个方面。从宏观层面的制度环境来看，文献主要考察了税收优惠、法律制度环境、产业政策、贸易摩擦等对企业创新行为的影响。例如，Agrawal（2014）利用加拿大样本进行研究时发现，税收优惠能显著促进企业创新，尤其是融资约束较强的小型民营企业。李维安等（2016）利用民营企业的数据进行研究，也获得了同样的结论。但近来也有诸多文献发现，政府推行的产业政策、发放的创新补助，对企业创新的促进作用十分有限。部分公共资金使用效率不高，存在骗补、寻租现象。黎文靖和郑曼妮（2016）研究发现，产业政策促使更多的非发明、低质量的专利产生，对发明专利的促进效果不明显。申宇等（2018）进一步研究发现，政府创新等公共补助资金的配置存在明显的"重数量、轻质量"现象。创新作为准公共物品，存在正外部性和溢出效应，这可能导致企业创新动力不足（Clarysse et al.，2009）。改善法制环境，加强专利保护，减少侵权危害是促进企业创新的重要路径（毛昊，2016）。随着经济全球化进程的加快，国际贸易模式变迁对企业经营行为产生了重要影响。张杰和郑文平（2017）、吕越等（2018）以"中兴通讯事件"为切入点，研究了国家贸易环境与企业创新的关系，结果发现，进口贸易可以促进一般贸易企业的创新，但抑制了加工贸易企业的创新，整体上验证了中国本土企业遭受的全球价值链俘获效应假说。

从微观企业治理特征来看，现有文献围绕内部控制、机构投资者持股、薪酬激励等视角对这一问题进行了研究。例如，Sapra等（2014）从对公司治理的研究中发现，较差的内部公司治理水平会减少企业的创新活动，而公司所面临的外部收购压力与创新则呈现出"U型"关系。冯根福和温军（2008）、鲁桐和党印（2014）也对中国上市公司治理与企业技术创新进行了实证分析，结果表明证券、基金的持股比例和独立董事占比较高会促进企业的创新，而国有股持股比例较高则会抑制创新。李春涛和宋敏（2010）利用世界银行调查数据研究了不同所有制结构下经理人薪酬激励对企业创新投入和产出的影响，结果显示，CEO薪酬激励能显著促进企业的创新活动，但国有股权的出现削弱了这种促进作用。孔东民等（2017）研究指出，企业管理层与员工之间的薪酬差距对企业创新存在正向影响，在薪酬差距水平较低的情况下，扩大薪酬差距会显著提升企业创新水平。此外，还有一些文献研究了高管特征对企业创新行为的影响。刘运国和刘雯（2007）研究发现，高管的任期与上市公司R&D支出之间存在显著的正相关关系。Sunder等（2017）指出，高管的个人经历对企业创新也会产生重要影响，具有飞行员经历的CEO更具有冒险精神，他们对于创新这样不确定性高、风险较大的项目具有更高的偏好，因此这类公司更愿意开展创新活动，创新产出也更多。

综合来看，关于企业创新的研究，现有文献主要围绕宏观制度环境以及微观企业治理特征等角度展开，考察了国家政策补助、税收优惠、贸易摩擦、企业自身及其高管特征等对企业创新投入和产出的影响。鲜有文献关注资本市场行为，尤其是资本市场错误定价情形下，企业创新决策的变化。基于此，本章从资本市场行为的角度出发，研究不同资本市场错误定价状态下，企业创新决策的差异。

5.2.2 资本市场错误定价

资本市场错误定价是指由于市场自身不完备或投资者非理性认知所导致的股价偏离其内在价值的现象（Jiang et al.，2017；赵玲、黄昊，2019）。传统的金融经济学研究都假定市场是有效的、投资者是理性的，市场价格能充分反映资产的内在真实价值。行为金融学的兴起使人们越来越认识到市场并非总是有效的，由于信息不对称、投资者非理性行为等存在，资本市场错误定价现象时有发生（李君平、徐龙炳，2015；张静、王生年，2016）。基于资本市场错误定价的视角，研究企业的投融资行为已经成为行为金融学的一个重要研究方向（Baker et al.，2003；Polk、Sapienza，2009）。

股权融资渠道观是资本市场错误定价视角下研究企业投资行为的重要基础。Stein（1996）首次提出了市场时机假说，通过理论模型证明了公司可以利用错误定价的时机合理安排融资，以创造企业价值。刘澜飚和李贡敏（2005）、刘端等（2006）、王正位等（2007）同样以"市场时机"为基础，考察错误定价对公司融资决策的影响，发现资本市场错误定价在上市公司股权融资中确实发挥了重要作用，当股价被高估时，公司再融资申请概率显著增加，融资规模也显著扩大。不仅如此，李君平和徐龙炳（2015）的研究还指出，企业倾向于通过股价高估的财富效应筹集低成本的股权资金，从而缓解融资约束。Baker等（2003）的研究进一步表明，这种效应在股权依赖度较高的企业中表现得更为明显。Campello等（2010）在金融危机期间对全球范围内的经理人进行调查研究时同样指出，股价高估带来股权融资成本的降低，使得公司可以通过股权融资获得低成本资金，从而缓解融资约束。

研究资本市场错误定价与企业投资行为的另一些文献是迎合效应理论。从动态的视角来看，股票市场价格的波动在一定程度上可以看成投资者对企业管理层所做投资决策的反应（Chen et al.，2007）；反过来，企业管理层也会根据股价波动，相机调整投融资决策（Edmans et al.，2017；陈康、刘琦，2018）。换句话说，如果管理者拒绝投资于那些投资者所青睐的项目，投资者可能会卖出股票，进而产生巨大的价格下行压力。出于对自身职位和薪酬的考量，理性的管理者会选择迎合投资者，迎合理论应运而生，该理论已经被诸多文献验证（Dong et al.，2007；Polk、Sapienza，2009；翟淑萍 等，2017）。但也有文献指出，企业管理者非常重视职业声誉，若短期的迎合带来的是未来长远声誉的损失，那么在面对投资者的善变、非理性定价时，与其冒险迎合，不如保持理性和谨慎，结果呈现出"反向迎合"的现象（刘柏、徐小欢，2019）。

从上述文献可以看出，现有关于错误定价经济后果的研究，主要集中在公司融资约束缓解、企业投资效率等方面（肖虹、曲小辉，2012；李君平、徐龙炳，2015；陆蓉 等，2017；Dong et al.，2017），考察错误定价对企业创新行为影响的文献仍然较少。事实上，创新作为企业发展过程中的重大战略决策，一方面必然会引起市场投资者的高度关注，另一方面也需要大量资金支持，这与资本市场错误定价可能影响企业创新行为的渠道不谋而合。因此，从企业创新的角度切入，有利于更全面地考察资本市场错误定价对企业投资决策的影响。

5.2.3 假设推导

根据上文的文献分析可知，资本市场错误定价对企业的投资行为产生了重要影响。一方面，资本市场错误定价会影响企业的股权融资成本，进而影响企业投资决策（Baker et al.，2003；Campello、Graham，2013）；另一方面，企业管理层会根据投资者资产定价决策捕捉其偏好，并进行迎合式投资以推动股价上涨（Edmans et al.，2017；陈康、刘琦，2018）。创新作为企业发展过程中的重大投资决策，既需要人量的资金支持，同时又是投资者关注、追逐的热点话题。因此，资本市场错误定价很有可能影响企业的创新决策。具体来说：

在市场估值高于其真实价值即股价高估的情况下，企业的股权融资成本将会降低，这将大大缓解创新研发面临的融资约束。创新是一项长周期的投资，在整个项目实施期都需要大量资金，任何一个环节资金链的断裂都会导致项目前功尽弃（Mancusi、Vezzulli，2010；申宇等，2017）。所以，资金约束通常是企业创新动力不足的重要因素。然而，创新研发与生俱来的高风险、不透明性大大降低了外部资金尤其是债务资金参与的意愿（Mueller、Zimmermann，2009；肖海莲 等，2014）。Simerly 和 Li（2000）的研究指出，债权人享有的固定收益使他们更关注公司经营的稳健性、偿债能力的持久性和还本付息的保障性，这与创新投资所带来的高风险、高收益不相称。不仅如此，创新活动的溢出性引致的信息不透明，进一步加剧了借贷双方的信息不对称，导致企业债务融资成本上升（Laeven、Valencia，2012；王玉泽等，2019）。与债务融资相比，无论是从创新活动的风险收益形态匹配，还是从融资成本的视角来看，权益融资都具有更大的优势。股价高估带来股权融资成本的下降，为企业创新资金来源提供了有力的支持。尤其是对于那些融资约束较大、过度负债的企业而言，效果可能更为明显。不仅如此，股价高估的股权融资效应，也进一步为企业创新带来了机遇，使企业无后顾之忧，全心致力于创新活动，不仅增加了企业的创新数量，也提高了企业的创新质量，表现为实质性创新。此外，研发创新也是投资者追捧的热点问题，基于继续维持较高股价以获得更高薪酬和职位的目的，企业管理层也有足够的动机去进行研发创新，以迎合市场投资者预期。因此，在股价高估的状态中，错误定价程度越高，企业创新动力越强，创新数量越多，创新质量更高。基于上述分析，本章提出如下假设：

H5-1：在股价高估状态下，错误定价程度越高（越被高估），企业创新数量越多，创新质量也越高。

当市场估值低于其真实价值即股价被低估时，企业股权融资的优势变得不明显，这意味着此时企业研发创新的财务资源优势不明显。事实上，长期持续的低估将会加剧企业被收购的风险，管理层的声誉也会受到损害（Desai et al.，2006）。因此，面对股价被低估的状况，企业管理层有足够的动力去迎合投资者，以期获得更多关注和股价估值提升（徐龙炳、陈历轶，2018；胡聪慧 等，2019）。目前中国资本市场正处于新兴加转轨时期，各项制度尚不完善，缺乏专业知识的散户投资者较多，概念追捧、热点关注是吸引市场关注和拉抬股价的常见方式（刘端、陈收，2006；赵玲、黄昊，2019）。诸多文献研究指出，研发创新是一项极具不确定性的项目，但专利作为创新活动的产出，其不确定性大大下降，往往被外界投资者视为发展前景较好或具有较高投资价值的信号（刘督 等，2016；申宇 等，2018）。Yang 和 Chen（2003）的研究发现，专利申请数量的增加显著提高了企业的市场认可度。从这一角度来看，当企业股价低估程度越严重时，其越有动机去进行研发创新，通过提高专利申请数量以博取投资者关注，进而实现股价估值提升的目的。然而值得指出的是，创新是一个累积性的创造过程，需要持续的资金支持和不断的尝试，才有可能获得最终成功（Fang、Tian，2014）。股价被低估的企业，其财务融资优势并不明显，加之我国投资者炒作、跟风现象严重，很有可能导致企业进行低质量的速成式创新。换句话说，股价被低估的企业为了在短期内吸引投资者关注，以提升股价估值，会更重视创新数量而忽略创新质量。基于此，本章提出如下假设：

H5-2：在股价低估状态下，错误定价程度越高（越被低估），企业创新数量越多，但主要集中于低质量的创新。

综合以上分析，资本市场错误定价与企业创新的研究框架如图5.1 所示。

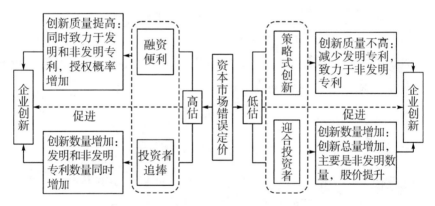

图 5.1　资本市场错误定价与企业创新：研究框架

5.3　研究设计

5.3.1　样本选取与数据来源

（1）上市公司数据。

本章选取 2007—2017 年中国沪、深两市 A 股公司作为研究样本，与可获得的专利数据和研发投入的时间区间相对应。上市公司数据均来源于国泰安（CSMAR）数据库，其中包括上市公司财务报表数据、公司治理数据以及上市公司企业性质等信息。并按如下标准进行筛选：①由于在本章中需用到前一年度上市公司的年度财务报表数据和市场交易数据，故剔除 2017 年和 2016 年新上市的公司；②剔除样本区间终止上市的公司；③剔除观测区间内被 ST 或 ＊ST 处理的公司；④考虑金融行业的特殊性，剔除行业分类属于金融、保险业的公司。

（2）专利数据。

与黎文靖和郑曼妮（2016）、潘越等（2015）的做法类似，本章从上市公司当年的专利申请数量和专利申请质量两个维度来衡量企业的创新活动。专利数据来源于"国家知识产权局"官网——中国专利数据库，通过手工收集并整理得到。并按照以下标准筛选样本：①剔除专利申请人为个人、高等院校和国有研究机构的公司；②由于分公司或子公司都有申请专利的情况，因此需手工收集每一家上市公司拥有的全部控股子公司的专利数量，然后在上市公司年度层面上加总，从而获得每家公司每年的专利数量；③剔除公司上市以前申请的专利数据。

5.3.2 变量说明

（1）企业创新。

已有文献指出，企业的研发投入是技术创新活动中资源投入情况的衡量，对企业创新的质量和效率的表征效果较弱（Faleye et al.；2014；申宇 等，2017）。另外，研发投入数据披露参差不齐，未披露的企业不代表未进行研发活动，使得研发投入数据存在衡量偏误问题。同时，研发投入数据从 2007 年才开始陆续公布，相对来说专利申请数据更为可得，也更为可信（申宇 等，2018；虞义华 等，2018）。因此，参考 Faleye 等（2014）、黎文靖和郑曼妮（2016）、申宇等（2018）的做法，采用企业专利申请数量和专利申请质量两个维度来衡量企业的创新行为，出于稳健性的考虑，也采用研发投入表征企业的创新投入。对于创新产出，以公司当年申请的专利总数度量企业的创新水平（Tian、Wang，2012；Gu et al.，2013）。使用专利申请数量进行度量，是因为专利申请数量比授权数量更能真实、及时地反映企业的创新水平，且专利授权需要检测和缴纳年费，存在更多的不确定性和不稳定性（周煊 等，2012；黎文靖、郑曼妮，2016）。对于专利申请质量，由于无法获取企业的专利引用情况，本章采用黎文靖和郑曼妮（2016）、刘督等（2016）的做法，将专利分为发明专利（发明申请）和非发明专利（实用新型和外观设计）。其中，发明专利表征实质性创新，归为高质量专利；非发明专利代表策略性创新，归为低质量专利。同时，出于稳健性的考虑，本章还参考申宇等（2017）的做法，按照国家专利局对专利的分类和专利获取的难易程度，用企业专利的得分度量专利质量，分别对发明专利、实用新型专利和外观设计专利赋予 5 分、3 分和 1 分，再加总得到专利质量指数。除此之外，本章还根据企业所获专利授权量，直接衡量企业创新产出的质量（虞义华 等，2018）。

（2）资本市场错误定价。

资本市场错误定价指标的计算和说明详见第 4 章变量说明部分。

（3）控制变量。

参考 Brown（2009）、Faleye 等（2014）、潘越（2015）、申宇等（2016）的研究，本章选取公司的研发投入（R&D）、企业的资产规模（Asset）、资产收益率（Roa）、资产负债率（Lev）、成长性（Growth）、营运效率（Liqcycle）、经营性现金流量（Cash）和第一大股东持股比例（Top1）作为控制变量；同时也控制了企业价值（Tobinq）、公司上市年限（Listage）、董事长和总经理是否兼任（Dual）和企业性质（Soe）等变量。另外，本章在模型估计时加入了企业所属行业和年份的虚拟变量（张璇，2017；申宇 等，2017）。

资本市场错误定价与企业创新的变量定义和说明见表 5.1。

表 5.1　资本市场错误定价与企业创新：变量定义和说明

变量类型	变量名称	变量符号	变量描述
因变量	企业创新	Inv_Ap	发明专利申请数量，ln（1+发明专利申请数量）
		Ninv_Ap	非发明专利申请数量，ln（1+实用新型专利申请数量+外观设计专利申请数量）
		Pat_Ap	专利申请总量，ln（1+发明专利申请数量+实用新型专利申请数量+外观设计专利申请数量）
		Pat_qua	专利申请质量，ln（1+发明专利申请数量＊5+实用新型专利申请数量＊3+外观设计专利申请数量＊1）
控制变量	公司规模	Size	公司资产总额的自然对数
	资产负债率	Lev	公司资产负债率
	现金流	Cash	公司经营性现金流/资产总额
	研发投入	R&D	企业研发支出金额/总资产
	企业价值	Tobinq	公司市场价值/资产总额
	资产收益率	Roa	公司总资产收益率
	上市年限	Listage	公司上市时间，等于公司上市年限加 1 取自然对数
	独董比例	Indep	独立董事占比
	股权集中度	Top1	第一个大股东持股比例
	资本支出	Capexp	构建固定资产、无形资产等的现金净额/资产总计
	兼职情况	Dual	董事长和总经理为同一个人取值为 1，否则取值为 0
	营运效率	Liqcycle	公司流动资产周转率
	企业性质	Soe	国有企业取值为 1，否则取值为 0
	年份	Year	年份虚拟变量
	行业	Ind	行业虚拟变量

5.3.3　模型设定

为了检验前文提出的假设，本章将未申请专利的企业专利数量设置为 0，并采用 Tobit 模型估计回归系数（Faleye et al.，2014；潘越，2015；申宇 等，2017），同时为了避免企业创新的时变性和行业的异质性差异，本章控制行业和年度固定效应，构建如下回归模型：

$$\text{Iva}_{i,t} = \alpha + \beta_1 \text{MISP}_{i,t-1} + \beta_2 \text{Controls}_{i,t-1} + \beta_3 \sum \text{Ind} + \beta_4 \sum \text{Year} +$$

$$\varepsilon_{i,t} \tag{5-1}$$

其中，Iva 表示创新变量，分别采用研发投入（R&D）、专利申请总量（Pat_Ap）、发明专利申请数量（Inv_Ap）、非发明专利申请数量（Ninv_Ap）以及专利申请质量指数（Pat_qua）度量。MISP 是衡量企业错误定价的指标，分别用 MISP1、MISP2、MISP3 和 MISP4 衡量。Control 代表模型的控制变量，Ind 和 Year 分别表示行业、年度的固定效应。为消除极端值的影响，模型中所有的连续变量如 Asset、Lev 等，都基于整个市场层面，按照 1% 与 99% 百分位进行缩尾处理。

5.3.4 描述性统计

表 5.2 展示了主要变量的描述性统计结果。可以发现在统计区间内，上市公司专利申请总数的均值为 6.63（对数值为 2.032），中位数为 6（对数值为 1.946），最小值为 0。申请专利最多的是格力电器，为 7 456 件，由此可见，各公司间专利申请数量差异很大，创新能力参差不齐。公司在研发费用投入方面，平均投入的对数均值为 1.957，其中研发费用投入最多的公司，其对数值为 9.367，最少的为 0.006，与专利申请存在类似的差异。

对于资本市场错误定价指标，不同方法测量的样本分布也与游家兴和吴静（2012）、陆蓉等（2017）、王生年等（2017）的研究保持一致。在企业层面的控制变量中，公司资产规模的对数均值为 21.780，资产收益率平均为 3.40%，资产负债比率平均为 44.71%，公司的平均上市年龄为 6.27 年（对数值为 1.984）。样本中，国有企业占48.03%，民营企业占 51.97%。

表 5.2　资本市场错误定价与企业创新：描述性统计

变量	均值	中位数	最小值	最大值	标准差
misp1	0.066	0	−0.892	1.659	0.485
misp2	0.021	−0.017	−1.138	1.567	0.584
misp3	0.390	0.332	−0.214	1.307	0.276
Inv_Ap	1.309	1.099	0	5.509	1.371
Ninv_Ap	1.607	1.386	0	5.872	1.532
Pat_Ap	2.032	1.946	0	6.365	1.642
R&D	1.957	1.634	0.006	9.367	1.753
Size	21.780	21.640	19.060	25.700	1.276

表5.2(续)

变量	均值	中位数	最小值	最大值	标准差
Lev	0.447	0.448	0.049	0.908	0.221
Cash	0.043	0.043	-0.204	0.259	0.077
Tobinq	2.207	1.562	0.217	12.190	2.082
Roa	0.034	0.035	-0.288	0.195	0.065
Listage	1.984	2.197	0	3.178	0.869
Board	2.278	2.303	1.792	2.773	0.183
Top1	15.980	7.880	0.109	65.460	17.520
Capexp	0.051	0.036	-0.048	0.253	0.054
Dual	0.233	0	0	1.000	0.423
Soe	0.480	0	0	1.000	0.500

5.4　资本市场错误定价与企业创新

5.4.1　资本市场错误定价与企业创新：基准结果

创新项目是一项需要持续性、积累性投资的项目，资金投入尤其是专有资金的支持贯穿整个项目始终，任何一个环节资金链的断裂都会使项目前功尽弃（卢馨 等，2013）。因此，充足的资金供给，是创新取得成功的关键（Aghion、Howitt，1997；Mancsi、Vezzulli，2010；张杰 等，2017；张璇 等，2017）。股票价格的高估，一方面，可以降低企业的融资成本，缓解企业面临的融资约束，提高其融资能力尤其是股权融资能力（李君平、徐龙炳，2015），进而促进企业创新；另一方面，企业面对高估的市场价值，会投其所好地迎合投资者预期，加大创新投入，致力于企业创新。Alzahrani 和 Rao（2014）的实证结果也表明，公司股票的错误定价确实会造成研发投入的明显增加。陆蓉等（2017）同样发现，在股价高估时，可以通过股权融资途径和迎合途径对投资产生影响。但在股价低估时，却没有发现同样的效应，因为股价低估时股权融资成本增加，股权融资途径不再重要。

为了考察不同情形下资本市场错误定价对企业创新策略选择的影响，本章运用模型（5-1）分别估计了在高估和低估状态下，错误定价程度对企业创新决策的影响，Tobit 回归的结果如表 5.3 所示。第（1）—（5）列表示当股价被高估时，错误定价程度对企业创新决策的影响，第（6）—（10）列表示当股价被低估时，错误定价程度对企业创新决策的影响。从第（1）—（5）列的回归结果可以看出，在股价高估的状态下，企业研发投入（R&D）、专利申请总量（Pat_Ap）、发明专利申请数量（Inv_Ap）、非发明专利申请数量（Ninv_Ap）及以得分衡量的专利申请质量（Pat_qua）均在 5% 的水平上显著为正，说明在控制其他影响因素不变的情况下，股价高估的程度越强，企业研发投入越多，且随着研发投入的增加，专利申请的数量越多，质量也越高，企业越倾向于进行实质性的创新，这与 Dong 等（2017）的结论相一致。第（6）—（10）列的回归结果表明，在股价低估的状态下，研发投入（R&D）并没有显著降低，企业专利申请总量（Pat_Ap）依然呈现出上升趋势，不过更多地体现为非发明专利（Ninv_Ap）的显著增加，发明专利申请数量（Inv_Ap）及以得分衡量的专利申请质量（Pat_qua）都没有出现明显提高。这表明，股价处于低估状态时，在不降低研发投入的基础上，企业的创新决策表现为一种迎合性的策略式创新，并非为了实质性地提高企业的技术竞争力（Tong et al.，2014；黎文靖、郑曼妮，2016；申宇 等，2018），而是通过增加非发明专利的申请数量，来提高企业的创新总量，向资本市场传递公司价值的信号，以迎合投资者对创新的关注和追捧，从而推动股价估值的回升，缓解公司价值被低估的现状。黄宏斌和刘志远（2014）、李君平和徐龙炳（2015）针对我国市场进行研究时也发现，当股价被低估时，管理层降低投资的意愿并不显著。胡聪慧等（2019）同样发现，在股价低估时，上市公司会进行迎合性的策略行为，以此推动股价上涨以及估值提升。这进一步验证了本章提出的假设 H5-1 和假设 H5-2。

对于控制变量，在公司层面，Hall 和 Ziedonis（2001）、Atanassov（2013）和潘越等（2015）认为资产规模越大的公司，创新会越多。他们认为大公司特有的规模效应和信息优势，会促进企业的创新。另外，Huergo 和 Jaumandreu（2004）的实证研究表明，企业的创新投入会随着企业年龄的增长而递减，新生企业往往比成熟企业更倾向于创新。同时，企业的研发投入也会影响专利数量和专利质量等产出行为。

表 5.3 资本市场错误定价与企业创新：基本结果

	(1)	高估 (2)	(3)	(4)	(5)	(6)	(7)	低估 (8)	(9)	(10)
	R&D	Pat_Ap	Inv_Ap	Ninv_Ap	Pat_qua	R&D	Pat_Ap	Inv_Ap	Ninv_Ap	Pat_qua
MISP1	0.095***	0.076**	0.108***	0.058**	0.092**	-0.003	0.076**	0.043	0.072*	0.064
	(2.705)	(2.405)	(3.228)	(2.566)	(2.522)	(-0.093)	(2.101)	(1.169)	(1.849)	(1.459)
R&D		0.041*	0.053*	0.024	0.051*		0.014	0.014	0.011	0.015
		(1.816)	(1.779)	(1.382)	(1.865)		(1.374)	(1.210)	(1.478)	(1.331)
Size	0.864***	0.540***	0.588***	0.452***	0.609***	0.849***	0.600***	0.602***	0.530***	0.587***
	(33.370)	(23.478)	(24.163)	(6.519)	(23.375)	(41.691)	(27.224)	(27.864)	(23.351)	(14.590)
Lev	-1.239***	-0.699***	-0.785***	-0.564***	-0.896***	-0.511***	-0.749***	-0.706***	-0.454***	-0.766***
	(-7.322)	(-5.585)	(-5.857)	(-3.611)	(-5.969)	(-3.573)	(-5.001)	(-4.799)	(-2.811)	(-3.073)
Cash	1.699***	0.557**	0.382	0.446	0.502*	1.103***	-0.117	-0.217	-0.171	-0.417
	(6.315)	(2.283)	(1.472)	(0.690)	(1.761)	(3.876)	(-0.406)	(-0.731)	(-0.542)	(-1.050)
Tobin	0.029**	-0.016	-0.011	-0.024	-0.028**	0.135***	-0.009	0.043*	-0.018	-0.012
	(2.009)	(-1.498)	(-1.013)	(-1.515)	(-2.272)	(6.439)	(-0.355)	(1.824)	(-0.654)	(-0.353)
Roa	1.035***	0.568***	0.617***	0.565***	0.634***	1.605***	1.799***	1.577***	1.833***	1.825***
	(6.591)	(5.271)	(5.405)	(4.313)	(5.020)	(6.018)	(7.362)	(6.676)	(7.226)	(6.112)
Listage	-0.177***	-0.021	-0.009	-0.022	-0.037	-0.154***	-0.008	0.029	-0.034	-0.001
	(-7.121)	(-0.865)	(-0.355)	(-0.782)	(-1.318)	(-6.295)	(-0.323)	(1.114)	(-1.248)	(-0.028)
Board	-0.181	0.872***	0.284	1.355**	0.675**	0.334	0.461	0.318	0.763**	0.093
	(-0.634)	(3.031)	(0.912)	(1.859)	(2.054)	(1.137)	(1.486)	(1.000)	(2.291)	(0.165)

表5.3（续）

| | 高估 | | | | | 低估 | | | | |
	(1)	(2)	(3)	(4)	(5)	(6)	(7)	(8)	(9)	(10)
	R&D	Pat_Ap	Inv_Ap	Ninv_Ap	Pat_qua	R&D	Pat_Ap	Inv_Ap	Ninv_Ap	Pat_qua
Top1	0.002*	-0.001	-0.001	0	-0.001	0.002**	-0.001	0	-0.001	0
	(1.806)	(-0.673)	(-0.635)	(-0.134)	(-0.999)	(2.277)	(-0.489)	(0.036)	(-0.878)	(-0.240)
Capexp	1.080***	0.546*	0.494	0.180	0.757**	0.152	-0.253	0.496	-0.926**	-0.010
	(3.492)	(1.672)	(1.463)	(0.297)	(2.024)	(0.419)	(-0.740)	(1.408)	(-2.438)	(-0.018)
Dual	0.126***	0.081**	0.109***	0.050	0.102***	0.075**	0.131***	0.118***	0.094**	0.121*
	(3.864)	(2.383)	(3.026)	(0.775)	(2.653)	(2.252)	(3.461)	(2.919)	(2.158)	(1.754)
Soe	-0.128***	-0.055	0.072*	-0.139*	-0.003	0.031	0.004	0.145***	-0.067	0.042
	(-2.669)	(-1.343)	(1.658)	(-1.825)	(-0.059)	(0.684)	(0.098)	(3.255)	(-1.480)	(0.493)
Liqcycle	-0.039***	-0.037***	-0.014**	-0.063***	-0.038***	-0.010*	-0.025***	-0.005	-0.048***	-0.024**
	(-6.462)	(-5.669)	(-2.078)	(-4.409)	(-4.848)	(-1.684)	(-3.448)	(-0.604)	(-5.279)	(-2.016)
Const	-3.073***	-11.402***	-14.056***	-9.803***	-12.521***	-4.426***	-19.438***	-20.238***	-18.912***	-20.005***
	(-3.364)	(-13.952)	(-13.932)	(-11.063)	(-12.499)	(-8.217)	(-37.251)	(-38.896)	(-34.411)	(-22.779)
Year	Yes	Yes	Yes	Yes	Yes	Yes	Yes	Yes	Yes	Yes
Ind	Yes	Yes	Yes	Yes	Yes	Yes	Yes	Yes	Yes	Yes
Pseud. R^2	0.142	0.102	0.093	0.088	0.088	0.068	0.128	0.115	0.121	0.115
N	5 647	5 647	5 647	5 647	5 647	6 157	6 157	6 157	6 157	6 157

5.4.2 资本市场错误定价与企业创新：稳健性检验

（1）更换错误定价指标。

为了保证上述研究结论的可靠性，本章选择账面市值分解法和剩余收益估值法测量上市公司错误定价水平。重新进行回归后，账面市值分解法估算的错误定价与企业创新关系的回归结果如表 5.4 所示，剩余收益估值法估算的错误定价指标回归结果与之类似，故未报告。从结果可以看出，回归结果与前文基本保持一致，在高估的样本中，股价高估的程度越严重，企业研发投入越多，专利申请数量也越多，创新质量更高，不管是发明专利还是非发明专利都呈现出上升趋势，表明股价高估确实促进了企业的创新。与此同时，在低估的样本中，相比于高估时期，低估状态下企业的研发投入和创新总量没有明显的降低，但发明专利申请数量显著减少，非发明专利申请数量反而激增，但总体来看，创新质量并没有得到提高。这说明在股价低估状态下，企业寻求迎合性的策略式创新，并非为了实质性地提高企业技术竞争力，而是为了向资本市场传递公司价值的信号，从而获取投资者的关注，拉抬股价，以缓解公司价值被低估的现状，表现为对市场和投资者的迎合。这一结果进一步表明了本章的结论是稳健的。

不仅如此，本章还进一步从资本市场异象的角度出发，利用五因子模型，估算异常收益率部分，以此衡量错误定价程度。重复上述的回归过程，结果如表 5.5 所示。可以看出，在高估状态下，高估程度越严重，企业研发投入越多，专利申请数量越多，创新质量也越高，表明股价高估确实促进了企业的创新。在低估状态下，仅发明专利申请数量显著减少，非发明专利和创新总量没有明显的降低，创新投入也并没有降低。这同样说明在股价低估状态下，企业寻求迎合性的策略式创新，并非为了实质性地提高企业的技术竞争力。这一结果表明本章的结论依然是稳健的。

表 5.4 资本市场错误定价与企业创新：更换错误定价指标

	(1)	(2)	(3)	(4)	(5)	(6)	(7)	(8)	(9)	(10)
	高估					低估				
	R&D	Pat_Ap	Inv_Ap	Ninv_Ap	Pat_qua	R&D	Pat_Ap	Inv_Ap	Ninv_Ap	Pat_qua
MISP2	1.257***	0.247***	0.304***	0.176*	0.266***	-0.097	0.036	-0.162*	0.174*	0.007
	(2.696)	(2.970)	(3.386)	(1.832)	(2.658)	(-0.810)	(0.439)	(-1.774)	(1.873)	(0.073)
R&D		0.106***	0.147***	0.051***	0.123***		0.213***	0.259***	0.141***	0.241***
		(10.996)	(12.409)	(5.768)	(7.266)		(16.682)	(18.334)	(10.278)	(17.372)
Size	0.190*	0.486***	0.542***	0.384***	0.526***	0.752***	0.600***	0.656***	0.544***	0.633***
	(1.705)	(17.870)	(19.147)	(11.593)	(16.529)	(16.759)	(24.515)	(24.860)	(19.830)	(23.424)
Lev	-6.123***	0.184*	-0.081	0.517***	0.171	-0.617***	0.058	-0.065	0.263**	0.045
	(-13.878)	(1.911)	(-0.806)	(4.403)	(1.490)	(-6.940)	(0.591)	(-0.615)	(2.334)	(0.412)
Cash	-0.921	-0.230	-0.491*	-0.118	-0.412	-1.332*	-0.269	-0.346	-0.324	-0.388
	(-1.058)	(-0.979)	(-1.952)	(-0.423)	(-1.451)	(-1.889)	(-1.131)	(-1.346)	(-1.195)	(-1.443)
Tobin	0.090	-0.049***	-0.047**	-0.050***	-0.063***	-0.124	-0.163***	-0.194***	-0.124***	-0.177***
	(1.057)	(-3.469)	(-3.028)	(-3.260)	(-3.629)	(-1.079)	(-5.485)	(-6.022)	(-3.755)	(-5.479)
Roa	-7.148***	1.749***	1.229***	2.406***	1.935***	-5.007**	2.295***	1.488***	2.715***	2.306***
	(-4.847)	(5.438)	(3.755)	(5.972)	(4.807)	(-2.554)	(6.389)	(3.923)	(6.407)	(5.834)
Listage	0.040	0.007	0.009	0.014	-0.012	-0.157	0.036*	0.055**	-0.003	0.038*
	(0.445)	(0.329)	(0.418)	(0.548)	(-0.465)	(-1.719)	(1.689)	(2.375)	(-0.112)	(1.658)
Board	0.176	-0.076	0.059	-0.198*	-0.008	-0.374	-0.306***	-0.180**	-0.497***	-0.237**
	(0.419)	(-0.839)	(0.611)	(-1.747)	(-0.073)	(-0.767)	(-3.668)	(-1.987)	(-5.327)	(-2.550)

表5.4（续）

	(1)	(2)	(3)	(4)	(5)	(6)	(7)	(8)	(9)	(10)
	高估					低估				
	R&D	Pat_Ap	Inv_Ap	Ninv_Ap	Pat_qua	R&D	Pat_Ap	Inv_Ap	Ninv_Ap	Pat_qua
Top1	-0.015***	-0.001	-0.001	0.001	-0.001	-0.006	-0.001	-0.001	0	-0.001
	(-4.043)	(-0.619)	(-0.873)	(0.475)	(-1.147)	(-1.585)	(-0.624)	(-1.195)	(-0.204)	(-0.577)
Capexp	0.221***	0.062***	0.044***	0.065***	0.083***	0.169***	0.066***	0.089***	0.046***	0.082***
	(3.570)	(4.304)	(2.926)	(3.702)	(4.740)	(2.914)	(4.592)	(5.758)	(2.863)	(5.074)
Dual	0.296**	0.110***	0.131***	0.087**	0.124***	0.152	0.097***	0.105***	0.021	0.105***
	(2.273)	(3.656)	(4.146)	(2.315)	(3.551)	(0.989)	(2.937)	(2.855)	(0.524)	(2.870)
Soe	-0.081	-0.025	0.133***	-0.130***	0.054	0.143	0.005	0.113***	-0.045	0.027
	(-0.505)	(-0.657)	(3.324)	(-2.757)	(1.197)	(0.749)	(0.151)	(2.950)	(-1.157)	(0.710)
Liqcycle	0.863***	0.126***	0.167***	0.102**	0.172***	0.630***	0.093**	0.107***	0.074	0.115***
	(4.296)	(3.549)	(4.353)	(2.289)	(4.263)	(4.611)	(2.417)	(2.521)	(1.593)	(2.755)
Const	-2.958	-10.758***	-12.800***	-8.856***	-11.521***	3.477*	-11.907***	-14.724***	-10.224***	-12.053***
	(-1.489)	(-22.013)	(-24.760)	(-15.092)	(-20.144)	(1.755)	(-28.625)	(-31.731)	(-22.577)	(-26.383)
Year	Yes	Yes	Yes	Yes	Yes	Yes	Yes	Yes	Yes	Yes
Ind	Yes	Yes	Yes	Yes	Yes	Yes	Yes	Yes	Yes	Yes
Pseud. R^2	0.053	0.129	0.115	0.105	0.105	0.168	0.160	0.138	0.139	0.148
N	6 224	6 224	6 224	6 224	6 224	7 429	7 429	7 429	7 429	7 429

表 5.5 资本市场错误定价与企业创新：五因子模型

| | 高估 | | | | | 低估 | | | | |
	(1)	(2)	(3)	(4)	(5)	(6)	(7)	(8)	(9)	(10)
	R&D	Pat_Ap	Inv_Ap	Ninv_Ap	Pat_qua	R&D	Pat_Ap	Inv_Ap	Ninv_Ap	Pat_qua
MIS4	0.652*	0.798**	0.703*	0.733	0.914**	-0.024	-0.031	-0.149**	0.022	-0.052
	(1.763)	(2.061)	(1.680)	(1.581)	(2.119)	(-0.017)	(-0.532)	(-2.236)	(0.328)	(-0.789)
R&D		0.291***	0.287***	0.290***	0.367***		0.290***	0.265***	0.297***	0.355***
		(11.396)	(10.305)	(9.439)	(27.194)		(8.569)	(7.026)	(7.570)	(15.924)
Size	0.754***	0.346***	0.002	0.705***	0.292***	-0.230***	0.109	0.156	0.306**	0.293***
	(21.732)	(3.561)	(0.017)	(6.026)	(10.260)	(-5.201)	(0.870)	(1.112)	(2.030)	(7.869)
Lev	-0.154	-0.568**	-0.744***	-0.503**	0.308***	-0.033	-0.569**	-0.560**	-0.613**	0.085
	(-0.944)	(-2.750)	(-3.310)	(-2.021)	(2.853)	(-0.176)	(-2.232)	(-1.982)	(-2.090)	(0.621)
Cash	0.690**	-0.106***	-0.145***	-0.052*	-0.759***	1.025***	-0.103***	-0.160***	-0.052	-0.758***
	(2.059)	(-4.515)	(-5.696)	(-1.838)	(-3.305)	(2.762)	(-2.587)	(-3.639)	(-1.158)	(-2.623)
Tobinq	-0.234***	1.900***	1.195***	2.402***	-0.125***	-0.180***	1.302***	1.600***	1.496***	-0.110***
	(-4.236)	(6.031)	(3.476)	(6.308)	(-4.801)	(-3.530)	(3.417)	(3.821)	(3.265)	(-2.640)
Roa	3.439***	0.032	0.039*	0.018	1.685***	3.872***	0.056**	0.075**	0.032	1.180***
	(5.988)	(1.493)	(1.649)	(0.702)	(4.809)	(6.856)	(2.062)	(2.421)	(0.978)	(2.780)
Listage	-0.121***	-0.310***	-0.215**	-0.447***	0.028	-0.070*	-0.108	0.060	-0.312**	0.055*
	(-4.263)	(-3.611)	(-2.306)	(-4.324)	(1.150)	(-1.736)	(-0.907)	(0.448)	(-2.240)	(1.825)
Board	0.062	-0.002	-0.003**	-0.001	-0.249***	-0.032	-0.001	-0.001	-0.001	-0.018
	(0.358)	(-1.644)	(-2.576)	(-0.491)	(-2.608)	(-0.166)	(-0.999)	(-0.391)	(-0.658)	(-0.140)

资本市场错误定价对企业投融资行为影响研究

表5.5（续）

	(1)	(2)	(3)	(4)	(5)	(6)	(7)	(8)	(9)	(10)
	高估					低估				
	R&D	Pat_Ap	Inv_Ap	Ninv_Ap	Pat_qua	R&D	Pat_AP	Inv_Ap	Ninv_Ap	Pat_qua
Top1	0.002*	0.050***	0.046***	0.049***	-0.002*	0.003*	0.038**	0.049**	0.028	-0.002
	(1.800)	(3.596)	(3.038)	(2.938)	(-1.672)	(1.857)	(2.144)	(2.496)	(1.418)	(-1.141)
Capexp	0.132***	0.069**	0.065*	0.042	0.059***	0.078***	0.076*	0.113**	-0.009	0.049**
	(6.029)	(2.122)	(1.841)	(1.080)	(3.817)	(3.524)	(1.816)	(2.527)	(-0.165)	(2.533)
Dual	0.057	0.050	0.178***	-0.030	0.064*	0.073	0.009	0.130**	-0.059	0.098*
	(1.377)	(1.346)	(4.434)	(-0.667)	(1.765)	(1.198)	(0.177)	(2.187)	(-0.927)	(2.183)
Soe	-0.024	0.047	0.056	0.038	0.091**	0.161*	0.067*	0.091**	0.044	0.042
	(-0.333)	(1.212)	(1.344)	(0.814)	(2.212)	(1.923)	(1.828)	(2.174)	(0.951)	(0.738)
Liqcycle	0.261***	0.316***	0.383***	0.235***	0.071*	0.354***	0.312***	0.361***	0.247***	0.101**
	(6.729)	(26.076)	(28.203)	(16.104)	(1.663)	(6.212)	(15.244)	(16.331)	(11.756)	(2.499)
Const	-2.242***	-9.495***	-10.878***	-10.303***	-9.603***	5.199***	-10.800***	-11.956***	-9.785***	-11.392***
	(-3.570)	(-11.013)	(-11.701)	(-9.220)	(-10.006)	(3.414)	(-18.331)	(-12.331)	(-15.014)	(-16.288)
Year	Yes	Yes	Yes	Yes	Yes	Yes	Yes	Yes	Yes	Yes
Ind	Yes	Yes	Yes	Yes	Yes	Yes	Yes	Yes	Yes	Yes
Pseud. R^2	0.176	0.155	0.133	0.131	0.143	0.083	0.176	0.153	0.145	0.164
N	6 219	6 219	6 219	6 219	6 219	6 875	6 875	6 875	6 875	6 875

（2）更换创新质量衡量方式。

前文的结果表明，当股价被高估时，错误定价程度与企业创新数量和创新质量显著正相关，表现为实质性的开拓创新；而当股价被低估时，错误定价程度与企业非发明专利申请数量显著正相关，并没有体现出企业创新质量的提升，表现为迎合性的策略式创新。专利质量是企业创新能力的重要表现形式，但各个文献使用的专利质量衡量指标的差异却很大。回归过程参考黎文靖和郑曼妮（2016）、申宇等（2017）的做法，以专利申请类别和专利加权得分衡量专利质量。在稳健性检验中，参考龙小宁和王俊（2015）以及虞义华等（2018）的研究，运用企业所获专利授权量衡量企业创新质量，其中专利授权总量为 ln（1+发明专利授权数量+实用新型专利授权数量+外观设计专利授权数量）。回归结果如表 5.6 所示，可以看出，股价高估时，高估程度与发明专利授权量和专利授权总量显著正相关，这意味着，股票价格的高估可以促进企业的创新，尤其能推动高质量的创新。股价低估时，虽然专利授权总量依然显著，但主要表现为非发明专利授权数量的显著增加，这说明，股票价格的低估同样可以促进企业创新，但更多地表现为一种策略式的低质量创新。表 5.6 的回归结果与前文保持一致，进一步说明了本章结论的可靠性。

表 5.6　资本市场错误定价与企业创新：采用授权数量

	（1）	（2）	（3）	（4）	（5）	（6）
	高估			低估		
	Pat_Grant	Inv_Grant	Ninv_Grant	Pat_Grant	Inv_Grant	Ninv_Grant
MISP1	0.073*	0.134***	0.030	0.072*	0.064	0.076*
	(1.893)	(3.381)	(0.659)	(1.766)	(1.468)	(1.694)
R&D	0.035*	0.041*	0.025**	0.169***	0.226***	0.138***
	(1.823)	(1.653)	(2.223)	(8.934)	(8.622)	(9.320)
Size	0.419***	0.389***	0.399***	0.422***	0.337***	0.419***
	(15.381)	(13.770)	(12.735)	(15.777)	(8.003)	(14.522)
Lev	−1.060***	−0.948***	−1.074***	−0.704***	−0.499**	−0.469**
	(−6.999)	(−5.992)	(−6.148)	(−3.905)	(−2.024)	(−2.515)
Cash	0.205	0.183	0.133	−0.967***	−1.559***	−0.652*
	(0.721)	(0.638)	(0.400)	(−2.889)	(−3.841)	(−1.777)
Tobinq	−0.042***	−0.026**	−0.044***	−0.092***	−0.015	−0.109***
	(−3.278)	(−2.138)	(−2.804)	(−3.229)	(−0.523)	(−3.549)
Roa	0.256*	0.160	0.359*	1.727***	1.016***	1.858***
	(1.768)	(1.163)	(1.959)	(6.786)	(3.112)	(6.533)

表5.6(续)

资本市场错误定价对企业投融资行为影响研究

	(1)	(2)	(3)	(4)	(5)	(6)
	高估			低估		
	Pat_Grant	Inv_Grant	Ninv_Grant	Pat_Grant	Inv_Grant	Ninv_Grant
Listage	0.022	0.066**	0.019	0.014	0.070	−0.031
	(0.789)	(2.355)	(0.563)	(0.486)	(1.481)	(−0.969)
Board	1.229***	0.308	1.674***	0.679*	0.581	0.887**
	(3.678)	(0.845)	(4.084)	(1.948)	(1.001)	(2.310)
Top1	0	−0.001	0	−0.001	0	−0.002
	(−0.222)	(−0.925)	(0.090)	(−1.093)	(−0.019)	(−1.422)
Capexp	0.114***	0.110***	0.098***	0.115***	0.160***	0.087***
	(6.561)	(6.494)	(4.709)	(6.323)	(6.229)	(4.295)
Dual	0.084**	0.161***	0.020	0.133***	0.071	0.107**
	(2.098)	(3.892)	(0.398)	(3.082)	(1.042)	(2.148)
Soe	−0.108**	0.086*	−0.155***	0.065	0.215**	0.017
	(−2.208)	(1.691)	(−2.691)	(1.394)	(2.573)	(0.323)
Liqcycle	−0.024***	0.001	−0.049***	−0.006	0.019	−0.024**
	(−3.338)	(0.126)	(−5.261)	(−0.691)	(1.634)	(−2.323)
Const	−11.901***	−18.338***	−11.399***	−19.029***	−17.741***	−19.596***
	(−16.386)	(−28.857)	(−14.489)	(−34.779)	(−20.197)	(−30.673)
Year	Yes	Yes	Yes	Yes	Yes	Yes
Ind	Yes	Yes	Yes	Yes	Yes	Yes
Pseud. R^2	0.096	0.085	0.087	0.129	0.117	0.121
N	5 451	5 451	5 451	6 051	6 051	6 051

（3）内生性分析：系统 GMM。

除上述分析外，还应考虑错误定价可能存在一定的持续性和创新性，以及企业本身的复杂性和估值难度可能引起的内生性问题，也借鉴申宇等（2015）的做法，在模型中加入因变量（企业创新）的滞后一期，并利用动态面板系统 GMM 估计方法进行回归。表5.7 展示了系统 GMM 的回归结果，数据显示，在高估的样本中，错误定价的程度与该企业的创新行为显著相关，且在10%的水平上显著为正。表明当股价被高估时，错误定价确实可以增加企业的创新行为，通过提高研发投入、增加专利申请数量、提高专利申请质量来促进企业的创新。在低估的样本中，错误定价程度同样与创新行为显著正相关，不过仅与非发明专利的显著相关，发明专利和专利申请质量并没有明显提升，表现为一种迎合式的策略性创新。这与本章的主回归结果保持一致，验证了本章结果具有稳健性。

表 5.7　资本市场错误定价与企业创新：系统 GMM

	(1)	(2)	(3)	(4)	(5)	(6)	(7)	(8)	(9)	(10)
	高估					低估				
	R&D	Pat_Ap	Inv_Ap	Ninv_Ap	Pat_qua	R&D	Pat_Ap	Inv_Ap	Ninv_Ap	Pat_qua
MISP1	0.113**	0.137***	0.117**	0.119**	0.132*	0.098	0.057*	0.035	0.068*	-0.021
	(2.110)	(2.814)	(2.207)	(2.462)	(1.935)	(1.077)	(1.696)	(0.963)	(1.650)	(-0.323)
L. R&D	0.571***	0.082	0.194**	-0.002	0.087	0.042	-0.050	0.078	-0.032	0.091
	(7.683)	(0.955)	(2.265)	(-0.031)	(0.758)	(0.221)	(-0.862)	(0.863)	(-0.894)	(0.931)
L. Pat_Ap		0.183					0.447***			
		(1.239)					(5.785)			
L. Inv_Ap			0.235**					0.059		
			(2.092)					(0.621)		
L. Ninv_Ap				0.379***					0.323***	
				(3.121)					(4.330)	
L. Pat_qua					0.032					0.326***
					(0.216)					(3.080)
Size	0.632***	0.636***	0.688***	0.486***	0.856***	0.955**	0.233**	0.476***	0.255**	0.224
	(3.466)	(3.278)	(4.771)	(4.499)	(3.223)	(2.085)	(2.257)	(3.646)	(2.613)	(1.139)
Lev	-1.530	-1.060	-0.964	-1.866*	-0.910	-2.533	-0.328	-0.788	0.408	-0.055
	(-1.347)	(-1.256)	(-1.525)	(-1.855)	(-0.970)	(-1.006)	(-0.792)	(-1.302)	(1.036)	(-0.062)
Cash	0.197	0.807	0.437	0.733	0.303	-1.884	0.003	-2.181**	3.888***	0.455
	(0.119)	(0.499)	(0.402)	(0.854)	(0.201)	(-0.741)	(0.003)	(-2.014)	(4.280)	(0.330)
Tobin	-0.030	-0.047	-0.051	0.003	-0.066	0.125	0.024	0.053	-0.022	0.075
	(-0.685)	(-1.363)	(-1.514)	(0.078)	(-1.631)	(1.546)	(0.680)	(1.214)	(-0.512)	(1.259)

表5.7(续)

| | 高估 | | | | | 低估 | | | | |
	(1)	(2)	(3)	(4)	(5)	(6)	(7)	(8)	(9)	(10)
	R&D	Pat_Ap	Inv_Ap	Ninv_Ap	Pat_qua	R&D	Pat_Ap	Inv_Ap	Ninv_Ap	Pat_qua
Roa	0.398	0.589	0.465	-0.360	-0.052	2.154	0.372	0.513	0.989	-0.173
	(0.657)	(0.800)	(0.792)	(-0.641)	(-0.086)	(1.457)	(0.711)	(0.659)	(1.331)	(-0.172)
Listage	-0.274	-0.050	-0.004	0.123	-0.120	0.224	0.226**	0.385***	0.004	0.361*
	(-1.170)	(-0.268)	(-0.027)	(0.719)	(-0.835)	(0.522)	(2.269)	(2.905)	(0.031)	(1.879)
Board	1.316	4.420*	4.984**	1.906	6.606	1.705	5.282***	-2.600	-1.713	-3.053
	(0.350)	(1.650)	(2.060)	(0.591)	(1.572)	(0.190)	(3.332)	(-1.068)	(-1.000)	(-0.982)
Top1	-0.002	-0.005	-0.004	0.002	-0.008	0.006	0.008**	0.013***	0.002	0.008
	(-0.313)	(-0.768)	(-0.773)	(0.576)	(-1.181)	(0.420)	(2.382)	(3.268)	(0.715)	(1.483)
Capexp	-0.627	-2.665	-5.802***	-1.022	-3.150*	0.140	-0.454	-0.222	-3.378***	1.117
	(-0.449)	(-1.421)	(-3.108)	(-0.777)	(-1.703)	(0.036)	(-0.586)	(-0.260)	(-3.733)	(0.488)
Dual	0.002	-0.126	-0.296	0.818**	-0.859*	-0.110	0.703**	0.517	0.175	0.662
	(0.011)	(-0.271)	(-0.903)	(2.307)	(-1.806)	(-0.105)	(2.149)	(1.307)	(1.375)	(1.475)
Soe	0.034	0.073	-0.249	-0.288	-0.922	-1.305	-0.024	-0.278	-0.193	0.207
	(0.122)	(0.201)	(-0.951)	(-0.858)	(-1.541)	(-0.578)	(-0.115)	(-0.776)	(-1.073)	(0.497)
Liqcycle	-0.094	-0.056	-0.056	-0.081	-0.100*	-0.026	-0.005	0.026	-0.028	0.028
	(-1.548)	(-0.928)	(-0.992)	(-1.528)	(-1.769)	(-0.177)	(-0.153)	(0.663)	(-0.687)	(0.449)
Year	Yes	Yes	Yes	Yes	Yes	Yes	Yes	Yes	Yes	Yes
Ind	Yes	Yes	Yes	Yes	Yes	Yes	Yes	Yes	Yes	Yes
AR (2) P	0.165	0.363	0.335	0.130	0.899	0.914	0.126	0.534	0.185	0.369
Sargan P	0.301	0.324	0.166	0.872	0.250	0.470	0.154	0.125	0.422	0.132
N	5 647	5 647	5 647	5 647	5 647	6 157	6 157	6 157	6 157	6 157

（4）内生性分析：工具变量法。

为了降低内生性问题对本章研究结论的影响，除采用滞后期回归外，本章进一步采用工具变量法进行回归。此处选择是否被四大会计师事务所审计作为工具变量，王艳艳和陈汉文（2006）、刘柏和徐小欢（2019）的研究指出，经四大会计师事务所审计的公司财务信息质量更高，也更加可信、可靠。信息披露质量的提升可以通过提高投资者对上市公司的认知程度，减少信息不对称，降低投资者对于上市公司的意见分歧，从而减弱错误定价的程度（Berkman et al.，2009；陆蓉、潘宏，2012；徐寿福、徐龙炳，2015）。由此可见，是否被四大会计师事务所审计与错误定价程度显著相关，经由四大会计师事务所审计的企业，其错误定价程度会减弱。而企业创新与否与是否被四大会计师事务所审计并没有直接的关联，符合工具变量的使用条件，因此采用是否被四大会计师事务所审计（Big4）作为错误定价的工具变量具有一定的合理性。工具变量回归结果如表 5.8 所示，其中，第（1）列为股价高估时第一阶段的回归结果（股价低估时结果与之类似，故未报告），可以看出，被四大会计师事务所审计的企业，其错误定价程度显著降低，满足工具变量的相关性假设。第（2）—（7）列为第二阶段的回归结果，结果表明采用工具变量回归的结果与主结果基本保持一致，错误定价会显著影响企业的创新决策，进一步表明了本章结果具有稳健性。

表 5.8　资本市场错误定价与企业创新：工具变量法

	(1)	(2)	(3)	(4)	(5)	(6)	(7)
	First	高估			低估		
	MISP1	Pat_Grant	Inv_Grant	Ninv_Grant	Pat_Grant	Inv_Grant	Ninv_Grant
Big4	-0.01^{**}						
	(-2.142)						
MISP1		3.810^{*}	5.412^{**}	1.967	4.477^{*}	4.296	5.362^{*}
		(1.646)	(1.977)	(0.822)	(1.648)	(1.476)	(1.724)
R&D	0.005^{***}	0.076^{***}	0.097^{***}	0.043^{***}	0.079^{***}	0.126^{***}	0.042^{***}
	(3.747)	(5.723)	(6.177)	(3.090)	(6.690)	(9.966)	(3.132)
Size	-0.059^{***}	0.782^{***}	0.900^{***}	0.583^{***}	0.225	0.307	0.074
	(-15.484)	(5.762)	(5.611)	(4.158)	(0.967)	(1.231)	(0.276)
Lev	-0.036^{**}	0.154	-0.019	0.357^{***}	1.056	0.991	1.504^{**}
	(-2.267)	(1.182)	(-0.122)	(2.653)	(1.586)	(1.389)	(1.974)

表5.8(续)

	(1)	(2)	(3)	(4)	(5)	(6)	(7)
	First	高估			低估		
	MISP1	Pat_Grant	Inv_Grant	Ninv_Grant	Pat_Grant	Inv_Grant	Ninv_Grant
Cash	0.255 ***	−1.343 **	−1.968 ***	−0.545	0.476 *	0.361	0.458
	(6.091)	(−2.092)	(−2.590)	(−0.820)	(1.677)	(1.185)	(1.410)
Tobinq	0.097 ***	−0.398 *	−0.560 **	−0.228	0.280 *	0.292 *	0.311 *
	(8.134)	(−1.759)	(−2.093)	(−0.974)	(1.930)	(1.876)	(1.874)
Roa	0.072 ***	0.470 **	0.236	0.748 ***	2.128 ***	2.000 ***	2.218 ***
	(3.273)	(2.194)	(0.931)	(3.366)	(5.814)	(5.090)	(5.293)
Listage	0	−0.013 ***	−0.011 **	−0.009 **	−0.009 **	−0.006	−0.012 ***
	(0.974)	(−3.305)	(−2.416)	(−2.177)	(−2.250)	(−1.424)	(−2.627)
Board	0.031	0.293	−0.158	0.793 **	0.222	0.009	0.617
	(0.591)	(0.903)	(−0.411)	(2.360)	(0.657)	(0.026)	(1.594)
Top1	0	−0.003 ***	−0.003 **	−0.002	−0.001	−0.001	−0.002
	(0.060)	(−2.652)	(−2.434)	(−1.450)	(−0.993)	(−0.537)	(−1.480)
Capexp	−0.182 ***	1.400 ***	1.547 **	0.799	−0.465	0.111	−0.791 *
	(−3.593)	(2.685)	(2.507)	(1.484)	(−1.309)	(0.291)	(−1.943)
Dual	−0.009	0.125 ***	0.162 ***	0.081 *	0.120 ***	0.114 **	0.071
	(−1.434)	(2.874)	(3.143)	(1.808)	(2.890)	(2.551)	(1.489)
Soe	0.010	−0.043	0.107 *	−0.146 ***	0.007	0.162 ***	−0.077
	(1.387)	(−0.845)	(1.761)	(−2.750)	(0.165)	(3.489)	(−1.547)
Liqcycle	−0.012	0.173 ***	0.232 ***	0.120 **	0.172 ***	0.187 ***	0.151 **
	(1.579)	(3.159)	(3.581)	(2.122)	(3.231)	(3.281)	(2.472)
Const	1.734 ***	−17.733 ***	−21.689 ***	−13.321 ***	−1.247	−5.283	1.844
	(7.428)	(−4.214)	(−4.358)	(−3.068)	(−0.207)	(−0.819)	(0.268)
Year	Yes	Yes	Yes	Yes	Yes	Yes	Yes
Ind	Yes	Yes	Yes	Yes	Yes	Yes	Yes
p_exog	—	0.047	0.008	0.041	0.049	0.066	0.048
chi2_exog	—	3.934	6.926	3.706	3.892	3.380	3.913
N	6 369	6 369	6 369	6 369	6 305	6 305	6 305

5.5 股价高估与企业创新的机理及异质性检验

前文的分析表明，不同错误定价情形下，企业会选择不同的创新策略，其投资行为具有差异性。在高估的样本中，股价高估的程度越严重，企业创新申请数量越多，创新质量也越高，不管是发明专利还是非发明专利都呈现出上升趋势，表明股价高估确实促进了企业的实质性创新。然而，在低估的样本中，虽然股价低估程度与企业创新申请数量显著正相关，但这种正相关关系仅仅表现为非发明专利申请数量的激增，对发明专利的影响并不显著，创新质量也没有得到提升。这说明在股价低估状态下，企业可能寻求迎合性的策略式创新，并非为了实质性地提高企业的技术竞争力，而是为了获取投资者的关注，拉抬股价，表现为对市场和投资者的迎合。基于此，本节进一步区分股价高估和低估状态，考察不同错误定价情形下企业创新决策及其作用路径的差异。

5.5.1 股价高估与企业创新：资本结构的影响

已有研究表明，负债水平也是影响公司融资决策的重要因素，公司在过度负债与负债不足时的融资方式和融资渠道可能存在显著差异（Byoun，2008；Faulkender et al.，2012；王正位 等，2007）。过度负债的企业，对资金渴求度更大，为了降低资产负债率，减小财务风险，该类企业更有动力去进行股权融资，对股权融资成本的降低也更为敏感，同时公司也更偏爱采用股权融资进行创新（Simerly、Li，2000；Elisabeth、Volker，2007；肖海莲 等，2014）。由于债务融资的约束效应和风控要求与创新高风险、长周期的本质特征相悖，企业通过借债方式从事创新活动的意愿会降低（Long、Malitz，1985；Trinugroho、Rinofahal，2011；王昕，2009）。基于此，按照公司实际资本结构与目标资本结构的差异，分为高于目标水平和低于目标水平两组，考察公司资本结构对错误定价与企业创新行为之间关系的影响。

表 5.9 展示了不同资本结构水平下，股价高估程度与企业创新行为之间的异质性影响。可以看出，在第（1）—（3）列实际资本结构高于目标水平时，错误定价程度与企业专利申请总量、发明专利和非发明专利申请数量都呈现出正相关关系，且在5%的水平上显著；在第（4）—（6）列实际资本结构低于目标水平时，上述变量没有表现显著的正相关关系。以上结果表明，上市公司杠杆水平会影响错误定价与企业创新行为之间的关系，在股价高估的状态下，对处于过度负债需要通过权益融资降低资产负债率水平的企业而言，股权融资成本的

降低不仅促进了企业融资，推动了企业创新，还进一步加快了公司资本结构向目标水平靠近的速度，提高了企业价值。此外，从另一角度来看，过度负债的企业，承担风险的程度可能更高，也更偏好风险，这与创新的高风险、不确定性不谋而合。

表 5.9　股价高估与企业创新：资本结构的影响

	(1)	(2)	(3)	(4)	(5)	(6)
	Pat_Ap	Inv_Ap	Ninv_Ap	Pat_Ap	Inv_Ap	Ninv_Ap
	高于目标水平			低于目标水平		
MISP1	0.184***	0.195***	0.126**	−0.016	0.033	−0.019
	(3.790)	(3.699)	(2.309)	(−0.390)	(0.775)	(−0.361)
R&D	0.028**	0.034**	0.018**	0.105***	0.140***	0.049***
	(2.092)	(2.006)	(2.499)	(4.389)	(4.183)	(2.754)
Size	0.446***	0.473***	0.358***	0.424***	0.514***	0.344***
	(9.491)	(9.598)	(6.956)	(10.147)	(9.180)	(5.558)
Lev	−0.728***	−0.793***	−0.498**	−0.225	−0.348	−0.130
	(−3.751)	(−4.011)	(−2.293)	(−1.239)	(−1.447)	(−0.474)
Cash	0.252	0.090	0.233	0.232	−0.047	0.046
	(0.675)	(0.231)	(0.548)	(0.699)	(−0.121)	(0.114)
Tobinq	−0.034**	−0.027*	−0.035**	−0.023**	−0.027**	−0.023
	(−2.381)	(−1.918)	(−2.225)	(−1.984)	(−2.192)	(−1.421)
Roa	1.697***	1.513***	1.898***	1.545***	1.496**	1.966***
	(3.865)	(3.442)	(3.622)	(2.910)	(2.150)	(2.754)
Listage	0.075*	0.086**	0.047	−0.010	0.004	−0.003
	(1.858)	(2.099)	(1.036)	(−0.327)	(0.096)	(−0.053)
Indep	0.261	−0.465	0.655	1.526***	1.081*	1.968***
	(0.584)	(−0.979)	(1.185)	(4.177)	(1.932)	(3.348)
Top1	−0.002	−0.002	−0.002	0.001	0.001	0.002
	(−1.220)	(−1.018)	(−1.058)	(0.862)	(0.464)	(0.894)
Capexp	0.084***	0.095***	0.060**	0.069***	0.045*	0.063**
	(3.517)	(3.971)	(2.150)	(3.011)	(1.654)	(2.002)
Dual	0.089	0.088	0.038	0.035	0.100	0.007
	(1.601)	(1.499)	(0.563)	(0.830)	(1.626)	(0.095)
Soe	−0.074	0.017	−0.086	−0.037	0.130	−0.183*
	(−1.225)	(0.264)	(−1.258)	(−0.678)	(1.524)	(−1.816)

表5.9(续)

	（1）	（2）	（3）	（4）	（5）	（6）
	Pat_Ap	Inv_Ap	Ninv_Ap	Pat_Ap	Inv_Ap	Ninv_Ap
	高于目标水平			低于目标水平		
Liqcycle	−0.034	0.008	−0.078***	−0.027***	−0.006	−0.051***
	（−1.583）	（0.394）	（−2.924）	（−3.679）	（−0.640）	（−4.146）
Const	−10.303***	−17.772***	−8.470***	−11.348***	−13.548***	−9.443***
	（−10.395）	（−19.276）	（−7.933）	（−7.099）	（−8.185）	（−5.866）
Year	Yes	Yes	Yes	Yes	Yes	Yes
Ind	Yes	Yes	Yes	Yes	Yes	Yes
Pseud. R^2	0.100	0.095	0.079	0.122	0.112	0.104
N	2 232	2 232	2 232	3 214	3 214	3 214

5.5.2 股价高估与企业创新：融资约束的影响

创新投资是一项长期、持续的专有投资，融资约束是创新路上的"拦路虎"（Brown et al.，2009；鞠晓生 et al.，2013；张璇 et al.，2017）。此时股价高估带来的股权融资成本的降低，不仅缓解了企业面临的融资约束，也为公司筹措创新资金提供了机会。李君平和徐龙炳（2015）、Dong 等（2017）的研究指出，资本市场对股价高估带来的股权融资成本的下降，可以缓解企业资金受限的问题，降低融资约束，从而扩大企业投资。加之我国上市公司对股权融资的偏爱，使得股权融资成为企业创新的重要资金来源。因此，猜测在股价高估的状态下，股价被高估程度越严重且融资约束越强的公司，对股权融资成本的降低越敏感，越有动机进行股权融资。此时，相比于低融资约束的公司，高融资约束的公司对错误定价与企业创新的影响更为明显（Simerly、Li，2000；Elisabeth、Volker，2007；肖海莲 等，2014）。

基于此，本章采用 WW 指数衡量融资约束程度，并以中位数为界限，分为高融资约束组和低融资约束组。回归结果如表5.10所示，第（1）—（3）列的回归系数在 10% 的水平上显著为正，第（4）—（6）列的回归系数并不显著，这说明，股价被高估时，市场错误定价程度对企业创新行为的影响在高融资约束的样本公司中更为明显。高融资约束的公司面临更大的资金缺口，此时股价高估带来的股权融资成本下降，无疑为这类企业提供了有利的融资渠道，进而缓解了融资约束，助推企业创新。

表5.10　股价高估与企业创新：融资约束的影响

	(1)	(2)	(3)	(4)	(5)	(6)
	Pat_Ap	Inv_Ap	Ninv_Ap	Pat_Ap	Inv_Ap	Ninv_Ap
	高融资约束			低融资约束		
MISP1	0.107***	0.160***	0.048*	-0.004	-0.013	0.051
	(2.911)	(4.013)	(1.733)	(-0.084)	(-0.283)	(0.893)
R&D	0.023***	0.027**	0.019	0.030***	0.053***	0.005
	(4.171)	(2.573)	(1.208)	(6.226)	(8.532)	(0.621)
Size	0.386***	0.458***	0.319***	0.548***	0.577***	0.473***
	(11.699)	(12.535)	(6.279)	(13.233)	(13.029)	(7.796)
Lev	-0.402***	-0.585***	-0.361	-1.099***	-0.882***	-1.100***
	(-2.728)	(-3.711)	(-1.412)	(-5.933)	(-4.508)	(-3.873)
Cash	0.767**	0.808**	0.282	0.499	0.017	0.837*
	(2.569)	(2.512)	(0.349)	(1.402)	(0.050)	(1.648)
Tobinq	-0.002*	-0.002	-0.003**	-0.025***	-0.010	-0.041***
	(-1.846)	(-1.490)	(-2.113)	(-2.619)	(-1.062)	(-3.171)
Roa	0.816***	0.941***	0.658***	0.306*	0.309	0.289
	(6.250)	(6.733)	(4.670)	(1.706)	(1.546)	(1.306)
Listage	-0.087**	-0.097***	-0.063	0.007	-0.010	0.017
	(-2.427)	(-2.606)	(-1.512)	(0.178)	(-0.268)	(0.280)
Indep	1.037***	0.496	1.462	0.951**	0.403	1.387**
	(2.698)	(1.165)	(1.549)	(2.169)	(0.889)	(1.976)
Top1	0.001	0	0.001	-0.003*	-0.001	-0.004
	(0.582)	(-0.044)	(0.585)	(-1.769)	(-0.386)	(-1.327)
Capexp	0.041	0.176	-0.261	0.920**	0.506	0.733
	(0.089)	(0.362)	(-0.296)	(1.998)	(1.107)	(1.140)
Dual	0.081*	0.122**	0.028	0.056	0.064	0.064
	(1.692)	(2.331)	(0.380)	(1.185)	(1.330)	(0.834)
Soe	0.047	0.195***	-0.069	-0.217***	-0.061	-0.302**
	(0.940)	(3.607)	(-0.909)	(-3.071)	(-0.838)	(-2.265)
Liqcycle	-0.053***	-0.037***	-0.083*	-0.048***	-0.026***	-0.062***
	(-4.364)	(-2.637)	(-1.912)	(-5.764)	(-3.045)	(-4.720)

表5.10(续)

129

5 资本市场错误定价与企业创新决策

	（1）	（2）	（3）	（4）	（5）	（6）
	Pat_Ap	Inv_Ap	Ninv_Ap	Pat_Ap	Inv_Ap	Ninv_Ap
	高融资约束			低融资约束		
Const	−8.994***	−17.124***	−7.429***	−10.767***	−12.639***	−9.953***
	（−6.765）	（−19.697）	（−6.619）	（−9.990）	（−11.697）	（−6.619）
Year	Yes	Yes	Yes	Yes	Yes	Yes
Ind	Yes	Yes	Yes	Yes	Yes	Yes
Pseud. R^2	0.088	0.078	0.082	0.114	0.113	0.093
N	3 210	3 210	3 210	2 437	2 437	2 437

5.5.3 股价高估与企业创新路径分析：迎合渠道 VS 股权融资渠道

为了厘清错误定价对企业创新决策的影响机制，分别对迎合渠道和股权融资渠道进行检验。其中，理性迎合渠道观指出，管理者在面对外部股东的治理压力时，为了维护自身利益，会进行迎合市场预期的短视投资行为，以维持或推高短期股价（Baker、Wurgler，2004；Polk、Sapienza，2009；肖虹、曲晓辉，2012；陆蓉 等，2017）。股权融资渠道观认为，市场估值可以决定公司的权益资本成本，资本市场错误定价可以通过降低外部融资成本而间接对公司投资产生作用（Baker et al.，2003；Dong et al.，2017；李君平、徐龙炳，2015）。综上所述，当上市公司股价被高估时，一方面，可以降低企业的股权融资成本，便于企业择时融资；另一方面，能够增加管理者加大研发投资的信心，同时也能满足投资者的预期，有利于维持高估的股价。因此本章认为，股价高估可能同时通过"股权融资途径"和"迎合途径"对企业创新行为产生影响。

沿用 Mohammed（2006）、Polk 和 Sapienza（2009）、肖虹和曲晓辉（2012）的做法，以公司股票换手率衡量投资者的短视行为，并考察企业创新的迎合渠道。当股票换手率大于样本中位数时，取值为1，表明投资者是短视的；当股票换手率小于样本中位数时，取值为0，表明投资者是非短视的。分组回归的结果如表5.11所示，可以看出，第（1）—（3）列投资者短视的样本中，企业专利申请总量、发明专利和非发明专利申请数量都显著为正；而在第（4）—（6）列投资者非短视的样本中，企业专利申请总量和发明专利申请数量显著为正，而非发明专利申请数量不再显著为正。这意味着，对企业创新而言，非短视的投资者更加注重发明专利的申请，看重企业的实质性创新；而短视的投资者可能更注重策略性的创新。以上结果表明，股价被高估时，迎合效应对企业创新决策产生了一定的影响。

表 5.11　股价高估与企业创新：迎合渠道

	(1)	(2)	(3)	(4)	(5)	(6)
	Pat_Ap	Inv_Ap	Ninv_Ap	Pat_Ap	Inv_Ap	Ninv_Ap
	投资者短视			投资者非短视		
MISP1	0.076**	0.129***	0.043*	0.082*	0.080*	0.078
	(2.103)	(3.337)	(1.650)	(1.706)	(1.942)	(1.278)
R&D	0.022***	0.027***	0.011***	0.035***	0.057***	0.009
	(4.469)	(2.685)	(2.762)	(7.039)	(7.688)	(1.609)
Size	0.545***	0.613***	0.451***	0.523***	0.565***	0.437***
	(17.871)	(18.910)	(8.684)	(16.964)	(11.196)	(10.847)
Lev	−0.505***	−0.664***	−0.395***	−0.749***	−0.688***	−0.634***
	(−3.356)	(−4.222)	(−2.770)	(−4.569)	(−3.298)	(−3.175)
Cash	0.265	−0.067	0.329	0.965***	1.038***	0.489
	(0.832)	(−0.207)	(0.555)	(2.957)	(2.918)	(1.203)
Tobinq	−0.003*	−0.002	−0.003	−0.027***	−0.016	−0.035***
	(−1.740)	(−1.299)	(−1.633)	(−2.613)	(−1.307)	(−2.703)
Roa	0.800***	0.929***	0.670***	0.606***	0.631***	0.603***
	(5.424)	(6.012)	(4.642)	(4.093)	(3.528)	(3.294)
Listage	−0.129***	−0.154***	−0.110**	−0.005	−0.008	0.021
	(−3.439)	(−4.075)	(−2.401)	(−0.173)	(−0.202)	(0.556)
Indep	1.509***	0.924**	1.792**	0.316	−0.102	0.756
	(3.826)	(2.175)	(2.441)	(0.732)	(−0.189)	(1.500)
Top1	−0.005***	−0.008***	−0.002	−0.001	−0.005***	0.001
	(−2.843)	(−4.559)	(−0.641)	(−0.885)	(−2.673)	(0.723)
Capexp	0.521	0.410	−0.182	0.148	−0.101	0.453
	(1.118)	(0.869)	(−0.203)	(0.339)	(−0.195)	(0.850)
Dual	0.086*	0.115**	0.030	0.053	0.071	0.067
	(1.832)	(2.323)	(0.343)	(1.053)	(0.966)	(1.131)

表5. 11(续)

131

5
资本市场错误定价与企业创新决策

	(1)	(2)	(3)	(4)	(5)	(6)
	Pat_Ap	Inv_Ap	Ninv_Ap	Pat_Ap	Inv_Ap	Ninv_Ap
	投资者短视			投资者非短视		
Soe	−0.019	0.141 **	−0.133	−0.022	0.127 *	−0.110
	(−0.345)	(2.476)	(−1.578)	(−0.347)	(1.661)	(−1.468)
Liqcycle	−0.055 ***	−0.038 ***	−0.083 ***	−0.045 ***	−0.028 ***	−0.054 ***
	(−5.781)	(−3.718)	(−3.876)	(−5.067)	(−2.795)	(−4.967)
Const	−18.130 ***	−19.814 ***	−16.344 ***	−9.766 ***	−12.790 ***	−8.695 ***
	(−24.455)	(−24.927)	(−17.961)	(−10.837)	(−11.097)	(−10.217)
Year	Yes	Yes	Yes	Yes	Yes	Yes
Ind	Yes	Yes	Yes	Yes	Yes	Yes
Pseud. R^2	0.104	0.098	0.089	0.106	0.102	0.091
N	3 093	3 093	3 093	2 554	2 554	2 554

除迎合渠道外，本节还进一步检验了股价高估时选择股权融资渠道对企业创新决策的影响。Dong 等（2012）、郝颖和刘星（2009）、肖虹和曲晓辉（2012）都认为，股票错误定价可以通过股权融资渠道影响企业投资决策。基于此，采用 Baker 等（2003）、Dong 等（2012）以及肖虹和曲晓辉（2012）的方法衡量股权融资动机，即股权融资 =（公司所有者权益账面值变化额−净利润）/总资产。当股权融资变量大于 0 时，取值为 1，表明存在股权融资行为；当股权融资变量小于 0 时，取值为 0，表明不存在股权融资行为。回归结果如表 5.12 所示，可以看出在第（1）—（3）列存在股权融资的样本中，错误定价程度与企业创新显著正相关，在第（4）—（6）列不存在股权融资的样本中，错误定价程度与企业创新没有表现出显著的正相关关系。综合表5.11 和表 5.12 的结果发现，当股价被高估时，主要通过股权融资渠道对企业创新行为产生影响。

表 5.12　股价高估与企业创新：股权融资渠道

	(1)	(2)	(3)	(4)	(5)	(6)
	Pat_Ap	Inv_Ap	Ninv_Ap	Pat_Ap	Inv_Ap	Ninv_Ap
	存在股权融资			不存在股权融资		
MISP1	0.098*	0.133**	0.047	0.020	0.050	0.026
	(1.734)	(2.176)	(0.736)	(0.490)	(1.206)	(0.545)
R&D	0.027*	0.033*	0.018**	0.128***	0.178***	0.055***
	(1.914)	(1.809)	(2.538)	(6.207)	(6.974)	(2.663)
Size	0.416***	0.462***	0.352***	0.478***	0.564***	0.372***
	(8.160)	(8.643)	(6.434)	(9.402)	(11.002)	(6.291)
Lev	−0.369*	−0.495**	−0.115	−0.695***	−0.758***	−0.594**
	(−1.843)	(−2.388)	(−0.520)	(−3.206)	(−3.418)	(−2.312)
Cash	0.600	0.140	0.446	−0.033	−0.009	−0.106
	(1.411)	(0.326)	(0.962)	(−0.099)	(−0.025)	(−0.266)
Tobinq	−0.013	0.003	−0.025	−0.023	−0.032*	−0.029
	(−0.799)	(0.201)	(−1.325)	(−1.348)	(−1.794)	(−1.405)
Roa	2.210***	2.288***	2.123***	1.176**	0.954*	1.841***
	(4.455)	(4.547)	(3.712)	(2.296)	(1.815)	(2.716)
Listage	−0.056	−0.009	−0.066	0.051	0.032	0.059
	(−1.310)	(−0.216)	(−1.408)	(1.429)	(0.848)	(1.279)
Indep	1.374***	0.778	1.838***	0.596	0.134	1.048*
	(2.895)	(1.451)	(3.386)	(1.289)	(0.273)	(1.807)
Top1	0.002	0	0.004*	−0.002	−0.001	−0.002
	(1.081)	(0.147)	(1.733)	(−0.859)	(−0.463)	(−0.768)
Capexp	0.113***	0.120***	0.090***	0.049*	0.024	0.045
	(4.239)	(4.400)	(2.996)	(1.863)	(0.937)	(1.495)
Dual	0.127**	0.175***	0.071	0.026	0.054	0.010
	(2.252)	(2.868)	(1.068)	(0.487)	(0.976)	(0.145)
Soe	0.004	0.076	−0.075	−0.071	0.104	−0.169*
	(0.060)	(0.993)	(−0.944)	(−1.014)	(1.406)	(−1.917)
Liqcycle	−0.034**	−0.018	−0.038**	−0.030***	−0.004	−0.064***
	(−2.265)	(−1.215)	(−2.256)	(−3.155)	(−0.402)	(−4.967)
Const	−9.883***	−18.645***	−8.344***	−12.119***	−13.870***	−9.929***
	(−11.317)	(−19.026)	(−8.944)	(−8.115)	(−9.476)	(−6.789)
Year	Yes	Yes	Yes	Yes	Yes	Yes
Ind	Yes	Yes	Yes	Yes	Yes	Yes
Pseud. R^2	0.105	0.096	0.087	0.117	0.114	0.095
N	2 078	2 078	2 078	3 373	3 373	3 373

5.6　股价低估与企业创新的机理及异质性检验

错误定价的方向不同，对企业创新决策的影响存在异质性。前文考察了股价高估与企业创新之间的关系，接下来试图分析股价低估对企业创新决策的影响，并厘清其内在机理。在低估的样本中，虽然股价低估程度与企业创新申请数量显著正相关，但这种正相关关系仅仅表现为非发明专利申请数量的激增，对发明专利的影响并不显著，创新质量也没有得到提高。这说明在股价低估状态下，为了获取投资者的关注，推高股价，企业可能寻求迎合性的策略式创新。

5.6.1　股价低估与企业创新：资本结构的影响

众所周知，企业创新需要充足的资金支持（Yermack，2006；申宇等，2017，2018），创新过程中也常常面临"资源约束"的难题。当股价被低估时，股权融资成本增加，企业融资能力尤其是股权融资能力减弱。过度负债的企业由于资金的匮乏以及融资能力的降低，往往停止创新；相对而言，负债不足的企业现金流更为充足，融资约束更低，或许降低创新投资的意愿并不显著。基于此，按照公司实际资本结构与目标资本结构的差异，分为高于目标水平和低于目标水平两组，考察在股价低估时，公司资本结构对错误定价与企业创新行为之间关系的影响。

表5.13展示了不同资本结构水平下，股价低估程度与企业创新行为之间的异质性影响。可以看出，在第（4）—（6）列实际资本结构低于目标水平时，错误定价程度与企业专利申请总量和非发明专利申请数量都呈现出正相关关系，且在5%的水平上显著；第（1）—（3）列实际资本结构高于目标水平时，上述变量没有表现出显著的正相关关系。综合以上结果，表明上市公司的杠杆水平会影响错误定价与企业创新行为之间的关系，在股价低估的状态下，实际资本结构低于目标水平即负债不足时，错误定价程度对企业创新的影响更为明显。但

此时低估状态下的创新更多表现为非发明专利的策略性创新，而非实质性创新。

表 5.13　股价低估与企业创新：资本结构的影响

	(1)	(2)	(3)	(4)	(5)	(6)
	Pat_Ap	Inv_Ap	Ninv_Ap	Pat_Ap	Inv_Ap	Ninv_Ap
	高于目标水平			低于目标水平		
MISP1	0.072	0.031	0.079	0.142 ***	0.063	0.106 **
	(1.510)	(0.615)	(1.487)	(2.783)	(1.189)	(2.027)
R&D	0.217 ***	0.244 ***	0.158 ***	0.040 ***	0.012 *	0.037 ***
	(8.418)	(7.980)	(5.776)	(4.792)	(1.702)	(4.821)
Size	0.599 ***	0.671 ***	0.505 ***	0.531 ***	0.649 ***	0.523 ***
	(18.133)	(18.714)	(10.005)	(11.852)	(19.987)	(16.495)
Lev	−0.496 **	−0.475 *	−0.273	−0.594 *	−0.610 ***	−0.184
	(−2.147)	(−1.948)	(−0.850)	(−1.904)	(−2.662)	(−0.775)
Cash	−1.326 ***	−1.034 **	−1.688 ***	0.068	−0.140	0.480
	(−2.977)	(−2.212)	(−3.127)	(0.167)	(−0.337)	(1.158)
Tobinq	−0.037	−0.003	−0.026	−0.153 ***	0.035	−0.150 ***
	(−1.240)	(−0.104)	(−0.886)	(−4.101)	(0.887)	(−3.860)
Roa	4.270 ***	3.588 ***	4.249 ***	4.777 ***	3.388 ***	4.598 ***
	(5.675)	(4.627)	(4.741)	(5.558)	(4.827)	(5.863)
Listage	0.075 *	0.107 **	0.054	−0.025	0.003	−0.061 *
	(1.926)	(2.501)	(0.891)	(−0.511)	(0.073)	(−1.672)
Indep	1.175 ***	0.989 **	1.308 *	−0.196	−0.135	0.377
	(2.686)	(2.141)	(1.932)	(−0.310)	(−0.294)	(0.829)
Top1	−0.001	0.001	−0.002	−0.001	−0.002	0
	(−0.523)	(0.646)	(−0.906)	(−0.288)	(−0.999)	(−0.238)
Capexp	0.561	1.869 ***	−0.698	−0.999 *	−0.372	−1.223 **
	(0.988)	(3.051)	(−0.935)	(−1.942)	(−0.811)	(−2.509)
Dual	0.070	0.047	0.013	0.137 *	0.149 ***	0.128 **
	(1.220)	(0.743)	(0.154)	(1.932)	(2.852)	(2.278)
Soe	−0.038	0.045	−0.101	−0.019	0.182 ***	−0.110 *
	(−0.677)	(0.749)	(−1.098)	(−0.200)	(2.754)	(−1.689)
Liqcycle	−0.061 ***	−0.018	−0.080 ***	−0.026 **	−0.011	−0.044 ***
	(−2.838)	(−0.814)	(−2.761)	(−2.211)	(−1.241)	(−4.150)
Const	−11.912 ***	−14.584 ***	−10.644 ***	−17.299 ***	−21.449 ***	−18.505 ***
	(−13.912)	(−18.192)	(−8.879)	(−18.927)	(−30.536)	(−26.660)

表5.13(续)

135

5
资
本
市
场
错
误
定
价
与
企
业
创
新
决
策

	(1)	(2)	(3)	(4)	(5)	(6)
	Pat_Ap	Inv_Ap	Ninv_Ap	Pat_Ap	Inv_Ap	Ninv_Ap
	高于目标水平			低于目标水平		
Year	Yes	Yes	Yes	Yes	Yes	Yes
Ind	Yes	Yes	Yes	Yes	Yes	Yes
Pseud. R^2	0.146	0.138	0.125	0.136	0.122	0.132
N	2 725	2 725	2 725	3 426	3 426	3 426

5.6.2 股价低估与企业创新：融资约束的影响

事实上，企业的资本结构水平可以视为企业融资约束情况的反馈。过度负债的企业往往面临着严重的融资约束，相比之下负债不足的企业可能现金流更为充足，融资约束较弱。表5.13的结果表明，当股价被低估时，负债不足企业的创新意愿并没有显著降低，反而会为了迎合投资者对创新的乐观预期转向投资非发明专利，从总量上增加企业的专利申请数量，博取投资者关注，以期提升被低估的股价。因此，本章猜测在股价低估的状态下，被低估程度越严重且融资约束越弱的公司，越有动机进行策略式创新。换句话说，相比于高融资约束的公司，低融资约束的公司对错误定价与企业创新之间关系的影响更为明显（蔡竞、董燕，2016；张璇 等，2017）。

基于此，采用WW指数衡量融资约束程度，并以中位数为界限，分为高融资约束组和低融资约束组。表5.14展示了在不同融资约束情况下，股价低估程度与企业创新行为之间的异质性影响。可以看出，在第（4）—（6）列低融资约束的样本中，错误定价程度与企业专利申请总量和非发明专利申请数量呈现出正相关关系，且在5%的水平上显著；在第（1）—（3）列高融资约束的样本中却没有表现出显著的正相关关系。以上结果进一步表明，融资约束会影响错误定价与企业创新行为之间的关系。在股价低估的状态下，相比于高融资约束企业，低融资约束企业的错误定价程度对企业创新的影响更为明显，但此时低估状态下的创新更多地体现为非发明专利的策略性创新。

表 5.14　股价低估与企业创新：融资约束的影响

	（1）	（2）	（3）	（4）	（5）	（6）
	Pat_Ap	Inv_Ap	Ninv_Ap	Pat_Ap	Inv_Ap	Ninv_Ap
	高融资约束			低融资约束		
MISP1	0.042	0.050	0.027	0.112 **	0.060	0.116 **
	（0.877）	（1.037）	（0.498）	（2.069）	（0.979）	（2.120）
R&D	0.159 ***	0.201 ***	0.094 ***	0.202 ***	0.219 ***	0.158 ***
	（8.370）	（9.257）	（3.467）	（7.376）	（5.676）	（8.868）
Size	0.476 ***	0.537 ***	0.361 ***	0.636 ***	0.706 ***	0.570 ***
	（10.527）	（11.610）	（5.762）	（13.516）	（14.286）	（11.785）
Lev	−0.367 *	−0.708 ***	0.008	−0.909 ***	−0.779 ***	−0.590 **
	（−1.835）	（−3.288）	（0.029）	（−3.646）	（−2.865）	（−2.292）
Cash	−0.200	−0.112	−0.185	−1.702 ***	−1.572 ***	−1.764 ***
	（−0.560）	（−0.294）	（−0.415）	（−3.770）	（−3.187）	（−3.685）
Tobinq	−0.194 ***	−0.169 ***	−0.176 ***	−0.263 ***	−0.232 ***	−0.234 ***
	（−4.774）	（−4.012）	（−3.838）	（−6.140）	（−4.511）	（−5.932）
Roa	2.031 ***	1.457 **	2.138 **	4.997 ***	3.946 ***	5.400 ***
	（3.083）	（2.198）	（2.434）	（5.545）	（3.704）	（6.424）
Listage	0.025	0.029	0.033	0.023	0.069 *	−0.027
	（0.696）	（0.786）	（0.617）	（0.655）	（1.754）	（−0.727）
Indep	−0.313	−0.214	−0.250	1.008 **	0.852 *	1.318 ***
	（−0.754）	（−0.501）	（−0.383）	（2.342）	（1.811）	（2.890）
Top1	−0.001	−0.001	−0.001	−0.002	−0.002	−0.003 *
	（−0.348）	（−0.488）	（−0.280）	（−1.494）	（−0.981）	（−1.771）
Capexp	0.039 *	0.054 **	0.026	0.052 *	0.055 *	0.038
	（1.754）	（2.356）	（0.839）	（1.756）	（1.796）	（1.259）
Dual	0.159 ***	0.162 ***	0.072	0.061	0.032	0.102
	（3.589）	（3.376）	（0.960）	（0.994）	（0.499）	（1.497）
Soe	−0.005	0.212 ***	−0.156 *	−0.021	0.004	−0.014
	（−0.090）	（3.508）	（−1.683）	（−0.367）	（0.069）	（−0.220）
Liqcycle	−0.015 *	−0.004	−0.033 **	−0.036 **	−0.017	−0.060 ***
	（−1.808）	（−0.408）	（−2.508）	（−2.253）	（−1.013）	（−2.782）
Const	−16.308 ***	−18.234 ***	−14.933 ***	−13.401 ***	−16.336 ***	−12.361 ***
	（−19.222）	（−20.812）	（−13.484）	（−14.435）	（−19.984）	（−12.520）
Year	Yes	Yes	Yes	Yes	Yes	Yes
Ind	Yes	Yes	Yes	Yes	Yes	Yes
Pseud. R^2	0.096	0.092	0.082	0.166	0.151	0.154
N	3 210	3 210	3 210	2 841	2 841	2 841

5.6.3 股价低估与企业创新路径分析：迎合渠道 VS 股权融资渠道

为了探析错误定价对企业创新决策的作用渠道，与股价高估一致，在股价低估时，也分别对迎合渠道和股权融资渠道进行检验。当股价被低估时，投资者关注度会降低，融资成本相应增加，理论上，企业的创新投资意愿会降低。但在我国新兴加转轨经济环境下，创新一直以来都是投资者关注和追捧的热点，相应的企业投融资决策也更容易受到投资者情绪的影响。Polk 和 Sapienza（2009）就发现，股价背离基本面可能会直接影响投资决策。尤其是在市场根据投资水平对公司错误定价时，管理层更有动机通过迎合当前的市场情绪来提高短期股价。当管理层短视行为越严重以及公司资产越难估值时，迎合行为越明显。类似地，Dong 等（2012，2017）以及张晓峰等（2018）的研究都支持上述观点，表明错误定价会通过理性迎合渠道影响公司的创新投入。

参考 Polk 和 Sapienza（2009）、肖虹和曲晓辉（2012）的做法，以公司股票换手率衡量投资者的短视行为，考察股价被低估时企业创新的迎合渠道。当股票换手率大于样本中位数时，取值为 1，表明投资者是短视的；当股票换手率小于样本中位数时，取值为 0，表明投资者是非短视的。分组回归的结果如表 5.15 所示，可以看出，第（1）—（3）列投资者短视的样本中，企业专利申请总量和非发明专利申请数量都显著为正；而在第（4）—（6）列投资者非短视的样本中则没有表现出显著为正。这意味着，由于投资者存在短视行为，在股价低估时公司管理者更倾向于通过增加非发明专利申请数量来推动专利申请总量的上升，以博取投资者关注，并迎合当前的市场情绪来提高短期股价。股价低估时期企业创新产出的不降反增，可能是管理层的迎合效应发挥了主导作用。

表 5.15　股价低估与企业创新：迎合渠道

	（1）	（2）	（3）	（4）	（5）	（6）
	Pat_Ap	Inv_Ap	Ninv_Ap	Pat_Ap	Inv_Ap	Ninv_Ap
	投资者短视			投资者非短视		
MISP1	0.094*	0.093	0.087*	0.060	0.055	0.043
	（1.821）	（1.579）	（1.673）	（1.383）	（1.234）	（0.842）
R&D	0.188***	0.194***	0.098***	0.232***	0.304***	0.157***
	（7.901）	（6.132）	（7.185）	（10.170）	（13.586）	（6.251）
Size	0.632***	0.661***	0.465***	0.600***	0.698***	0.535***
	（23.194）	（15.727）	（19.073）	（14.410）	（18.015）	（12.238）
Lev	−1.087***	−1.179***	−0.467**	−0.352	−0.375*	−0.157
	（−4.026）	（−3.167）	（−2.555）	（−1.493）	（−1.664）	（−0.615）
Cash	−0.570	−0.604	−1.313***	−0.277	−0.278	−0.026
	（−1.550）	（−1.367）	（−3.425）	（−0.614）	（−0.615）	（−0.052）
Tobinq	−0.059	−0.022	−0.032	−0.006	−0.003	−0.004
	（−1.418）	（−0.425）	（−0.966）	（−0.490）	（−0.312）	（−0.309）
Roa	2.164***	1.758***	2.131***	0.485	0.435	0.490
	（8.755）	（5.761）	（7.602）	（1.435）	（1.204）	（1.391）
Listage	−0.048	−0.018	−0.065	0.003	0.009	−0.018
	（−1.287）	（−0.323）	（−1.575）	（0.080）	（0.239）	（−0.384）
Indep	1.038***	0.675	1.688***	−0.289	0.054	−0.092
	（2.682）	（1.184）	（3.985）	（−0.516）	（0.107）	（−0.150）
Top1	−0.003**	−0.005*	−0.003*	−0.002	−0.004**	−0.001
	（−2.077）	（−1.892）	（−1.649）	（−0.804）	（−2.064）	（−0.277）
Capexp	−0.515	0.082	−0.218	−0.518	0.490	−1.364**
	（−1.190）	（0.152）	（−0.458）	（−0.914）	（0.861）	（−2.160）
Dual	0.082	0.108	−0.004	0.178***	0.118**	0.196**
	（1.641）	（1.459）	（−0.077）	（2.729）	（2.040）	（2.502）
Soe	0.017	0.159*	−0.067	−0.039	0.111	−0.089
	（0.324）	（1.876）	（−1.161）	（−0.484）	（1.588）	（−1.032）
Liqcycle	−0.048***	−0.030**	−0.031**	−0.013	0.014	−0.040***
	（−4.054）	（−2.046）	（−2.457）	（−1.191）	（1.236）	（−2.959）
Const	−19.547***	−20.655***	−16.793	−12.050***	−15.517***	−11.131***
	（−32.538）	（−23.332）	（−0.102）	（−9.397）	（−15.189）	（−8.917）
Year	Yes	Yes	Yes	Yes	Yes	Yes
Ind	Yes	Yes	Yes	Yes	Yes	Yes
Pseud. R^2	0.147	0.135	0.131	0.145	0.145	0.123
N	3 673	3 673	3 673	2 484	2 484	2 484

除迎合渠道外，本节同样检验了股价低估时期选择股权融资渠道对企业创新决策的影响。Baker 和 Wurgler（2002）指出，市场时机已经成为上市公司进行融资决策的重要影响因素，管理者会在股价被高估时选择股权融资，在股价被低估时选择债务融资。基于此，采用 Baker 等（2003）、Dong 等（2012）以及肖虹和曲晓辉（2012）的方法衡量股权融资动机，即股权融资＝（公司所有者权益账面值变化额－净利润）／总资产。当股权融资变量大于 0 时，取值为 1，表明存在股权融资行为；当股权融资变量小于 0 时，取值为 0，表明不存在股权融资行为。回归结果如表 5.16 所示，可以看出在存在股权融资和不存在股权融资两组样本中，企业的创新行为没有显著差异，都表现出发明专利申请数量的显著降低，且在无股权融资样本中更为明显。这意味着，在股价低估状态下，股权融资渠道不再重要。综合表 5.15 和表 5.16 的结果，发现相比于股价高估，股价低估时期主要通过迎合渠道影响企业的创新行为。

表 5.16　股价低估与企业创新：股权融资渠道

	(1)	(2)	(3)	(4)	(5)	(6)
	Pat_Ap	Inv_Ap	Ninv_Ap	Pat_Ap	Inv_Ap	Ninv_Ap
	存在股权融资			不存在股权融资		
MISP1	−0.096	−0.249*	0.066	−0.108	−0.376**	0.053
	(−0.883)	(−1.811)	(0.552)	(−0.911)	(−2.488)	(0.395)
R&D	0.337***	0.387***	0.259***	0.337***	0.379***	0.275***
	(18.093)	(13.760)	(12.162)	(21.689)	(14.402)	(15.456)
Size	0.306***	0.322***	0.331***	0.291***	0.308***	0.289***
	(7.796)	(5.878)	(7.547)	(8.424)	(5.521)	(7.256)
Lev	0.122	0.132	0.141	0.117	−0.123	0.447***
	(0.831)	(0.654)	(0.840)	(0.881)	(−0.592)	(2.835)
Cash	−0.866**	−1.187***	−0.767*	0.076	0.190	0.001
	(−2.379)	(−2.670)	(−1.845)	(0.236)	(0.470)	(0.003)
Tobinq	0.091***	0.136***	0.069**	0.033	0.051	0.001
	(3.686)	(4.829)	(2.417)	(0.852)	(1.105)	(0.029)
Roa	2.920***	2.917***	2.443***	2.850***	1.286*	3.802***
	(5.853)	(5.001)	(4.314)	(4.928)	(1.746)	(5.319)

表5. 16(续)

	(1)	(2)	(3)	(4)	(5)	(6)
	Pat_Ap	Inv_Ap	Ninv_Ap	Pat_Ap	Inv_Ap	Ninv_Ap
	存在股权融资			不存在股权融资		
Listage	0.074 **	0.097 *	0.018	0.091 ***	0.117 ***	0.047
	(2.182)	(1.947)	(0.467)	(3.405)	(2.616)	(1.502)
Indep	−0.349 ***	−0.250	−0.645 ***	−0.216 **	−0.038	−0.371 ***
	(−2.777)	(−1.350)	(−4.594)	(−1.996)	(−0.199)	(−3.069)
Top1	0	−0.001	0	−0.001	−0.001	−0.002
	(0.076)	(−0.369)	(0.224)	(−1.104)	(−0.685)	(−1.081)
Capexp	0.017	0.039	0.003	0.071 ***	0.086 ***	0.046 **
	(0.772)	(1.446)	(0.144)	(3.670)	(2.981)	(2.041)
Dual	−0.011	0.017	−0.104 *	0.125 ***	0.109	0.068
	(−0.215)	(0.226)	(−1.712)	(2.899)	(1.605)	(1.291)
Soe	0.067	0.174 *	−0.001	−0.022	0.069	−0.057
	(1.194)	(1.899)	(−0.010)	(−0.504)	(0.873)	(−1.111)
Liqcycle	−0.008	0.040	−0.047	0.068	0.054	0.076
	(−0.137)	(0.587)	(−0.673)	(1.352)	(0.987)	(1.201)
Const	−9.770 ***	−12.264 ***	−14.809 ***	−11.380 ***	−13.955 ***	−10.106 ***
	(−14.991)	(−11.695)	(−19.606)	(−14.843)	(−13.202)	(−11.165)
Year	Yes	Yes	Yes	Yes	Yes	Yes
Ind	Yes	Yes	Yes	Yes	Yes	Yes
Pseud. R^2	0.185	0.163	0.161	0.175	0.145	0.149
N	2 839	2 839	2 839	4 139	4 139	4 139

本章研究了资本市场错误定价对企业创新投资决策的影响，并进一步探讨了这一影响的作用机理，揭示了资本市场定价行为影响企业创新的路径，还分析了在不同资本市场错误定价情境下，企业创新策略选择的差异。研究表明：①当股价被高估时，错误定价程度与企业专利申请数量、质量显著正相关，即股价越被高估，企业专利申请数量越多、专利申请质量也越高；并且这一效果在过度负债、融资约束较高的情况下更为明显；进一步的研究还发现，股价高估对企业创新的影响主要通过股权融资渠道发挥作用，助推企业创新数量增加、质量提升。②当股价被低估时，错误定价程度与企业专利申请数量也显著正相关，但这种正相关关系主要体现在非发明专利上，即股价越被

低估，企业非发明专利申请数量越多；并且这一效果在负债不足、融资约束较低的样本中更为明显；进一步的研究发现，股价低估对企业创新的影响主要通过迎合途径发挥作用。这些结果表明，企业会根据不同错误定价情形，改变创新策略。具体而言，股价高估会给企业带来融资优势，进而提高企业研发投入、增加创新数量、提升创新质量。股价低估时，企业倾向于进行策略式创新，以博取市场投资者的关注，从而提升股价估值，结果导致创新质量不高。

　　本章的结论也具有一定的政策启示。首先，企业应充分利用股价高估的有利时机，培育一批高质量的专利，并加快实施创新驱动发展战略，提高自身的创新能力和国际影响力。近年来，中国专利总量迅猛增长，成绩喜人，意味着我国步入创新大国行列，但值得警醒的是，与其他发达国家和地区相比，我国专利数量激增的同时，专利质量还有待进一步提升，知识产权还面临"大而不强、多而不优"的困境。因此应辩证看待我国企业专利申请数量的"井喷"，积极引导和推动专利质量的提升乃是高远之策。其次，有关部门应积极规范投资者行为，加强教育和引导，培育长期视野，防止盲目跟风炒作，遏制企业迎合动机。

6 资本市场错误定价与企业并购决策

新时代经济的发展，更加注重发展质量变革、效率变革和动力变革；发展模式也从依靠高投入、低端产业增长的数量模式向技术驱动、高端产业引领的质量模式转变；同时要求大力推动技术创新和资源并购整合，加快淘汰低端落后产能。兼并收购作为资源整合和效率提升的重要手段和主要方式，对促进产业结构优化升级和经济增长质量提升同企业创新一样，具有十分重要的战略意义（翟进步 等，2010；张学勇 等，2017）。延续上一章关于资本市场错误定价与企业创新决策的研究，本章将从我国上市公司面临的另一重大投资决策——兼并收购出发，研究资本市场错误定价对企业并购决策的影响。

6.1 问题提出

并购作为企业发展过程中一项重大的投资决策，既是企业配置资源的重要战略手段，也是公司实现规模扩张、技术获取以及品牌价值提升的捷径（陈仕华 等，2015；赖黎 等，2017）。我国经济经过前期的快速发展，实体企业普遍面临质量提升、技术升级的瓶颈。在国家大力倡导供给侧结构性改革和经济高质量发展的时代背景下，创新驱动、转型升级、效率提升已然成为企业发展的主旋律。通过兼并收购实现资源整合，促进产业结构优化升级、经济增长和质量提升具有十分重要的战略意义（翟进步 等，2011；张学勇 等，2017）。这也是企业并购一直被实务界和学术界广泛关注的重要原因。基于资本市场有效、无摩擦的假设条件，现有文献分别从制度环境、产业政策、公司治理特征等角度出发，考察了企业并购的动因、支付方式选择和并购绩效情况（Campello、Graham，2013；Cain、Mckeon，2016；王艳、李善民，2017；钟宁桦 等，2019）。事实上，市场并非总是有效的，特别是在制度尚不完善的新兴经济体中，资本市场错误定价现象时有发生（赵玲、黄昊，2019）。那么，在市场存在估值偏误的状态下，企业会如何进行并购决策？换句话说，资本市场错误定价是否以及如何影响企业的并购行为，这是本章研究的核心问题。

从动态的视角来看，股票市场价格的波动在一定程度上可以看成投资者对企业管理层所做投融资决策的反应（Chen et al.，2007）；反过来，企业管理层也会根据股价波动，相机调整投融资决策（Edmans et al.，2017；陈康、刘琦，2018）。Polk 和 Sapienza（2009）的研究支持了管理层的迎合假说，他们认为企业管理层会根据投资者的资产定价决策捕捉其偏好，并选择迎合式投资决策以推动股价的上涨。资本市场错误定价影响企业投融资决策的另一路径是改变股权融资成本，当市场价值高于真实价值即股价被高估时，企业拥有更低的股权融资成本，这将有效地缓解企业的融资约束，促进企业投资（Baker et al.，2003）。Campello 和 Graham（2013）、李君平和徐龙炳（2015）等的研究都认为，企业确实存在一定的择时行为，他们倾向于选择在股价高估时进行股权再融资以降低融资成本。并购作为企业发展过程中的重大投资决策，一方面必然会引起市场投资者的高度关注，另一方面也需要大量资金支持，这与资本市场错误定价可能影响企业投资行为的渠道不谋而合。因此，从并购的视角出发考察资本市场错误定价对企业行为决策的影响，有助于全面理解资本市场错误定价的经济后果及其作用机制。参考游家兴和吴静（2012）、Dong 等（2017）的方法估算企业层面的资本市场错误定价程度，结合 2004—2017 年 A 股上市公司的数据，本章从并购概率、支付方式和并购绩效三个维度出发系统地考察了资本市场错误定价对企业并购行为的影响。

相比于已有文献，本章的研究贡献主要体现在以下三个方面：

首先，本章拓展了企业并购行为影响因素的相关研究。兼并收购作为企业资源配置的重要方式，以及国家产业升级、结构调整的关键抓手，一直受到学术界和实务界的广泛关注。现有关于企业并购行为影响因素的研究，多基于有效市场、投资者理性的视角。本章从资产定价的视角出发，系统考察了资产价值高估和低估状态下企业并购决策的变化，为深化对现实市场中企业并购行为的认识提供了一个新的视角。事实上，在制度转轨的新兴经济体中，各项制度尚不完善、投资者专业水平参差不齐，错误定价现象时有发生。从某种意义上说，资产估值偏误对企业并购决策的影响可能比传统的公司治理、高管特征等因素更为深远。

其次，本章的研究丰富了资本市场错误定价经济后果的相关文献。现有关于资本市场错误定价的研究多集中于对公司整体投资效率影响的探讨（李君平、徐龙炳，2015；张静、王生年，2016），对具体投资项目影响的讨论仍较少。并购作为企业重要的投资决策，既是投资者关注的热点问题，又需要充足的资金支持（Billett、Qian，2008；Chen et al.，2017；王艳、李善民，2017；钟宁桦 等，2019）。因此，以企业并购这一重大投资决策作为切入点，有助于全面理解资本市场错误定价对企业投融资行为的影响，以弥补现有文献研究的不足。

最后，本章从企业并购偏好、融资方式等多个方面对资本市场错误定价影响企业并购行为的作用机理进行了探究，为后续关于市场估值与企业投资、并购行为的研究提供了很好的参考。同时，从实践的角度来看，本章的研究有助于监管层进一步认识资本市场错误定价对实体经济运行产生的影响，为其制定金融市场改革相关政策提供依据。总之，本章的研究及其结论对于全面认识资本市场错误定价的经济后果和企业并购行为的影响因素，以及改善上市公司的投融资行为等，都具有重要的启示意义。

6.2　理论分析与假设推导

本章研究资本市场错误定价对企业并购决策的影响，首先介绍了有关资本市场错误定价经济后果和企业并购影响因素的相关研究成果，并在此基础上讨论资本市场错误定价影响企业并购决策的作用机制，同时提出研究假设。

6.2.1　企业并购

并购作为企业资源配置的重要方式，以及国家产业升级、结构调整的关键抓手，一直受到学术界和实务界的广泛关注。现有文献对企业并购行为影响因素的相关研究大致可以分为：宏观制度环境、中观市场估值因素以及微观公司治理特征三个方面。从宏观制度环境来看，Gaur 等（2013）、方军雄（2008）、徐业坤等（2017）的研究都指出，政府是推动企业兼并收购的重要因素。由于并购行为对企业所在地经济和社会发展会产生重要影响，这与地方政府的利益密切相连，因此政府具有较强的动机干预企业的并购行为（杨记军 等，2010；张翼等，2015）。然而，过度干预会导致市场分割，使得并购行为更多呈现出"无关多元化""本地偏好" 等特征（潘红波、余明桂，2011）。除政府干预外，Scholes 和 Wolfson（1989）、李彬和潘爱玲（2015）通过对地区税收政策的研究，发现税收也是影响企业并购的重要因素，基于税务运营的协同企业会通过战略并购进行避税。此外，王艳和李善民（2017）从社会信任这一视角出发，探讨了社会非正式制度安排对企业并购行为的影响，发现社会信任有助于降低信息不对称和交易成本，进而提高并购的价值创造能力。李路等（2018）以方言距离作为代理变量，进一步考察了并购交易双方的文化差异对并购绩效的影响，结果显示文化差异越小的企业间并购整合的绩效越好。上述文献表明，政府干预和社会信任、文化等宏观因素均对企业并购行为产生了重要影响。

研究市场估值对企业并购行为的影响源于对并购浪潮现象的解释，

Shleifer 和 Vishny（2003）的研究认为市场不是完全有效的，市场定价会出现高估和低估两种状态，理性的管理者往往会利用股价被高估这一有利时机，去并购那些股价被低估的标的。Rhodes-Kropf 等（2005）的研究也支持了上述市场择时理论的观点。但 Weston（2002）、Harford（2005）等的研究认为仅用市场择时理论对并购浪潮进行解释是不足的，并购浪潮的形成可能与 20 世纪 80 年代后期大规模的公司治理变革以及外部技术提升有关。从微观企业治理特征来看，现有文献围绕内部控制、机构投资者持股、管理层过度自信等视角对这一问题进行了研究。万良勇和胡璟（2014）研究发现独立董事的网络位置在企业并购行为中扮演着重要角色，独立董事网络中心度越高，越有利于其为并购决策提供咨询服务，从而提升并购的绩效。赖黎等（2017）在对企业高管的从军经历与并购活动的关系进行研究时发现，具有从军经历的高管更倾向于高风险的并购，这与 Roll（1986）提出的"过度自信"假说较为类似。此外，李曜和宋贺（2017）研究了风险投资对企业并购的影响，他们发现拥有风险投资支持的公司并购绩效更高，因为风险投资的信息咨询功能可以缓解并购中的信息不对称情况，降低并购溢价，以及增强并购后企业内部控制的有效性。

6.2.2　资本市场错误定价

资本市场错误定价是指由于市场自身不完备或投资者非理性认知所产生的股价偏离其内在价值的现象（Jiang et al.，2017；赵玲、黄昊，2019）。传统的金融经济学研究都假定市场是有效的、投资者是理性的，市场价格能充分反映资产的内在真实价值。行为金融学的兴起使人们越来越认识到市场并非总是有效的，由于信息不对称、投资者非理性行为等，资本市场错误定价现象时有发生（李君平、徐龙炳，2015；张静、王生年，2016）。基于资本市场错误定价的视角，研究企业的投融资行为已经成为金融学的一个重要研究方向（Baker et al.，2003；Polk、Sapienza，2009）。

根据股权融资理论的观点，企业可以利用市场错误定价的有利时机，合理安排融资，促进企业投资。Baker 等（2003）研究发现公司对股权融资的依赖度越高，股价高估对企业融资约束的缓解作用越明显。股价高估使得股权融资成本降低，企业倾向于在股价高估时发行股票进行融资，表现出明显的择时效应（Campello、Graham，2013）。郝颖和刘星（2009）利用中国的样本数据也发现了类似的结论，股价高估有利于缓解企业的融资约束，促进企业进行投资。而张静和王生年（2016）的研究指出，资本市场错误定价是导致企业过度投资的一个重要因素，尤其是在大股东持股比例较高的公司中，这一效应更为明显。从上述文献可以看出，股价高估带来的融资成本的降低，为企业投资提供了巨大的支持。

研究资本市场错误定价与企业投资行为的另一些文献是迎合效应理论。从动态的视角来看，股票市场的价格波动在一定程度上可以看成投资者对企业管理层所做投融资决策的反应（Chen et al.，2007）；反过来，企业管理层也会根据股价波动，相机调整投融资决策（Edmans et al.，2017；陈康、刘琦，2018）。换句话说，如果管理者拒绝投资于那些投资者看好的项目，那么投资者可能会缩短持股周期，由此将会产生巨大的价格下行压力。出于对自身职位和薪酬的考量，理性的管理者会选择迎合投资者。迎合理论已经被诸多文献验证（Dong et al.，2006；Polk、Sapienza，2009；翟淑萍 等，2017）。

近年来也有文献开始将资本市场错误定价的经济后果研究拓展到宏观领域，陆蓉等（2017）考察了资本市场错误定价对产业结构转型升级的影响，他们发现行业内股票价格的高估能够促进产业资本投入量的增加，产生资本变动效应，从而引发产业扩张，最终促使产业结构转型升级。事实上，并购作为企业资源配置、整合的重要方式，以及国家产业升级、结构调整的关键抓手，从并购的角度出发考察资本市场错误定价的经济后果，同样有助于厘清错误定价影响宏观产业结构调整的微观路径。此外，并购作为企业发展过程中的重大投资决策，不仅会引起市场投资者的高度关注，也需要大量资金支持，这与资本市场错误定价可能影响企业投资行为的渠道不谋而合。正是基于上述考虑，本章选择从企业并购的视角切入进行研究。

6.2.3　假设推导

根据上文的文献分析可知，资本市场错误定价对企业的投资决策产生了重要影响。一方面，资产估值偏误会影响企业的股权融资成本，进而影响企业投资决策（Baker et al.，2003；Campello、Graham，2013）；另一方面，企业管理层会根据投资者的资产定价决策捕捉其偏好，并进行迎合式投资以推动股价上涨（Edmans et al.，2017；陈康、刘琦，2018）。并购作为企业发展过程中的重大投资决策，既需要大量的资金支持，同时又是投资者关注、追逐的热点话题。因此，资产估值的偏误很有可能会影响企业的并购决策。考虑到不同资本市场错误定价情形的非对称性，本章同样区分股价高估和低估两种情况，分别对企业并购行为展开研究。

在市场估值高于其真实价值即股价高估的情况下，企业的股权融资成本会降低，这将大大缓解并购面临的融资约束。资源依赖理论认为，企业间的资源具有异质性，在日常运营过程中会不断产生剩余资源，这些资源为企业未来的扩张和多元化经营提供了空间（Iyer、Miller，2008；葛伟杰 等，2014）。股价高估带来的低成本融资机会便为企业提供了极佳的财务资源和资金支持（李君平、徐龙炳，2015）。Shleifer 和 Vishny（2003）在股票市场驱动并购的理论模型中也指出，理性的管理者往往会利用股价被高估这一有利时机，去并购那些相对被低估的标的，从而为股东谋利。Dong 等（2006）、Ang 和 Cheng（2006）、Antoniou 等（2008）的研究也从实证的角度，验证了市场错误定价驱动公司并购假说，发现相比于目标公司，并购公司股票被高估的程度通常更高。而并购作为企业生命周期中一项重大的投资决策，需要庞大的财务资源作为支撑。所以，从这一角度看，股价高估有助于缓解企业并购面临的融资约束，促使并购交易顺利进行。特别是在融资约束较大、债权融资较困难的企业中更为明显。此外，兼并收购也是投资者关注的热点话题，基于继续维持较高股价以获得更高薪酬和职位的目的，企业管理层有足够的动机去进行并购投资以迎合市场投资者。因此，在股价高估的情况下，错误定价程度越高，越有可能产生并购行为。基于此，提出如下假设：

H6-1a：在股价高估状态下，错误定价程度越高（越被高估），企业参与并购的概率越大。

在企业并购过程中，对价支付也是一个关键问题，而如何正确地选择支付方式则是完成对价支付和成功并购的前提（赵息、孙世攀，2015）。事实上，管理层选择并购支付方式的过程就是在不同支付方式间权衡利弊的过程。理性的并购方总是期望以最合理的支付方式完成并购交易。在股价高估状态下，股票发行价格较高，相比于债务资金，股权资本成本相对较低，此时并购方采用股权支付方式具有优势。由于我国目前股票价值评估机制尚不完善，因此并购交易对资本市场估值渠道的依赖性较强。现实并购交易中，股票支付的对价和换股比率的确定往往是参考资本市场中股票交易市价进行的。所以，股价处于高估状态的并购方具有足够的动力采用股权支付的方式进行交易。从目标方来看，并购企业股票价格高涨体现出了市场的认可和追捧，更容易为目标公司股东所接受。Shleifer 和 Vishny（2003）指出，为了使目标公司接受并购方企业的股票支付，他们往往会给予目标公司管理层更多的报酬并许诺并购后职位的保留。因此，当股价处于高估状态时，采用股权支付方式更容易促使并购双方达成交易。基于此，提出如下假设：

H6-2a：在股价高估状态下，错误定价程度越高（越被高估），企业采用股权支付的概率越大。

当股价被高估时，随着高估程度的增加，以及企业股权融资成本降低，加之迎合心理的作用，企业参与并购的概率增加，同时更倾向于使用股权作为支付手段。那么，在资本市场错误定价状态下企业并购的绩效如何，是否增加了企业的价值？股价高估时，并购企业股权融资成本较低，充足的财务资源很可能促使管理层盲目自信，扩大投资，使那些净现值小于零的项目逐渐被接受，从而导致公司过度投资（张静、王生年，2016）。Blanchard 等（1994）、李云鹤（2014）等的研究都发现，在现金流权与控制权分离的情况下，管理者出于自身薪酬水平和晋升机会的考量，有动机扩大投资规模，构建商业帝国，进行过度扩张。兼并收购作为企业扩张的一条捷径，在融资约束较低的情况下，很有可能产生管理层机会主义行为。这意味着资产高估可能会助长企业盲目并购的投资行为，最终导致并购协同效应难以有效发挥，反而降低了企业的并购绩效。此外，股价高估还会助长管理层的过度自信行为，加之对投资者的迎合心理，管理层在评估兼并机会时可能会过度乐观，支付更高的并购溢价，最终使得并购绩效不佳（Roll，1986；张维、齐安甜，2002）。基于此，提出如下假设：

H6-3a：在股价高估状态下，错误定价程度越高（越被高估），企业并购绩效越差。

在分析了股价高估对企业并购行为的影响之后，继续对股价低估状态进行剖析。当市场估值低于其真实价值即股价被低估时，企业股权融资的优势变得不明显。这意味着此时财务资源优势并非推动企业并购的主要原因。事实上，对股价长期持续的低估将会加剧企业被收购的风险，管理层的职业声誉也会受到损害（Desai et al.，2004）。因此，面对股价被低估的状况，管理层可能通过迎合投资者来增加公司的吸引力，从而提升估值水平（徐龙炳、陈历轶，2018；胡聪慧 等，2019）。目前中国资本市场正处于新兴加转轨时期，各项制度尚不完善，缺乏专业知识的散户投资者较多，概念追捧、热点关注是吸引市场关注、拉抬股价的常见方式（刘端、陈收，2006；赵玲、黄昊，2019）。兼并收购作为企业经营过程中的重大投资决策备受投资者关注，同时并购主要关乎企业未来长远发展利益，投资者估值主观性较强，也为管理层利用并购迎合投资者提供了空间（Polk、Sapienza，2009）。因此，当企业低估情况越严重时，为了获得更多关注和拉抬股价，企业管理层越有动力进行并购活动；尤其会进行更多的多元化并购，追逐新兴、热点行业。基于上述分析，提出如下假设：

H6-1b：在股价低估状态下，错误定价程度越高（越被低估），企业参与并购的概率越大，但更倾向于多元化并购。

当股价被低估时，一方面，股权资本成本会上升，相比于债务资金，并购方采用股权支付方式也不再具有优势；另一方面，在股价低估的情况下发行股票进行支付更容易引起控制权的稀释，对现有股东构成较大的威胁（Korajczyk et al., 1991；Fu et al., 2013）。从目标方来看，并购方股票处于低迷状态时，市场认可度较差，也难以为目标方股东所接受。所以，在股价被低估时，低估程度越严重，并购双方越倾向于采用现金支付而非股权支付方式进行交易。基于上述分析，提出如下假设：

H6-2b：在股价低估状态下，错误定价程度越高（越被低估），企业采用现金支付的概率越大。

前文理论分析指出，当股价被低估时，对并购方而言股权支付便不再具有优势，但为了获得更多的市场关注和投资者认可，以及基于迎合的考虑，企业也会更多地参与并购，尤其是并购那些热点、新兴行业的标的。此时，低迷的股价使得目标方股东接受并购方股权的可能性变小，在并购支付中更愿意使用现金交易。那么，在资本市场错误定价状态下企业并购的绩效如何？是否增加了企业的价值？因为庞大的资金支付会减少企业的自由现金流，对企业管理层的机会主义行为起到很好的抑制作用（Richardson, 2006）；所以在股权资金获取不足的前提下，企业必然会诉诸债权资金，债权人监督功能的发挥、资金用途的严格审查，都会使得企业并购更加稳健、慎重，进而减少并购的盲目性（雷卫、何杰，2018）。特别地，股价处于低迷期的企业倾向于并购的最终目的是吸引投资者的关注，进而拉抬股价。这使得他们会更加偏好于进行多元化的并购，并购那些产业政策导向支持的热点、新兴行业的标的。对这类企业进行并购，将会给主并企业带来更多的信贷资源支持和政府补贴收益，最终促使并购企业拥有更好的发展空间，增加自身的企业价值。因此，从债务资金监管和并购对象的角度来看，在股价低估状态时，企业进行的并购更有可能提升公司整体价值，获得正向的并购绩效。基于上述分析，提出如下假设：

H6-3b：在股价低估状态下，错误定价程度越高（越被低估），企业并购绩效越好。

基于上述分析和假设，资本市场错误定价与企业并购的研究框架如图6.1所示。

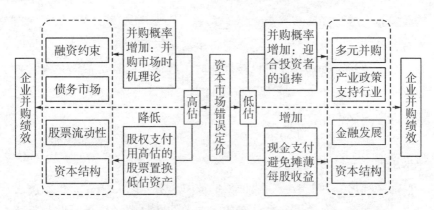

图 6.1　资本市场错误定价与企业并购的研究框架

6.3　研究设计

6.3.1　样本选取与数据来源

（1）上市公司数据。

本章选取 2004—2017 年中国沪、深两市 A 股作为研究样本，上市公司数据主要来源于国泰安（CSMAR）数据库，包括上市公司财务报表数据、股票交易数据以及上市公司企业性质等信息。同时借鉴已有研究的做法，对初始样本进行了如下筛选：①考虑金融行业的特殊性，剔除行业分类属于金融、保险业的公司；②避免异常、极端值的影响，剔除了资产负债率大于 1 的样本。

（2）并购数据。

上市公司并购信息披露自 2004 年才开始完善，故本章的样本以 2004 年为起点。企业并购数据以国泰安（CSMAR）中国上市公司并购重组研究数据库为基准，为保证数据的完备性和可靠性，还将其缺失样本根据万德（WIND）数据库进行核对、补充和验证，其中并购标的行业信息通过私募通数据库手工收集。并进行如下筛选：①并购样本中，剔除上市公司交易失败的样本；②剔除并购公司或目标公司属于金融、保险业的并购事件；③剔除并购方不属于上市公司的样本，仅保留上市公司交易地位是买方的样本；④对于同一上市公司同一天发生两笔以上的并购事件，若目标公司非同一家，则剔除，若目标公司为同一家，则合并；⑤对于同一上市公司同一年宣告两次或两次以上交易的情况，仅保留第一次并购交易样本（王艳、李善民，2017；赖黎 等，2017）。

6.3.2 变量说明

（1）并购概率。

本章首先考察了市场错误定价行为是否可以驱动上市公司参与并购，并且检验在不同错误定价情形下，并购活动发生的概率。参考姜付秀等（2009）、陈仕华和李维安（2016）、王艳和李善民（2017）、陈胜蓝和马慧（2017）的研究，定义虚拟变量（MA）为是否发生并购行为的指标，若公司某一年发布并购公告，MA 赋值为 1，否则赋值为 0。

（2）支付方式。

借鉴田高良等（2013）、葛结根（2015）的做法，本章在探讨股票错误定价程度对公司并购支付方式的影响时，引入虚拟变量 Mastk 和 Macash 来表征上市公司并购支付方式的选择，若并购时选择股票支付，Mastk 赋值为 1；否则赋值为 0；若并购时选择现金支付，Macash 赋值为 1，否则赋值为 0。

（3）并购绩效。

沿用 Giannetti 等（2015）、赖黎等（2017）、李善民等（2019）的研究方法，从财务绩效和市场收益两个方面定义并购市场绩效。其中，财务绩效为并购前后公司净资产收益率的变化，即并购公告日后第 1 年（或第 2 年、第 3 年）的净资产收益率减去并购公告日前 1 年的净资产收益率。市场收益为并购前后购买并持有收益率的变化情况，即并购首次公告日后持有公司股票 12 个月（或 24 个月、36 个月）股票收益率超过市场收益率的部分。

（4）资本市场错误定价与企业并购指标。

资本市场错误定价指标计算和说明详见第 4 章变量说明部分。资本市场错误定价与企业并购的变量定义和说明见表 6.1。

表 6.1　资本市场错误定价与企业并购：变量定义和说明

变量类型	变量名称	变量符号	变量描述
因变量	是否并购	MA	若公司当年进行了并购则取值为 1，否则取值为 0（方军雄，2008；陈仕华、李维安，2016；赖黎等，2017）
	支付方式	Macash	若为现金支付则取值为 1，否则取值为 0（田高良等，2013；葛结根，2015；赵息、孙世攀，2015）
		Mastk	若为股权支付则取值为 1，否则取值为 0（田高良等，2013；葛结根，2015；赵息、孙世攀，2015）
	并购绩效	Bhar	长期市场绩效，并购首次公告日后持有公司股票 12 个月（或 24 个月、36 个月）的股票收益率超过市场收益率的部分（王艳、李善民，2017；赖黎等，2017）
		△Roe	长期财务绩效，并购首次公告日后第 1 年（或第 2 年、第 3 年）的净资产收益率减去并购前 1 年的净资产收益率（王艳、李善民，2017；赖黎等，2017）
控制变量	公司规模	Size	公司资产总额的自然对数
	资产负债率	Lev	公司资产负债率
	现金流	Cash	公司现金及现金等价物净增加额/资产总额
	企业价值	Tobinq	公司市场价值/资产总额
	资产收益率	Roa	公司总资产收益率
	增长率	Growth	公司营业收入增长率
	上市年限	Listage	公司上市年限，等于公司上市年限加 1 取自然对数
	独董比例	Indep	独立董事占比，等于独立董事人数/公司董事总人数
	股权集中度	Top1	第一个大股东持股比例
	资本支出	Capexp	构建固定资产、无形资产等的现金净额/资产总计
	兼职情况	Dual	董事长和总经理为同一个人取值为 1，否则取值为 0
	企业性质	Soe	国有企业取值为 1，否则取值为 0
	市场竞争	HHI	公司所处行业市场竞争激烈程度
	并购金额	Masize	公司本年度所有并购支付金额/资产总额
	年份	Year	年份虚拟变量
	行业	Ind	行业虚拟变量

6.3.3 模型设定

为了检验前文提出的假设，借鉴 Bernile 等（2017）、赖黎等（2017）的研究，本章构建如下回归模型：

$$\text{Merge}_{i,\,t} = \alpha + \beta_1\text{MISP}_{i,\,t-1} + \beta_2\text{Controls}_{i,\,t-1} + \beta_3\sum\text{Industry} +$$

$$\beta_4\sum\text{Year} + \varepsilon_{i,\,t} \tag{6-1}$$

其中，Merge 为企业并购决策变量，参考姜付秀等（2009）、田高良等（2013）、葛结根（2015）、陈仕华和李维安（2016）、赖黎等（2017）的做法，本章分别选取是否并购（MA）、支付方式（Macash 和 Mastk）和并购绩效（Bhar 和△Roe）作为度量指标。MISP 表示资本市场错误定价，其值越大表示错误定价程度越严重。对于控制变量，参考以往文献的做法，选取总资产、财务杠杆、现金流、成长性、产权性质、股权集中度等公司层面的特征变量。此外，还控制了行业和年份固定效应。

6.3.4 描述性统计

表 6.2 展示了主要变量的描述性统计结果。可以看出，31.7% 的样本公司宣告了并购，并购支付金额平均占总资产的 17%。从并购支付方式来看，现金支付占据主导地位，大部分并购企业都选择了现金支付方式。需要说明的是，由于部分企业同时采用现金支付和股权支付的方式，现金支付和股权支付的比例之和会超过 100%。对于资本市场错误定价指标，不同方法衡量的资本市场错误定价样本分布也与游家兴和吴静（2012）、陆蓉等（2017）、王生年等（2017）的研究保持一致。

表 6.2　资本市场错误定价与企业并购：描述性统计

变量	均值	中位数	最小值	最大值	标准差
Isma	0.317	0	0	1.000	0.465
Masize	0.170	0.023	0	4.482	0.566
Macash	0.804	1.000	0	1.000	0.397

表6.2(续)

资本市场错误定价对企业投融资行为影响研究

变量	均值	中位数	最小值	最大值	标准差
Mastk	0.235	0	0	1.000	0.424
misp1	0.054	-0.003	-0.892	1.659	0.473
misp2	0.020	-0.018	-1.138	1.567	0.581
misp3	0.399	0.337	-0.214	1.307	0.269
Size	21.782	21.636	19.063	25.699	1.276
Lev	0.447	0.448	0.049	0.908	0.221
Cash	0.152	0.110	0.005	0.659	0.133
Tobinq	2.207	1.562	0.217	12.19	2.082
Roa	0.034	0.035	-0.288	0.195	0.065
Growth	0.474	0.133	-0.835	11.499	1.500
Listage	1.984	2.197	0	3.178	0.869
Indep	0.366	0.333	0.250	0.571	0.053
Top1	15.980	7.880	0.109	65.457	17.524
Capexp	0.051	0.036	-0.048	0.253	0.054
Dual	0.233	0	0	1.000	0.423
Soe	0.480	0	0	1.000	0.500
HHI	0.071	0.021	0.008	0.987	0.116

6.4　股价高估与企业并购

6.4.1　股价高估与企业并购概率

（1）基本回归结果。

关于企业的并购动机，Shleifer 和 Vishny（2003）从理论层面出发，构建了股票市场驱动并购的并购动机理论模型（SMDA），解释了股票市场上的错误定价行为如何驱动企业并购，为传统并购动因理论提供了有力补充。随后，Dong 等（2006）通过实证模型，支持了资本市场错误定价驱动公司并购这一假说。同样，吴俊霖（2015）的研究也发现，资本市场错误定价对上市公司的并购行为具有驱动作用，当股票被高估的程度越高时，并购行为发生的可能性就越大。基于此，为了考察资本市场错误定价对企业并购决策的影响，本章根据错误定价的方向，将样本划分为股价高估组和股价低估组，首先对股价高估情形进行检验，运用模型（6-1）进行回归。

股价高估与企业并购概率的实证结果如表6.3所示，其中第（1）—（2）列为采用 Probit 模型回归的结果，第（3）—（4）列为采用 Logit 模型回归的结果。可以看出，不管采用何种估计方法，资本市场错误定价程度的回归系数都为正，且均在 10% 的水平上显著，表明股价高估的程度越高，企业就越倾向于实施并购，这验证了本章的假设 H6-1a。即在股价高估的样本中，股票被错估的程度越高，并购发生的概率就越大。这些结果表明，当股价偏离公司真实价值时，管理者会根据股票的价格波动做出相应的并购决策（佟家栋 等，2007；Baker et al.，2012；吴俊霖，2015）。当股价被高估时，企业会利用高估的市场时机，择时并购（Shleifer、Vishny，2003；Rhodes-Kropf、Viswanathan，2004）。此外，其他控制变量的回归结果显示，公司规模越大、资产收益率越高，就越倾向于参与并购活动，这与以往文献的研究结论保持一致。

表 6.3　股价高估与企业并购概率

	（1）	（2）	（3）	（4）
	Probit		Logit	
MISP1	0.225 ***		0.371 ***	
	（4.118）		（4.081）	
MISP2		0.047 *		0.077 *
		（1.675）		（1.678）
Size	0.168 ***	0.134 ***	0.275 ***	0.222 ***
	（9.216）	（7.374）	（9.226）	（7.399）
Lev	−0.005	−0.259 ***	−0.012	−0.434 ***
	（−0.051）	（−2.845）	（−0.080）	（−2.907）
Cash	−0.271 ***	−0.155	−0.438 **	−0.256
	（−2.581）	（−1.323）	（−2.547）	（−1.343）
Tobinq	−0.014 **	−0.008 **	−0.023 **	−0.014 **
	（−2.197）	（−2.074）	（−2.128）	（−1.985）

表6.3(续)

	(1)	(2)	(3)	(4)
	Probit		Logit	
Roa	0.041	0.263***	0.075	0.453***
	(0.401)	(2.722)	(0.436)	(2.744)
Growth	0	−0.004	−0.001	−0.007
	(−0.032)	(−0.464)	(−0.069)	(−0.481)
Listage	−0.062***	−0.055**	−0.101***	−0.088**
	(−2.991)	(−2.451)	(−2.975)	(−2.409)
Indep	0.408	0.385	0.690	0.643
	(1.502)	(1.366)	(1.549)	(1.398)
Top1	−0.002**	−0.003***	−0.004**	−0.004***
	(−2.487)	(−2.656)	(−2.488)	(−2.687)
Capexp	−0.316	−0.142	−0.541	−0.226
	(−1.095)	(−0.478)	(−1.139)	(−0.464)
Dual	0.029	0.040	0.045	0.064
	(0.878)	(1.131)	(0.843)	(1.124)
Soe	−0.311***	−0.269***	−0.519***	−0.447***
	(−8.712)	(−7.448)	(−8.723)	(−7.489)
Hhi_Mkt	−0.078	−0.486	−0.153	−0.784
	(−0.174)	(−0.902)	(−0.208)	(−0.889)
Const	−4.431***	−3.740***	−7.286***	−6.173***
	(−10.343)	(−5.121)	(−10.305)	(−4.838)
Year	Yes	Yes	Yes	Yes
Ind	Yes	Yes	Yes	Yes
Pseud. R^2	0.049	0.045	0.049	0.045
N	8 764	8 017	8 764	8 017

（2）稳健性检验：更换错误定价衡量指标。

为了保证结论的稳健性和可靠性，本章还进一步从剩余收益模型和资本市场异象角度出发，利用五因子模型，估算异常收益率部分，以衡量资本市场错误定价程度，重复上述回归过程，结果如表6.4所示。其中第（1）、（3）列表示采用剩余收益模型估算的错误定价程度，第（2）、（4）列表示采用五因子模型估算的回归结果。可以看出，当股价被高估时，企业会利用高估的市场时机，择时并购（Shleifer、Vishny，2003；Rhodes-Kropf、Viswanathan，2004）。不同资本市场错误定价的衡量方式都表明，股价高估会推动企业并购行为的发生，更易激发企业的并购热情。

表 6.4　股价高估与企业并购概率：剩余收益模型和五因子模型

	（1）	（2）	（3）	（4）
	Probit		Logit	
MISP3	2.988***		6.706***	
	(2.614)		(5.275)	
MISP4		2.835***		6.498***
		(2.964)		(4.567)
Size	0.098***	0.064***	0.165***	0.104***
	(6.539)	(4.186)	(6.725)	(4.186)
Lev	−0.054	−0.069	−0.127	−0.156
	(−0.607)	(−0.766)	(−0.884)	(−1.075)
Cash	−0.192*	−0.168	−0.331*	−0.277
	(−1.699)	(−1.467)	(−1.807)	(−1.501)
Tobinq	0.004	−0.025***	0.007	−0.046***
	(0.860)	(−3.664)	(0.738)	(−4.089)
Roa	0.308***	0.376***	0.527***	0.636***
	(2.855)	(3.366)	(2.909)	(3.370)
Growth	0.004	0.004	0.006	0.006
	(0.413)	(0.389)	(0.391)	(0.389)
Listage	−0.035*	−0.019	−0.054	−0.028
	(−1.653)	(−0.915)	(−1.572)	(−0.819)
Indep	−0.150	−0.059	−0.285	−0.110
	(−0.581)	(−0.228)	(−0.674)	(−0.262)
Top1	−0.003***	−0.003***	−0.005***	−0.005***
	(−3.238)	(−3.610)	(−3.299)	(−3.653)
Capexp	0.186	0.136	0.325	0.252
	(0.671)	(0.488)	(0.718)	(0.555)
Dual	0.041	0.051	0.063	0.077
	(1.249)	(1.529)	(1.161)	(1.433)
Soe	−0.263***	−0.272***	−0.430***	−0.445***
	(−7.891)	(−8.135)	(−7.859)	(−8.124)
Hhi_Mkt	−0.361	−0.382	−0.629	−0.676
	(−0.862)	(−0.916)	(−0.911)	(−0.986)

表6.4(续)

	(1)	(2)	(3)	(4)
	Probit		Logit	
Const	−1.453*	−0.729	−2.175*	−0.877
	(−1.701)	(−0.815)	(−1.695)	(−0.642)
Year	Yes	Yes	Yes	Yes
Ind	Yes	Yes	Yes	Yes
Pseud. R^2	0.044	0.046	0.046	0.047
N	9 549	9 491	9 549	9 491

（3）内生性分析：工具变量法。

为了降低内生性问题对研究结论的影响，本章进一步采用工具变量法进行回归。王艳艳和陈汉文（2006）、刘柏和徐小欢（2019）的研究指出，经四大会计师事务所审计的公司财务信息质量更高，也更加可信、可靠。信息披露质量的提升可以提高投资者对上市公司的认知程度，减少信息不对称，降低投资者对于上市公司的意见分歧，从而减弱错误定价的程度（Berkman et al.，2009；陆蓉、潘宏，2012；徐寿福、徐龙炳，2015）。由此可见，被四大会计师事务所审计的企业，其错误定价程度会减弱，而企业并购与否与是否被四大会计师事务所审计并没有直接的关联，因此采用是否被四大会计师事务所审计（Big4）作为错误定价的工具变量具有一定的合理性。工具变量的回归结果如表6.5所示，第（1）列为第一阶段的回归结果，可以看出，资本市场错误定价程度高低与是否被四大会计师事务所审计呈现显著的负相关关系，表明四大会计师事务所审计提高了财务信息质量，降低了资本市场错误定价程度。第（2）列为第二阶段回归结果，可以看出，在股价高估的样本中，错误定价程度越高，会显著提高企业参与并购的概率，与前文结论保持一致，进一步表明了本章结果的稳健性。

表 6.5　股价高估与企业并购概率：工具变量法

	(1)	(2)
	First	Second
	MISP1	Isma
MISP1		9.780*
		(1.662)
Big4	−0.020*	
	(−1.840)	
Size	0.039***	−0.274
	(13.302)	(−1.260)
Lev	0.240***	−2.026
	(15.322)	(−1.417)
Cash	−0.152***	1.974**
	(−5.409)	(2.097)
Tobinq	0.107***	−1.037*
	(67.403)	(−1.652)
Roa	−0.503***	5.685*
	(−10.517)	(1.905)
Growth	0	0.007
	(−0.235)	(0.335)
Listage	0.057***	−0.658*
	(7.412)	(−1.909)
Indep	0.001	−0.173
	(0.053)	(−1.064)
Top1	0.004***	−0.047*
	(28.404)	(−1.775)
Capexp	−0.036**	0.386
	(−2.136)	(1.400)
Dual	−0.007	0.129
	(−1.065)	(1.633)
Soe	−0.015**	−0.168
	(−2.544)	(−1.518)
Hhi_Mkt	0.035	−0.596
	(0.516)	(−0.785)
Const	−1.033***	7.975
	(−9.830)	(1.343)

表6.5(续)

	(1)	(2)
	First	Second
	MISP1	Isma
Year	Yes	Yes
Ind	Yes	Yes
F	157.731	—
p_exog	—	0
chi2_exog	—	14.727
N	12 869	12 869

（4）调节效应：融资约束的影响。

前文的结果表明，当股价被高估时，企业会利用高估的市场时机进行择时并购，资本市场错误定价程度与企业参与并购的概率表现出显著的正相关关系。Alshwer 和 Sibilkov（2011）、李双燕和汪晓宇（2012）的研究指出，当主并公司面临融资约束时，其债务融资渠道会受到限制，未来可供支付的预期现金流也将变少；此时，股价的高估，不仅带来了股权融资成本的降低，也为公司选择替代性的股票支付来完成并购提供了条件。与此类似，李君平和徐龙炳（2015）同样发现，股价高估有助于高融资约束公司进行外部股权融资与债务融资，从而缓解融资约束，促进公司投资。

基于此，本章采用 WW 指数融资约束程度，并以中位数为界限，分为高融资约束组和低融资约束组。回归结果如表 6.6 所示，第（1）列和第（3）列的回归系数为正，且在 5%的水平上显著，这说明，股价被高估时，市场错误定价程度对企业并购行为的影响在高融资约束的样本公司中更为明显。高融资约束的公司面临更大的资金缺口，此时股价高估带来的股权融资成本下降，无疑为这类企业提供了有利的融资渠道，进而缓解了融资约束，助推企业并购决策的执行。

表 6.6　股价高估与企业并购概率：融资约束的影响

	（1）	（2）	（3）	（4）
	高融资约束	低融资约束	高融资约束	低融资约束
MISP1	0.244 **	0.137		
	(2.481)	(0.792)		
MISP2			0.073 **	-0.077
			(2.166)	(-1.288)
Size	0.210 ***	0.057	0.170 ***	0.030
	(7.898)	(1.542)	(6.902)	(0.724)
Lev	0.055	-0.292	-0.203 *	-0.274
	(0.524)	(-1.427)	(-1.878)	(-1.170)
Cash	-0.185	-0.641 ***	-0.108	-0.465 *
	(-1.513)	(-3.004)	(-0.799)	(-1.784)
Tobinq	-0.015	0.001	0.001	0.006
	(-0.797)	(0.037)	(0.214)	(0.276)
Roa	0.236	-1.364 **	0.783 **	-0.565
	(0.784)	(-2.277)	(2.563)	(-0.869)
Growth	0.006	-0.018	0.005	-0.032 **
	(0.484)	(-1.199)	(0.402)	(-2.125)
Listage	-0.099 ***	0.046	-0.090 ***	0.013
	(-3.981)	(1.134)	(-3.422)	(0.271)
Indep	0.605 *	-0.040	0.617 *	-0.009
	(1.897)	(-0.075)	(1.887)	(-0.015)
Top1	-0.001	-0.006 ***	-0.001	-0.006 ***
	(-0.438)	(-3.468)	(-0.689)	(-2.964)
Capexp	-0.367	-0.197	-0.231	-0.026
	(-1.086)	(-0.337)	(-0.686)	(-0.043)
Dual	0.039	0.014	0.043	0.057
	(1.010)	(0.207)	(1.061)	(0.673)
Soe	-0.286 ***	-0.397 ***	-0.248 ***	-0.365 ***
	(-6.739)	(-5.790)	(-5.912)	(-4.591)
Hhi_Mkt	0.547	-0.373	-0.280	-1.496
	(0.923)	(-0.492)	(-0.412)	(-1.414)
Const	-5.439 ***	-1.718 **	-3.544 ***	-0.650
	(-8.871)	(-1.978)	(-3.795)	(-0.672)
Year	Yes	Yes	Yes	Yes
Ind	Yes	Yes	Yes	Yes
Pseud. R^2	0.053	0.061	0.047	0.057
N	6 481	2 262	6 168	1 860

（5）调节效应：债务市场的影响。

众所周知，企业并购活动需要大量的资金支持，充足的资金是并购的首要条件。自由现金流理论认为，如果企业尚有较大的举债空间、债务融资便利，且拥有大量的自由现金流即融资约束较弱时，则管理层会倾向于选择现金收购的方式，反之进行股权收购（Jensen，1986）。由此看来，债务融资的难易程度或许会影响企业的并购决策，换句话说，债务资金的可得性可能是影响企业并购更为重要的隐形条件。基于此，本章运用地区银行业的竞争程度衡量债务市场的发展情况，借此反映企业的债务可得性，并以中位数为界限，分为债务市场发展好和债务市场发展弱两组，考察其对错误定价与企业并购决策之间关系的影响。

表 6.7 展示了按照银行业竞争程度进行分组的回归结果，第（2）列和第（4）列的结果显示，错误定价的系数在银行业竞争程度较低组中显著为正；而在第（1）列和第（3）列银行业竞争程度较高组中没有表现出显著为正。这表明在债务市场发展较弱的地方也即债务融资更难的情况下，企业并购行为更易受市场错误定价水平的影响。这是因为，在债务市场发展较弱的地区，企业债务融资变得困难，会更加依赖于股权融资；此时资本市场的高估恰好可以降低股权融资成本，促使企业致力于权益融资，以弥补债务融资的缺陷。因此，在银行业竞争更弱、债务市场发展更弱的样本中，错误定价对企业并购行为的影响更为明显。

表 6.7 股价高估与企业并购概率：债务市场的影响

| | (1) | (2) | (3) | (4) |
	债务市场好	债务市场弱	债务市场好	债务市场弱
MISP1	0.042	0.297***		
	(0.240)	(3.080)		
MISP2			0	0.054*
			(−0.003)	(1.684)
Size	0.135***	0.183***	0.081*	0.153***
	(3.259)	(8.571)	(1.894)	(7.388)
Lev	0.115	−0.040	−0.091	−0.222**
	(0.570)	(−0.372)	(−0.424)	(−2.032)

表6.7(续)

165

6

资本市场错误定价与企业并购决策

	(1)	(2)	(3)	(4)
	债务市场好	债务市场弱	债务市场好	债务市场弱
Cash	−0.248	−0.302 **	−0.379	−0.141
	(−1.129)	(−2.511)	(−1.519)	(−1.053)
Tobinq	0.011	−0.029	0.005	−0.005
	(0.343)	(−1.626)	(0.278)	(−1.406)
Roa	−0.144	0.077	0.368	0.739 **
	(−0.263)	(0.255)	(0.641)	(2.428)
Growth	−0.022	0.004	−0.030	0.002
	(−1.113)	(0.357)	(−1.574)	(0.208)
Listage	0.006	−0.087 ***	−0.021	−0.065 **
	(0.131)	(−3.663)	(−0.424)	(−2.550)
Indep	0.628	0.353	0.112	0.419
	(1.045)	(1.144)	(0.181)	(1.303)
Top1	0	−0.003 ***	0.002	−0.004 ***
	(0.213)	(−2.857)	(0.788)	(−3.551)
Capexp	0.600	−0.627 *	1.083 *	−0.528
	(0.982)	(−1.901)	(1.661)	(−1.568)
Dual	−0.032	0.049	−0.030	0.076 *
	(−0.462)	(1.296)	(−0.410)	(1.873)
Soe	−0.462 ***	−0.281 ***	−0.486 ***	−0.219 ***
	(−5.630)	(−6.956)	(−5.921)	(−5.341)
Ill+i_Mkt	−0.215	−0.044	−0.264	−0.488
	(−0.242)	(−0.083)	(−0.241)	(−0.767)
Const	−3.848 ***	−4.715 ***	−1.781 *	−4.218 ***
	(−3.956)	(−9.338)	(−1.835)	(−5.537)
Year	Yes	Yes	Yes	Yes
Ind	Yes	Yes	Yes	Yes
Pseud. R^2	0.060	0.049	0.060	0.046
N	1 999	6 690	1 795	6 143

6.4.2 股价高估与并购支付方式选择

上文的分析表明,资本市场错误定价对企业并购行为产生了重要影响。在股价高估状态下,随着错误定价程度的提高,企业参与并购的可能性也显著增加。除此以外,企业并购过程中的对价支付问题也是关键的一环，选择理性、合理的支付方式也是成功推进并购活动的基础（赵息、孙世攀，2015）。根据市场时机理论，在股价高估状态下，相比于债务资金，股权资本成本相对较低，此时并购方采用股权支付方式具有优势。罗琦和贺娟（2015）的理论分析模型表明，公司会选择在市场时机高涨的情况下，迎合投资者情绪进行过度投资，并在股票价格高估的情况下实施股权融资。Gilchrist 等（2015）构建的股价泡沫、股票发行和公司实际投资的理论模型，也发现了类似的结论。为了验证本章的假设 H6-2a，此处借鉴田高良等（2013）的做法，将支付方式分为股权支付和现金支付两大类，考察股价高估时错误定价对公司并购支付方式选择的影响。

表 6.8 展示了并购支付方式模型的回归结果。从第（1）列和第（2）列股权支付方式的结果来看，错误定价的系数都为正，并在 10% 的水平上显著；第（3）列和第（4）列现金支付方式的效果并不显著。这表明股价越被高估，并购时公司越倾向于选择股权支付方式，较好地验证了本章的假设 H6-2a，即并购公司的股票价值越被高估，选择股权支付的概率就越大。

表 6.8　股价高估与并购支付方式

	（1）	（2）	（3）	（4）
	股权支付		现金支付	
MISP1	0.359*		−0.185	
	(1.947)		(−0.959)	
MISP2		0.288**		−0.160
		(2.427)		(−1.301)
Size	−0.389***	−0.349***	0.367***	0.209***
	(−5.539)	(−7.744)	(5.099)	(4.873)
Lev	0.570*	0.536**	−0.907***	−0.524**
	(1.875)	(2.246)	(−2.952)	(−2.152)
Cash	0.263	0.318	−0.113	−0.116
	(0.790)	(1.051)	(−0.323)	(−0.364)
Tobinq	−0.037	−0.023	0.021	0.028
	(−1.517)	(−1.362)	(0.827)	(1.594)
Roa	−2.056**	−2.068**	1.395	1.852**
	(−2.094)	(−2.493)	(1.386)	(2.288)

表6.8(续)

	（1）	（2）	（3）	（4）
	股权支付		现金支付	
Growth	0.015	0.023	−0.051*	−0.028
	（0.546）	（0.931）	（−1.925）	（−1.184）
Listage	0.021	−0.103*	−0.078	0.113*
	（0.322）	（−1.746）	（−1.146）	（1.871）
Indep	0.177	1.088*	0.159	−1.025
	（0.230）	（1.757）	（0.196）	（−1.643）
Top1	0.001	−0.003	−0.002	0.002
	（0.369）	（−1.173）	（−0.757）	（0.825）
Capexp	−0.119	−0.791	−0.038	0.185
	（−0.129）	（−1.032）	（−0.040）	（0.238）
Dual	0.082	0.060	−0.056	−0.033
	（0.906）	（0.817）	（−0.596）	（−0.429）
Soe	0.352***	0.394***	−0.312**	−0.399***
	（2.890）	（4.282）	（−2.534）	（−4.373）
Masize	−0.001**	−0.001	0.001**	−0.341***
	（−2.282）	（−1.640）	（2.454）	（−5.402）
Const	5.913***	5.982***	−5.522***	−3.015***
	（3.809）	（5.603）	（−3.486）	（−2.986）
Year	Yes	Yes	Yes	Yes
Ind	Yes	Yes	Yes	Yes
Pseud. R^2	0.143	0.136	0.110	0.096
N	1 139	1 785	1 139	1 785

（1）调节效应：股票流动性的影响。

现有文献指出股票流动性、交易制度等会显著影响证券交易成本，当有价证券的流动性提高时，权益融资成本会降低（Amihud、Mendelson，1986；罗登跃 等，2007；屈文洲 等，2011）。前文的研究结果也表明，当股票价格处于高估状态时，公司进行并购更可能采取股权支付方式，而在公司股票流动性更高的时候，会进一步降低权益融资成本，也使股权支付变得更容易。基于此，参考苏冬蔚和麦元勋（2004）、陈辉和顾乃康（2017）的做法，利用换手率衡量股票市场的流动性，若公司换手率高于行业中位数，则视为流动性较高组；若公司换手率低于行业中位数，则视为流动性较低组。预期在流动性较高组的企业，选择股权支付的概率更大。

表 6.9 展示了按照流动性高低进行分组的回归结果，第（1）列和第（3）列的结果显示，错误定价程度的回归系数在股票流动性较高组显著为正；而在第（2）列和第（4）列股票流动性较低组中没有表现出显著为正。以上结果表明，股票市场流动性的提高可以减少交易成本，有助于股权融资的实现。因此，在流动性较高的样本中，错误定价对股权支付方式选择的影响更为明显。

表 6.9　股价高估与并购支付方式：股票流动性的影响

	（1）	（2）	（3）	（4）
	流动性高	流动性低	流动性高	流动性低
MISP1	0.682 **	0.215		
	(2.487)	(0.578)		
MISP2			0.412 **	0.200
			(2.180)	(1.119)
Size	-0.574 ***	-0.170	-0.555 ***	-0.205 ***
	(-4.749)	(-1.368)	(-5.354)	(-2.769)
Lev	0.701 *	0.245	0.500	0.186
	(1.772)	(0.404)	(1.472)	(0.524)
Cash	-0.053	0.687	0.024	0.844 *
	(-0.118)	(1.048)	(0.047)	(1.738)
Tobinq	-0.075 **	-0.078	-0.057 **	-0.017
	(-2.080)	(-1.537)	(-2.292)	(-0.424)
Roa	-1.087	-4.013 ***	-0.314	-3.146 ***
	(-0.754)	(-2.617)	(-0.238)	(-2.691)
Growth	0.040	-0.057	0.026	0.017
	(1.179)	(-0.714)	(0.779)	(0.435)
Listage	0.014	-0.003	-0.111	-0.080
	(0.155)	(-0.026)	(-1.292)	(-0.975)
Indep	0.998	0.078	1.670 *	0.264
	(0.933)	(0.062)	(1.733)	(0.315)
Top1	0.002	0.001	-0.007	-0.003
	(0.417)	(0.144)	(-1.579)	(-0.890)
Capexp	0.062	0.011	0.033	-0.032
	(1.058)	(0.154)	(0.673)	(-0.710)

表6.9(续)

	(1)	(2)	(3)	(4)
	流动性高	流动性低	流动性高	流动性低
Dual	0.296**	−0.216	0.287***	−0.115
	(2.456)	(−1.413)	(2.663)	(−1.048)
Soe	0.266	0.380*	0.445***	0.355***
	(1.498)	(1.876)	(2.973)	(2.954)
Masize	−0.001***	1.092***	−0.002*	0.141
	(−2.820)	(4.199)	(−1.720)	(1.037)
Const	9.550***	2.275	9.354***	4.246***
	(3.958)	(0.982)	(4.423)	(3.075)
Year	Yes	Yes	Yes	Yes
Ind	Yes	Yes	Yes	Yes
Pseud. R^2	0.165	0.302	0.164	0.154
N	648	500	790	998

（2）调节效应：资本结构的影响。

除股权融资的难易程度外，公司自身的资本结构也会影响并购支付方式的选择。李井林等（2015）的研究指出，上市公司会结合自身的负债水平，利用并购活动实施相应的融资政策，以达到资本结构动态调整的目的。Harford等（2009）在以美国并购事件为研究样本时同样指出，当主并公司处于过度负债状态时，更倾向于选择股权融资来支付并购对价。除此之外，赵息和孙世攀（2015）的研究也进一步指出，杠杆赤字会显著影响企业并购支付方式的选择，杠杆赤字越高，并购中使用非现金支付的可能性越大。基于此，根据公司实际资本结构与目标资本结构的差异，分为高于目标水平和低于目标水平两组，考察公司资本结构对企业并购支付方式选择的影响。

表6.10展示了上市公司资本结构水平对并购支付方式选择的影响，可以看出，第（1）列和第（3）列当资本结构高于目标水平时，错误定价程度与股权支付方式的选择显著正相关，且在5%的水平上显著；第（2）列和第（4）列当资本结构低于目标水平时，二者没有表现出显著的正相关关系。以上结果表明，上市公司杠杆水平会影响其并购支付方式的选择，当企业处于过度负债需要降低资产负债率水平

时，企业并购更倾向于选择股权支付，在完成并购交易的同时，也促使公司资本结构向目标水平靠拢，增加了企业价值。

表 6.10　股价高估与并购支付方式：资本结构的影响

	（1）	（2）	（3）	（4）
	高于目标水平	低于目标水平	高于目标水平	低于目标水平
MISP1	0.490 **	−0.404		
	（2.108）	（−1.586）		
MISP2			0.508 ***	0.225
			（2.674）	（1.377）
Size	−0.421 ***	0.012	−0.341 ***	−0.325 ***
	（−4.119）	（0.140）	（−3.629）	（−4.363）
Lev	−0.543	0.735 **	−0.407	0.520 *
	（−1.476）	（2.035）	（−0.991）	（1.767）
Cash	0.168	−0.144	0.106	0.494
	（0.287）	（−0.446）	（0.138）	（1.216）
Tobinq	−0.080 **	0.044	−0.086 ***	−0.014
	（−2.356）	（1.107）	（−2.862）	（−0.512）
Roa	−1.887 **	−0.897	−2.000	−2.441 **
	（−2.014）	（−0.671）	（−1.589）	（−1.990）
Growth	0.032	−0.096 *	0.028	0.022
	（1.156）	（−1.923）	（0.776）	（0.621）
Listage	−0.062	−0.066	−0.182 *	−0.074
	（−0.750）	（−0.982）	（−1.881）	（−0.976）
Indep	0.046	−0.199	0.479	1.179
	（0.045）	（−0.258）	（0.471）	（1.500）
Top1	0.004	−0.008 **	−0.002	−0.004
	（1.138）	（−2.226）	（−0.466）	（−1.437）
Capexp	−0.041	0.051	−0.027	0.017
	（−0.884）	（1.174）	（−0.500）	（0.393）
Dual	−0.074	0.087	0.059	0.052
	（−0.619）	（0.917）	（0.458）	（0.550）
Soe	0.470 ***	0.291 *	0.311 **	0.445 ***
	（3.476）	（1.901）	（2.045）	（3.657）
Masize	−0.002 **	5.938 ***	0.189 *	−0.002
	（−2.265）	（6.702）	（1.760）	（−1.357）

表6.10(续)

	（1）	（2）	（3）	（4）
	高于目标水平	低于目标水平	高于目标水平	低于目标水平
Const	9.280***	-3.465**	6.708***	5.326***
	（4.742）	（-2.233）	（3.924）	（3.739）
Year	Yes	Yes	Yes	Yes
Ind	Yes	Yes	Yes	Yes
Pseud. R^2	0.215	0.451	0.183	0.141
N	824	1492	678	1107

6.4.3 股价高估与企业并购绩效

前文的分析指出，当股价被高估时，随着高估程度的增加，企业股权融资成本降低，并购概率增加，同时更倾向于使用股权作为支付手段。那么，在股价高估的情况下，资本市场错误定价是否会影响企业并购绩效？又是如何影响的？接下来，分别对并购后市场绩效、财务绩效以及并购溢价行为进行分析。

（1）并购绩效。

股价被高估时，并购企业股权融资成本较低，充足的财务资源很可能促使管理层不断扩大投资，致使那些净现值小于零的项目被逐渐接受，最终导致公司出现过度投资现象（张静、王生年，2016）。胡凡和李科（2019）的研究也发现，公司在股价高估时期，宣告了更多的并购事件，并购规模也显著扩大，且管理层在股价高估时期往往投资过度、支付更高的并购溢价。不仅如此，股价高估还会助长管理层的过度自信行为，导致其在评估兼并机会时可能会过度乐观，最终也会使得并购绩效不佳（Roll，1986；张维、齐安甜，2002；刘娥平、关静怡，2018）。因此预期在股价高估状态下，随着高估程度提高，企业的并购绩效会显著降低。

沿用 Giannetti 等（2015）、赖黎等（2017）、李善民等（2019）的研究方法，从财务绩效和市场收益两个方面定义并购市场绩效。表6.11展示了上市公司实施并购后的收益情况，其中第（1）—（3）列为并购后的市场绩效，采用并购首次公告日后持有公司股票12个月（或24个月、36个月）的股票收益率超过市场收益率的部分衡量。第

(4) — (6) 列为并购后的财务绩效，采用并购前后公司净资产收益率的变化，即并购首次公告日后第 1 年（或第 2 年、第 3 年）的净资产收益率减去并购前 1 年的净资产收益率衡量。从回归结果可以看出，在股价高估时实施的并购活动，并购后的市场绩效显著为负，财务绩效也显著为负。这验证了本章假设 H6-3a 的结论，在股价高估时，并购绩效通常是差的，企业并购活动完成后的长期超额回报率为负（Lin et al.，2011；Ben-David et al.，2015；Miwa、Ueda，2016）。以上结果说明，在股价高估时，过度投资、盲目自信等行为，使得企业并购活动完成后的财务表现较差（Lin et al.，2011；Ben-David et al.，2015；Miwa，2016）。

表 6.11　股价高估与企业并购绩效

	(1)	(2)	(3)	(4)	(5)	(6)
	并购后市场绩效			并购后财务绩效		
	Bhar1	Bhar2	Bhar3	ΔRoe1	ΔRoe2	ΔRoe3
MISP1	−0.138*	−0.254***	−0.292***	−0.283*	−0.168*	−0.156*
	(−1.782)	(−2.838)	(−3.153)	(−1.735)	(−1.756)	(−1.705)
Size	−0.092***	−0.134***	−0.134***	0.056	0.007	−0.009
	(−5.187)	(−6.125)	(−6.317)	(1.581)	(0.143)	(−0.222)
Lev	0.024	0.010	0.138	−0.862***	−0.413	−0.302
	(0.248)	(0.087)	(1.254)	(−4.865)	(−1.374)	(−1.148)
Cash	−0.052	0.076	0.112	−0.258	−0.030	0
	(−0.434)	(0.571)	(0.827)	(−1.150)	(−0.217)	(−0.001)
Tobinq	−0.036**	−0.028*	−0.020	−0.037	−0.025	−0.021
	(−2.519)	(−1.724)	(−1.215)	(−1.233)	(−0.958)	(−0.810)
Roa	0.594*	0.756**	1.112***	−0.100**	−0.086	−0.080
	(1.887)	(2.174)	(3.545)	(−1.963)	(−0.450)	(−0.446)
Growth	−0.004	−0.005	−0.004	−0.005	−0.012	−0.011
	(−0.607)	(−0.590)	(−0.427)	(−0.301)	(−0.974)	(−0.912)
Listage	−0.019	0	−0.017	−0.065	−0.046	−0.043*
	(−0.888)	(−0.019)	(−0.777)	(−0.845)	(−1.616)	(−1.692)
Indep	0.369	0.236	0.340	0.349	0.259	0.019
	(1.546)	(0.826)	(1.167)	(0.684)	(0.905)	(0.059)
Top1	−0.001	−0.001	−0.001	0.003	0.001	0.002
	(−0.981)	(−0.941)	(−0.933)	(1.470)	(1.079)	(1.457)

表6.11(续)

173

6

资本市场错误定价与企业并购决策

	（1）	（2）	（3）	（4）	（5）	（6）
	并购后市场绩效			并购后财务绩效		
	Bhar1	Bhar2	Bhar3	ΔRoe1	ΔRoe2	ΔRoe3
Capexp	−0.186	−0.168	−0.253	0.633	−0.026	−0.040
	（−0.673）	（−0.549）	（−0.753）	（1.096）	（−0.074）	（−0.117）
Dual	0.024	−0.007	−0.004	0.048	0.045	0.044
	（0.789）	（−0.205）	（−0.111）	（0.776）	（1.301）	（1.389）
Soe	0.030	0.018	0.007	−0.100	−0.041	−0.021
	（0.847）	（0.462）	（0.166）	（−1.345）	（−0.597）	（−0.336）
Masize	0.021	−0.003	−0.010	0.129 ***	0.046	0.039
	（1.079）	（−0.119）	（−0.440）	（3.160）	（0.889）	（0.830）
Const	2.747 ***	3.736 ***	3.752 ***	−0.987	0.064	0.445
	（6.010）	（6.638）	（6.854）	（−0.724）	（0.069）	（0.508）
Year	Yes	Yes	Yes	Yes	Yes	Yes
Ind	Yes	Yes	Yes	Yes	Yes	Yes
Adj. R^2	0.101	0.127	0.147	0.039	0.030	0.028
N	1 418	1 418	1 418	1 288	1 288	1 288

（2）并购溢价。

表6.11的回归结果显示，在股价高估时期实施的并购，无论是市场绩效还是财务绩效表现都更差。这一结果可能与管理层在股价高估时期支付的高溢价密不可分。根据我国资本市场的特殊情况，借鉴唐宗明和蒋位（2002）以及陈仕华和李维安（2016）将净资产作为溢价的测量方法，用（交易总价-交易标的净资产）/交易标的净资产来衡量并购溢价，结果如表6.12所示。

表6.12 股价高估与企业并购溢价

	（1）	（2）
	并购溢价	并购溢价
MISP1	0.890	
	（0.142）	
MISP2		3.725 **
		（1.977）
Size	0.230	−0.039
	（0.126）	（−0.027）

表6.12(续)

	(1)	(2)
	并购溢价	并购溢价
Lev	13. 259	3. 164
	(1. 510)	(0. 261)
Cash	−8. 200	−15. 975
	(−0. 723)	(−1. 528)
Tobinq	−0. 033	−0. 028
	(−0. 040)	(−0. 042)
Roa	−1. 246	−16. 767
	(−0. 118)	(−1. 078)
Growth	0. 110	−1. 081 *
	(0. 128)	(−1. 715)
Listage	3. 137	5. 728
	(0. 782)	(0. 988)
Indep	−5. 117	3. 276
	(−0. 196)	(0. 121)
Top1	−0. 045	0. 090
	(−0. 496)	(1. 026)
Capexp	−46. 724	−54. 818 ***
	(−1. 448)	(−2. 760)
Dual	−3. 662	−5. 850 *
	(−1. 170)	(−1. 794)
Soe	5. 140	0. 481
	(1. 440)	(0. 065)
Const	−9. 079	−5. 824
	(−0. 165)	(−0. 121)
Year	Yes	Yes
Ind	Yes	Yes
Pseud. R^2	0. 020	0. 012
N	1 609	1 475

上述结果表明，当股价被高估时，并购支付的溢价更高。这与陈仕华等（2015）研究发现在并购交易中支付的溢价水平相对较高的企业，并购后的长期绩效显著较差的结论相吻合。在股价高估时期，股权融资成本降低，融资变得相对容易，高涨的股价也使管理层更加自信，因此在并购决策中，支付的溢价也就更高。

6.5 股价低估与企业并购

6.5.1 股价低估与企业并购概率

（1）基本回归结果。

Shleifer 和 Vishny（2003）从理论层面出发，构建了股票市场驱动并购的并购动机理论模型（SMDA），解释了股票市场上的错误定价行为如何驱动企业并购，为传统并购动因理论提供了有力补充。随后，Dong 等（2006）通过实证模型，支持了资本市场错误定价驱动公司并购这一假说。然而，上述研究大多是对股价高估与企业并购之间的关系进行探讨，并未注意到股价低估时的差异。现有文献越来越多地意识到，错误定价对企业投资决策的影响在高估和低估的情况下存在非对称效应（李君平、徐龙炳，2015；Lou、Wang，2018；陆蓉 等，2017）。基于此，在考察了股价高估对企业并购活动的影响后，接下来，运用模型（6-1）对股价低估与企业并购活动进行回归，探析股价低估状态下的企业并购决策。

实证结果如表 6.13 所示，其中，第（1）—（2）列为 Probit 模型回归结果，第（3）—（4）列为 Logit 模型回归结果。可以看出，不管采用何种估计模型，错误定价程度（MISP）的系数都为正，且均在 10% 的水平上显著，说明公司市场价值与真实价值的偏离程度越高，就越倾向于实施并购，这验证了本章的假设 H6-1b。即在低估的状态下，并购公司股票被错估的程度越严重，并购发生的可能性就越大。这些结果表明，当股价偏离公司真实价值，出现系统性偏差时，公司会根据股票的价格表现做出相应的并购决策（佟家栋 等，2007；Baker et al.，2012；吴俊霖，2015）。当股价被低估时，企业同样倾向于并购，因为并购可以提高被市场低估的企业市值，利于股价的迅速回升（Rau、Vermaelen，1998；赵英军、侯绍泽，2003）。此外，其他控制变量的回归结果显示，公司规模越大、资产收益率越高，就越倾向于进行并购活动，这与以往文献的研究结论保持一致。

表 6.13　股价低估与企业并购概率

	(1)	(2)	(3)	(4)
	Probit		Logit	
MISP1	0.126*		0.227*	
	(1.810)		(1.830)	
MISP2		0.119***		0.193***
		(4.058)		(4.265)
Size	0.104***	0.084***	0.169***	0.137***
	(6.771)	(4.193)	(6.738)	(5.055)
Lev	0.288***	0.230*	0.478***	0.371**
	(3.166)	(1.791)	(3.182)	(2.077)
Cash	−0.115	−0.182	−0.168	−0.293
	(−0.902)	(−1.376)	(−0.809)	(−1.457)
Tobinq	0.195***	0.040	0.327***	0.067
	(9.896)	(1.403)	(8.629)	(1.602)
Roa	0.406***	0.313*	0.666***	0.494*
	(3.458)	(1.842)	(3.410)	(1.935)
Growth	0.007	0.018	0.011	0.030
	(0.718)	(1.493)	(0.679)	(1.574)
Listage	0.010	0.034	0.018	0.056
	(0.461)	(1.283)	(0.527)	(1.523)
Indep	−0.245	−0.113	−0.404	−0.180
	(−0.994)	(−0.367)	(−1.005)	(−0.414)
Top1	−0.003***	−0.003***	−0.005***	−0.005***
	(−3.295)	(−2.907)	(−3.293)	(−3.286)
Capexp	0.492*	0.288	0.812*	0.491
	(1.888)	(0.876)	(1.921)	(1.082)
Dual	0.068**	0.047	0.110**	0.074
	(1.975)	(1.043)	(1.970)	(1.215)
Soe	−0.253***	−0.309***	−0.414***	−0.503***
	(−8.001)	(−7.044)	(−8.060)	(−8.933)
Hhi_Mkt	−0.394	−1.322**	−0.619	−2.144***
	(−1.046)	(−2.426)	(−1.030)	(−2.582)
Const	−3.221***	−1.995***	−5.293***	−3.277***
	(−8.839)	(−2.619)	(−8.765)	(−2.685)
Year	Yes	Yes	Yes	Yes
Ind	Yes	Yes	Yes	Yes
Pseud. R^2	0.037	0.032	0.038	0.032
N	10 665	8 887	10 665	8 887

（2）稳健性检验：更换错误定价衡量方式。

为了保证结论的稳健性和可靠性，本章还进一步从剩余收益模型和资本市场异象角度出发，利用五因子模型，估算异常收益率部分，以衡量资本市场错误定价程度，重复上述回归，结果如表6.14所示。其中第（1）、（3）列表示采用剩余收益模型估算的错误定价程度，第（2）、（4）列表示采用五因子模型估算的回归结果。可以看出，当股价被低估时，企业同样倾向于并购，旨在通过并购提高被市场低估的企业市值，利于股价的迅速回升（Rau、Vermaelen，1998；赵英军、侯绍泽，2003），与前文的结论保持一致。

表6.14　股价低估与企业并购概率：五因子模型

	（1）	（2）	（3）	（4）
	Probit		Logit	
MISP3	1.562*		2.632*	
	(1.909)		(1.953)	
MISP4		1.012		1.721
		(1.246)		(1.278)
Size	0.101***	0.105***	0.164***	0.173***
	(5.747)	(6.020)	(5.655)	(5.985)
Lev	−0.023	−0.055	−0.038	−0.099
	(−0.237)	(−0.568)	(−0.240)	(−0.620)
Cash	−0.221*	−0.173	−0.362*	−0.282
	(−1.827)	(−1.444)	(−1.820)	(−1.436)
Tobinq	−0.025**	−0.020*	−0.043**	−0.033*
	(−2.252)	(−1.952)	(−2.245)	(−1.902)
Roa	1.217***	0.346***	2.054***	0.587***
	(4.709)	(2.798)	(4.617)	(2.765)
Growth	0.006	0.006	0.010	0.009
	(0.628)	(0.585)	(0.624)	(0.590)
Listage	−0.023	−0.016	−0.038	−0.026
	(−0.527)	(−0.730)	(−0.525)	(−0.722)
Indep	0.347	0.318	0.552	0.504
	(1.259)	(1.156)	(1.218)	(1.114)
Top1	−0.003***	−0.003***	−0.005***	−0.005***
	(−3.367)	(−3.133)	(−3.379)	(−3.133)

表6.14(续)

	(1)	(2)	(3)	(4)
	Probit		Logit	
Capexp	0.156	0.245	0.266	0.404
	(0.609)	(0.850)	(0.623)	(0.851)
Dual	0.079**	0.076**	0.126**	0.122**
	(2.094)	(2.029)	(2.035)	(1.978)
Soe	−0.278***	−0.274***	−0.459***	−0.453***
	(−7.425)	(−7.223)	(−7.411)	(−7.249)
Hhi_Mkt	−0.820**	−0.784*	−1.318**	−1.260*
	(−2.015)	(−1.922)	(−1.994)	(−1.903)
Const	−2.872***	−2.931***	−4.699***	−4.813***
	(−6.581)	(−7.133)	(−6.493)	(−7.075)
Year	Yes	Yes	Yes	Yes
Ind	Yes	Yes	Yes	Yes
Pseud. R^2	0.033	0.032	0.033	0.032
N	9 851	9 880	9 851	9 880

（3）内生性分析：工具变量法。

股价低估状态下，工具变量的回归结果如表 6.15 所示，第（1）列为第一阶段的回归结果，可以看出，资本市场错误定价程度与是否聘用四大会计师事务所审计呈现显著的负相关关系，表明四大会计师事务所参与审计提高了财务信息质量，降低了资本市场错误定价程度。第（2）列为第二阶段回归结果，结论基本与前文保持一致。

表 6.15　股价低估与企业并购概率：工具变量法

	(1)	(2)
	First	Second
	MISP1	Isma
MISP1		−1.077
		(−0.686)
Big4	−0.043***	
	(−3.826)	
Size	−0.034***	0.062
	(−10.984)	(1.028)

表6. 15(续)

179

6

资
本
市
场
错
误
定
价
与
企
业
并
购
决
策

	（1）	（2）
	First	Second
	MISP1	Isma
Lev	0. 172 ***	0. 801 ***
	（11. 671）	（2. 745）
Cash	0. 143 ***	0. 335
	（6. 925）	（1. 295）
Tobinq	−0. 003	0. 089 ***
	（−1. 154）	（5. 662）
Roa	−0. 421 ***	0. 744
	（−7. 662）	（0. 996）
Growth	0. 003 *	0. 008
	（1. 655）	（0. 808）
Listage	−0. 016 **	−0. 002
	（−2. 554）	（−0. 034）
Indep	0. 003	0. 029
	（0. 187）	（0. 349）
Top1	−0. 001 ***	−0. 006 ***
	（−5. 643）	（−2. 749）
Capexp	−0. 023	−0. 366
	（−0. 609）	（−1. 534）
Dual	−0. 003	0. 017
	（−0. 489）	（0. 477）
Soe	−0. 017 ***	−0. 228 ***
	（−3. 084）	（−5. 316）
Hhi_Mkt	0. 089	−0. 239
	（1. 605）	（−0. 652）
Const	1. 196 ***	−1. 734
	（16. 884）	（−0. 861）
Year	Yes	Yes
Ind	Yes	Yes
F	153. 473	—
p_exog	—	0. 082
chi2_exog	—	2. 449
N	9 749	9 749

资本市场错误定价是驱动并购的重要因素，已经得到大量文献的支持（Rhodes-Kropf et al.，2000；Shleifer、Vishny，2003；Dong et al.，2006；王璐清 等，2015）。该理论指出，在股票市场非有效的情况下，为了最大化股东价值，管理层会利用高估的股票进行并购，前文的研究也进一步证实了这一结论。不仅如此，在利用我国的并购样本进行实证分析时还发现了一个有趣的现象，错误定价对企业并购的驱动作用，不仅表现在股价被高估时，在股价被低估时这一现象也显著存在。为了厘清股价低估促进企业并购的内在机理，下文进一步从多元化并购和产业政策的影响出发，对低估的样本进行剖析。

（4）内在机理：多元化并购倾向。

根据行为金融理论，并购是避免公司价值下跌的重要手段，同时也是提升公司股票价格的有利渠道（徐龙炳、陈历轶，2019）。对于股价被低估的企业，其迫切需要股票价格的回升，在我国这样的转型新兴经济体中，宣告并购通常代表着利好消息，并购活动也一直受到投资者的追捧，并购尤其是多元化并购可能是企业的不二选择。多元化经营逐渐成为企业的常态，能够带动企业向相关或不相关行业进行扩张，不仅可以转变企业的经营模式，也可以带动企业快速成长。杨威等（2019）的研究就发现，相比于同行业并购，多元化并购企业的股价反应在公告日窗口期明显更好。

基于此，本书根据并购公司和目标公司的行业代码，设置虚拟变量以衡量多元化并购行为。当并购公司和目标公司所属行业不同时，则多元化并购取值为1，否则取值为0。表6.16展示了资本市场错误定价与多元化并购策略选择之间的关系，从回归结果可以看出，在第（2）列和第（4）列低估的样本组中，错误定价程度与多元化并购倾向表现出显著的正相关关系；而在第（1）列和第（3）列高估的样本组中，则没有表现出这样的趋势。这表明，在参与了并购活动的上市公司中，股价被低估的样本可能更倾向于进行多元化并购。

表 6.16　股价低估与企业并购概率：多元化并购的影响

	(1)	(2)	(3)	(4)
	高估	低估	高估	低估
MISP1	-0.046	0.222*		
	(-0.257)	(1.742)		
MISP2			-0.016	0.104*
			(-0.256)	(1.800)
Size	0.065*	0.011	0.068*	0.039
	(1.703)	(0.338)	(1.763)	(1.179)
Lev	0.004	0.046	-0.243	0.283
	(0.021)	(0.239)	(-1.175)	(1.329)
Cash	-0.043	-0.303	-0.108	-0.189
	(-0.188)	(-1.215)	(-0.437)	(-0.780)
Tobinq	0.029	0.088***	0.009	0.045
	(0.839)	(2.996)	(0.449)	(1.306)
Roa	0.149	0.812***	0.366*	0.602*
	(0.584)	(2.789)	(1.675)	(1.666)
Growth	-0.005	-0.027	0.003	-0.034*
	(-0.295)	(-1.562)	(0.200)	(-1.660)
Listage	-0.011	0.044	0.006	0.039
	(-0.247)	(1.004)	(0.118)	(0.881)
Indep	-0.214	-0.312	-0.655	-0.030
	(-0.376)	(-0.643)	(-1.109)	(-0.059)
Top1	0	-0.003	0	-0.002
	(-0.182)	(-1.602)	(-0.187)	(-1.280)
Dual	0.174***	0.136**	0.114	0.219***
	(2.656)	(2.054)	(1.630)	(3.195)
Soe	-0.119	-0.084	-0.056	-0.115*
	(-1.472)	(-1.285)	(-0.693)	(-1.657)
Masize	-0.026	-0.001	-0.017	0
	(-1.380)	(-0.450)	(-0.940)	(-0.242)
Intang	1.033**	0.618	1.378**	0.342
	(1.990)	(1.180)	(2.514)	(0.651)
Const	-2.707***	-1.590**	-1.894**	-1.940**
	(-2.932)	(-2.122)	(-2.149)	(-2.490)
Year	Yes	Yes	Yes	Yes
Ind	Yes	Yes	Yes	Yes
Pseud. R^2	0.076	0.107	0.084	0.084
N	2 788	3 848	2 566	3 234

（5）内在机理：产业政策的影响。

前文的结果指出，在股价被低估的样本中，企业更倾向于进行多元化并购。企业的多元化并购，一方面可能源于转型的需要，企业需要寻找新的发展方向，另起炉灶（Maksimovic、Phillips，2002；杨威等，2019）；另一方面，也可能源于国家产业政策的支持。黎文靖和李耀淘（2014）、何熙琼等（2016）的研究都发现，相比于没有受产业政策支持的企业，受产业政策支持的企业更容易获得较多的银行贷款，市场对该行业的发展预期更高，发展环境也会得到明显改善。此外，蔡庆丰和田霖（2019）也发现，并购企业更可能对受到产业政策支持的目标企业发起跨行业并购，表现出套取政府补贴、政策优惠的"政策套利"行为和"蹭政府热点"的现象。由此可见，对于股价被低估的企业，多元化并购尤其是对受产业政策支持的行业的并购，不仅可以获得银行贷款，改善企业的融资环境；还能够分享政策红利，提高投资者预期，拉升股票价格。基于此，本书推测，在被市场低估的企业中，多元化并购更可能发生在受产业政策支持的行业中。

回归结果如表 6.17 所示，可以看出，在第（1）列和第（3）列受产业政策支持的多元并购中，资本市场错误定价的系数显著为正；在第（2）列和第（4）列未受产业政策支持的多元化并购中，资本市场错误定价的系数不再显著。这表明，在股价被低估的样本中，低估程度越严重的企业，在进行多元化并购时，越倾向于对受产业政策支持的行业发起并购。

表 6.17　股价低估与企业并购概率：产业政策的影响

	(1)	(2)	(3)	(4)
	支持产业	非支持产业	支持产业	非支持产业
MISP1	0.264*	0.107		
	(1.759)	(0.421)		
MISP2			0.097*	0.174
			(1.686)	(1.550)
Size	0.017	0.012	−0.016	−0.022
	(0.450)	(0.201)	(−0.404)	(−0.342)

表6.17(续)

183

6

资
本
市
场
错
误
定
价
与
企
业
并
购
决
策

	(1)	(2)	(3)	(4)
	支持产业	非支持产业	支持产业	非支持产业
Lev	0.157	−0.271	0.407	−0.790*
	(0.677)	(−0.747)	(1.617)	(−1.671)
Cash	0.082	−1.444**	−0.103	−0.930*
	(0.284)	(−2.558)	(−0.378)	(−1.733)
Tobinq	0.074**	0.133*	−0.008	−0.323**
	(2.246)	(1.672)	(−0.152)	(−2.466)
Roa	0.999**	0.394	0.602	0.826
	(2.567)	(0.862)	(1.415)	(0.825)
Growth	−0.016	−0.074**	−0.030	−0.065
	(−0.796)	(−1.990)	(−1.303)	(−1.495)
Listage	−0.001	0.141	−0.012	0.141
	(−0.018)	(1.505)	(−0.240)	(1.512)
Indep	0.294	−1.609*	0.496	−0.586
	(0.504)	(−1.688)	(0.862)	(−0.635)
Top1	−0.001	−0.007**	0	−0.008**
	(−0.730)	(−2.067)	(0.040)	(−2.031)
Dual	0.174**	0.073	0.219***	0.136
	(2.184)	(0.594)	(2.819)	(1.000)
Soe	−0.071	−0.043	−0.131	−0.081
	(−0.874)	(−0.367)	(−1.576)	(−0.581)
Masize	−0.001	0.192*	−0.001	0.089
	(−1.038)	(1.768)	(−0.703)	(0.634)
Intang	0.962	0.774	0.692	−0.014
	(1.530)	(0.743)	(1.118)	(−0.011)
Const	−1.769**	−1.070	−0.777	−0.017
	(−2.015)	(−0.778)	(−0.858)	(−0.012)
Year	Yes	Yes	Yes	Yes
Ind	Yes	Yes	Yes	Yes
Pseud. R^2	0.090	0.201	0.083	0.141
N	2 570	1 240	2 504	711

6.5.2 股价低估与并购支付方式选择

当股价处于高估状态时，采用股权支付方式更容易促使并购双方达成交易。反之，当股价被低估时，股权资本成本会上升，相比于债务资金，并购方采用股权支付也不再具有优势了。此外，在低估的情况下发行股票进行支付更容易引起控制权的稀释，会对现有股东构成较大的威胁（Korajczyk et al., 1991；Fu et al., 2013）。因此，本书猜测，在股价被低估时，低估程度越严重，并购双方越倾向于采用现金支付方式而非股权支付方式进行交易。

表 6.18 展示了在市场低估状态下，企业并购支付方式选择的 Logit 回归结果。从整体情况来看，第（3）列中错误定价程度与上市公司选择现金支付的概率表现出显著的正相关关系，而第（1）列中没有表现出这样的显著正相关关系。以上结果表明，股票价值越被低估，公司越倾向于采用现金支付方式进行并购，这基本验证了本章的假设 H6-2b，即并购公司的股票价值越被低估，其选择现金支付的概率也就越大。

表 6.18 股价低估与并购支付方式

	（1）	（2）	（3）	（4）
	股权支付		现金支付	
MISP1	−0.340		0.290*	
	（−1.598）		（1.665）	
MISP2		−0.084		−0.385
		（−0.308）		（−1.495）
Size	−0.245***	−0.149**	0.092*	0.092
	（−4.374）	（−1.984）	（1.906）	（1.207）
Lev	0.427	0.373	−0.225	0.002
	（1.364）	（0.892）	（−0.908）	（0.004）
Cash	0.300	0.144	−0.181	0.284
	（0.774）	（0.351）	（−0.511）	（0.686）
Tobinq	−0.067	−0.052	0.009	0.092*
	（−1.353）	（−0.829）	（0.181）	（1.750）

表6.18(续)

185

6

资本市场错误定价与企业并购决策

	（1）	（2）	（3）	（4）
	股权支付		现金支付	
Roa	−2.349*	−2.318	2.313*	0.839
	(−1.729)	(−1.232)	(1.709)	(0.551)
Growth	0.007	−0.009	0.029	0.022
	(0.261)	(−0.270)	(1.190)	(0.770)
Listage	−0.093	−0.104	0.035	−0.006
	(−1.334)	(−1.211)	(0.509)	(−0.072)
Indep	2.160***	2.037**	−1.374*	−0.121
	(2.856)	(2.012)	(−1.775)	(−0.145)
Top1	0.001	0.007	−0.001	−0.006
	(0.432)	(1.569)	(−0.459)	(−1.421)
Capexp	−0.695	0.114	0.989	1.456
	(−0.825)	(0.108)	(1.206)	(1.193)
Dual	−0.061	−0.184	0.042	0.137
	(−0.654)	(−1.493)	(0.441)	(1.084)
Soe	0.202*	−0.033	−0.197*	0.088
	(1.889)	(−0.218)	(−1.919)	(0.569)
Masize	0.720***	1.700***	−0.333***	−0.548***
	(3.666)	(5.158)	(−3.249)	(−5.052)
Const	3.516***	1.689	−0.051	−0.703
	(2.845)	(1.007)	(−0.055)	(−0.452)
Year	Yes	Yes	Yes	Yes
Ind	Yes	Yes	Yes	Yes
Pseud. R^2	0.182	0.265	0.082	0.159
N	1 545	900	1 545	900

（1）调节效应：债务市场的影响。

对于并购支付方式，前文的分析表明，当股价被低估时，低估程度越严重，并购双方越倾向于采用现金支付的方式进行交易，此时充足的现金流以及便利的资金获取渠道就显得尤为重要。随着金融市场的发展以及银行业竞争性市场结构的形成，信贷成本逐渐降低，增加了企业的信贷可得性，也为债务融资提供了更大可能（Scott、Dunkelberg，2001；刘星、蒋水全，2015；蔡竞、董艳，2016）。基于此，本章运用地区银行业竞争程度来衡量债务市场的发展情况，借此反映企业的债务可得性，并以中位数为界限，分为债务市场发展好和债务市场发展弱两组，考察其对错误定价与企业并购支付决策之间关系的影响。

表 6.19 展示了按照银行业竞争程度进行分组的回归结果，第（1）列和第（3）列的结果显示，错误定价的系数在银行业竞争程度较高组中显著为正；而在第（2）列和第（4）列银行业竞争程度较低组中没有表现出显著为正。这表明在债务市场发展较好的地方也即债务融资相对容易的情况下，企业更倾向于采用现金支付方式进行并购。可能的解释为，在债务市场发展较好的地区，企业债务融资变得相对容易，为并购时选择现金支付提供了可能。因此，在银行业竞争更激烈、债务市场发展更好的样本中，股票被低估时，企业并购选择现金支付的倾向更明显。

表 6.19　股价低估与支付方式：债务市场的影响

	(1)	(2)	(3)	(4)
	债务市场好	债务市场弱	债务市场好	债务市场弱
MISP1	0.457*	0.216		
	(1.792)	(0.963)		
MISP2			0.170*	−0.039
			(1.724)	(−0.365)
Size	0.038	0.062	0.130	0.169**
	(0.314)	(0.890)	(0.808)	(2.192)
Lev	−0.341	−0.277	−0.299	−0.535
	(−0.807)	(−0.861)	(−0.682)	(−1.415)
Cash	0.953**	−0.005	1.004***	−0.275
	(2.567)	(−0.011)	(3.157)	(−0.554)
Tobinq	−0.004	0.021	−0.144	0.018
	(−0.068)	(0.427)	(−1.402)	(0.307)
Roa	4.179	1.285	7.221***	2.448
	(1.598)	(0.896)	(3.465)	(1.522)
Growth	−0.027	0.024	0.070	0.004
	(−0.511)	(0.711)	(0.523)	(0.083)

表6.19(续)

	（1）	（2）	（3）	（4）
	债务市场好	债务市场弱	债务市场好	债务市场弱
Listage	−0.023	0.038	−0.056	0.004
	（−0.218）	（0.523）	（−0.596）	（0.049）
Indep	−0.317	−1.942**	0.423	−2.938***
	（−0.226）	（−2.438）	（0.279）	（−3.451）
Top1	−0.002	0.002	0.002	0
	（−0.389）	（0.587）	（0.604）	（0.106）
Capexp	−0.104*	0.052	−0.040	0.001
	（−1.931）	（1.305）	（−0.608）	（0.029）
Dual	0.309*	0.059	0.427***	0.101
	（1.899）	（0.531）	（4.292）	（0.788）
Soe	−0.025	−0.194*	−0.095	−0.208*
	（−0.235）	（−1.681）	（−0.592）	（−1.675）
Masize	−4.117***	−0.161**	−0.002***	−0.292***
	（−3.679）	（−2.144）	（−6.718）	（−3.121）
Const	1.987	−0.345	−2.541	−0.811
	（1.032）	（−0.280）	（−0.954）	（−0.642）
Year	Yes	Yes	Yes	Yes
Ind	Yes	Yes	Yes	Yes
Pseud. R^2	0.227	0.088	0.113	0.139
N	669	1 166	515	1 019

（2）调节效应：资本结构的影响。

除债务市场的发展强弱即债务可得性的难易程度外，公司自身的资本结构也会影响其并购支付方式的选择。Amihud 等（1990）、赵息和孙世攀（2015）都指出，杠杆赤字会显著影响企业并购支付方式的选择，杠杆赤字越高时，并购中使用现金支付的可能性就越小；相反并购企业有较多的可支配现金、便利的债务融资渠道时，则会显著增加其在并购中使用现金支付的可能性。因此猜测当股价被低估时，上市公司杠杆水平低于目标结构即负债率较低时，企业选择现金支付的概率更高。基于此，根据公司实际资本结构与目标资本结构的差异，分为高于目标水平和低于目标水平两组，考察公司资本结构对企业并购支付方式选择的影响。

表6.20展示了上市公司资本结构水平对企业并购支付方式选择的影响，可以看出，在第（2）列和第（4）列资本结构低于目标水平时，错误定价程度与现金支付显著正相关，且在10%的水平上显著；第（1）列和第（3）列资本结构高于目标水平时，没有表现出显著的正相关关系。以上结果表明，上市公司杠杆水平会影响其并购支付方式的选择，当企业负债不足需要增加债务融资时，企业更倾向于选择现金支付进行并购。一方面，负债不足的公司可能现金流更为充足，选择现金支付能够降低企业负债水平；另一方面，负债率更低的公司也可能更容易获取信贷资金支持，为现金收购提供了条件，也为资本结构趋向目标水平进行调整提供了可能。

表6.20　股价低估与并购支付方式：资本结构的影响

	(1)	(2)	(3)	(4)
	高于目标水平	低于目标水平	高于目标水平	低于目标水平
MISP1	-0.054	0.445*		
	(-0.177)	(1.789)		
MISP2			0.005	0.111*
			(0.045)	(1.665)
Size	0.174**	0.074	0.175***	0.037
	(2.131)	(1.064)	(2.832)	(0.332)
Lev	-0.160	-0.236	-0.766*	-0.937***
	(-0.293)	(-0.647)	(-1.795)	(-3.276)
Cash	-2.062***	0.255	-1.691***	0.086
	(-2.580)	(0.560)	(-3.070)	(0.325)
Tobinq	0.033	-0.019	-0.012	-0.083*
	(0.532)	(-0.335)	(-0.237)	(-1.799)
Roa	2.356	3.546**	1.150	2.598**
	(1.288)	(2.018)	(0.678)	(2.145)
Growth	0.005	-0.001***	0.011	0.002
	(0.169)	(-4.875)	(0.366)	(0.090)
Listage	0.192*	-0.004	-0.157*	-0.005
	(1.752)	(-0.041)	(-1.726)	(-0.080)
Indep	0.405	-1.763*	1.032	-2.901**
	(0.325)	(-1.954)	(1.078)	(-2.133)

表6.20(续)

	（1）	（2）	（3）	（4）
	高于目标水平	低于目标水平	高于目标水平	低于目标水平
Top1	0	−0.001	0.006	0
	（−0.024）	（−0.426）	（1.626）	（0.031）
Capexp	0.809	1.067	−1.070	−0.055
	（0.599）	（0.934）	（−1.140）	（−1.393）
Dual	0.177	−0.004	0.278**	0.104
	（1.093）	（−0.031）	（2.040）	（0.988）
Soe	−0.245	−0.231*	−0.197*	−0.070
	（−1.482）	（−1.753）	（−1.674）	（−0.701）
Masize	−0.327**	−0.318***	−0.929**	−5.032***
	（−2.549）	（−2.731）	（−2.414）	（−8.208）
Const	−3.521*	0.265	−0.953	2.792*
	（−1.889）	（0.173）	（−0.652）	（1.756）
Year	Yes	Yes	Yes	Yes
Ind	Yes	Yes	Yes	Yes
Pseud. R^2	0.107	0.102	0.155	0.299
N	554	947	969	1 344

6.5.3　股价低估与企业并购绩效

前文的分析指出，当股价被低估时，尽管企业股权融资成本较高，但为了获得更多的市场关注和投资者认可，基于迎合的考虑，管理层也会更多地进行策略性并购，尤其是多元化并购，并购那些热点、新兴行业的标的，在并购支付中也更愿意使用现金交易。那么，在上述两种情况下，资本市场错误定价是否会影响企业并购绩效？又是如何影响的？具体地，本节分别对并购后市场绩效、财务绩效以及并购溢价行为进行分析。

（1）并购绩效。

当股价被低估时，对并购方而言，股权支付便不再具有优势。同时，低迷的股价使得目标方股东接受并购方股权的可能性变小。在股权资金获取不足的前提下，企业必然会诉诸债权资金，因此，当股价被低估时，并购方更有可能使用现金支付。支付庞大的并购资金会减少企业的自由现金流，对企业管理层的机会主义行为能起到很好的抑制作用（Richardson，2006），同时债权融资的约束效应也会发挥作用，使得企业并购更加稳健、慎重，进而减少并购的盲目性（雷卫、何杰，2017）。特别地，股价处于低估期的企业倾向于并购的最终目的是吸引投资者的关注，进而拉抬股价，这使得他们会更加偏好于并购那些受产业政策导向支持的热点、新兴行业标的。对这类企业进行并购，将会给主并企业带来更多的信贷资源支持和政府补贴收益，最终使得并购企业能拥有更好的发展空间，增加企业价值。因此，从债务资金监管和并购对象的角度来看，在股价低估状态中企业进行的并购更有可能提升公司整体价值，以及获得正向的并购绩效。

沿用 Giannetti 等（2015）、赖黎等（2017）、李善民等（2019）的研究方法，从财务绩效和市场绩效两个方面定义并购市场绩效。表 6.21 展示了上市公司实施并购后的绩效情况，第（1）—（3）列为并购后市场绩效，采用并购首次公告日后持有公司股票 12 个月（或 24 个月、36 个月）的股票收益率超过市场收益率的部分衡量。第（4）—（6）列为并购后财务绩效，采用并购前后公司净资产收益率的变化，即并购首次公告日后第 1 年（或第 2 年、第 3 年）的净资产收益率减去并购前 1 年的净资产收益率衡量。回归结果可以看出，在股价低估时实施的并购活动，并购后的市场绩效和财务绩效都显著为正。验证了本章假设 H6-3a 的结论，当股价被低估时，企业管理者会更加青睐那些受产业政策支持的企业，会更谨慎和稳健地实施并购决策以及选取并购标的，以期获得更多的政策优惠和更好的发展前景，从而获取正的长期超额回报和有更好的财务表现（黎文靖、李耀淘，2014；杨威 等，2019）。

表 6.21　股价低估与企业并购绩效

	(1)	(2)	(3)	(4)	(5)	(6)
	并购后市场绩效			并购后财务绩效		
	Bhar1	Bhar2	Bhar3	ΔRoe1	ΔRoe2	ΔRoe3
MISP1	0.175 ***	0.195 ***	0.242 ***	0.060 *	0.052 *	0.043 *
	(4.054)	(3.844)	(4.016)	(1.940)	(1.891)	(1.662)
Size	-0.045 ***	-0.059 ***	-0.075 ***	-0.024 ***	-0.031 ***	-0.027 ***
	(-3.630)	(-3.974)	(-4.401)	(-4.030)	(-4.742)	(-4.300)
Lev	0.078	0.098	0.059	-0.052	-0.008	-0.034
	(1.071)	(1.236)	(0.629)	(-0.581)	(-0.194)	(-0.918)
Cash	0.161	0.272 **	0.280 *	0.084 *	0.078	0.071
	(1.632)	(2.094)	(1.879)	(1.930)	(1.419)	(1.385)
Tobinq	-0.059 ***	-0.068 ***	-0.080 ***	-0.028 ***	-0.024 ***	-0.028 ***
	(-5.745)	(-6.333)	(-6.485)	(-3.158)	(-4.073)	(-4.983)
Roa	-0.311	-0.453	-0.271	0.214 ***	0.128 ***	0.107 ***
	(-0.797)	(-1.248)	(-0.693)	(7.179)	(11.929)	(10.708)
Growth	-0.006	-0.013 **	-0.014 **	-0.002	-0.002	-0.002
	(-1.358)	(-2.300)	(-2.471)	(-0.762)	(-0.642)	(-0.696)
Listage	-0.031 *	-0.053 **	-0.065 **	0.007	-0.003	-0.010
	(-1.786)	(-2.447)	(-2.460)	(0.760)	(-0.180)	(-0.611)
Indep	0.164	0.079	0.026	-0.263 *	-0.175	-0.217 **
	(0.755)	(0.273)	(0.083)	(-1.675)	(-1.613)	(-2.143)
Top1	0.001 *	0.002 **	0.002 **	0.001 **	0	0
	(1.767)	(2.487)	(2.384)	(2.257)	(0.332)	(0.610)
Capexp	-0.300 *	-0.296	-0.246	-0.144	-0.126	-0.158
	(-1.736)	(-1.502)	(-1.107)	(-1.192)	(-1.106)	(-1.498)
Dual	0.008	-0.002	0.001	-0.011	-0.016	-0.013
	(0.299)	(-0.088)	(0.039)	(-0.811)	(-1.102)	(-0.963)
Soe	-0.054 **	-0.105 ***	-0.108 ***	0.018	0.003	0.003
	(-2.216)	(-3.576)	(-3.234)	(1.298)	(0.212)	(0.229)
Masize	0.002	-0.015	-0.019	0.027 **	0	0.028 **
	(0.094)	(-0.760)	(-0.865)	(2.001)	(0.166)	(2.409)
Const	1.167 ***	1.738 ***	2.226 ***	0.743 ***	0.867 ***	0.817 ***
	(3.692)	(4.317)	(4.817)	(4.297)	(3.118)	(3.152)
Year	Yes	Yes	Yes	Yes	Yes	Yes
Ind	Yes	Yes	Yes	Yes	Yes	Yes
Adj. R^2	0.094	0.133	0.124	0.215	0.094	0.091
N	1 913	1 913	1 913	1 656	1 656	1 656

（2）并购溢价。

表 6.21 的回归结果显示，在股价低估时期实施的并购，市场绩效和财务绩效都显著更强。这一结果可能与管理层在股价低估时期支付的较低溢价密不可分。根据我国资本市场的特殊情况，借鉴唐宗明和蒋位（2002）以及陈仕华和李维安（2016）将净资产作为溢价的测量方法，用（交易总价-交易标的净资产）/交易标的净资产来衡量并购溢价，结果如表 6.22 所示。可以看出，在股价低估时期的并购，并没有出现显著高的溢价。这说明，相比于股价高估时期，在股价低估时期，融资成本高昂、融资变得困难，管理层会更加谨慎和稳健，并没有支付过高的并购溢价。

表 6.22　股价低估与企业并购溢价

	（1）	（2）
	并购溢价	并购溢价
MISP1	−4.756	
	（−0.852）	
MISP2		2.679
		（0.762）
Size	2.845**	2.972
	（2.091）	（0.482）
Lev	−0.766	−30.320
	（−0.102）	（−1.557）
Cash	−5.639	13.600
	（−0.494）	（0.617）
Tobinq	1.107	−0.800
	（1.208）	（−1.099）
Roa	−1.137	−39.099
	（−0.081）	（−1.613）
Growth	−1.159	−0.347
	（−1.346）	（−0.521）
Listage	7.787**	3.461
	（2.299）	（0.140）
Indep	3.770	61.871
	（0.176）	（0.956）

表6.22(续)

193

6

资
本
市
场
错
误
定
价
与
企
业
并
购
决
策

	（1）	（2）
	并购溢价	并购溢价
Top1	0.044	−0.042
	(0.588)	(−0.239)
Capexp	−20.366	33.714
	(−0.828)	(0.981)
Dual	−0.118	6.891
	(−0.043)	(0.928)
Soe	−0.901	3.664
	(−0.330)	(0.791)
Const	−175.217	−74.100
	(−1.185)	(−0.622)
Year	Yes	Yes
Ind	Yes	Yes
Pseud. R^2	0.009	0.017
N	2 447	1 971

本章基于沪、深两市 A 股上市公司的数据，从并购概率、支付方式和并购绩效三个维度对资本市场错误定价与企业并购行为之间的关系进行了探讨。本章围绕股价高估和低估状态分别进行了研究，结果发现当股价被高估时，错误定价程度与企业并购概率显著正相关，且二者的正相关关系在融资约束较大、银行业竞争较低地区的样本中更为显著；股价高估时企业并购较多采用股权支付方式，且在股票流动性较好、企业过度负债的样本中更为明显；从并购绩效来看，股价高估时企业支付的并购溢价较高，并购绩效显著为负。此外，当股价被低估时，错误定价程度与企业并购概率也显著正相关，即股价低估程度越严重，企业参与并购的可能性也越大；但此时企业更多采用策略性的并购，更倾向于实施多元化并购策略，并购对象也大多为受产业政策支持的热门行业；对于支付方式而言，股价低估时企业并购更多采用现金支付方式，且在地区银行业竞争较强、企业负债不足的样本中使用现金支付的现象更为明显；从并购绩效来看，股价低估时，由于企业选择的并购对象多为政策支持的行业，并没有支付过高的并购

溢价，最终反而获得了正向的并购绩效。这些结论都表明资本市场错误定价对企业并购行为产生了重要影响。

本章的研究拓展了企业并购行为影响因素的相关研究，不仅考察了股价高估状态，也对股价低估情形进行了系统的分析，弥补了现有文献对股价低估研究的不足。本章的结论从企业并购偏好、融资方式、并购绩效等多个方面对资本市场错误定价影响企业并购策略选择的作用机理进行了探究，为后续关于市场估值与企业投资、并购行为的研究提供了很好的参考。同时，从实践的角度来看，本章的研究有助于监管层进一步认识资本市场错误定价对实体经济运行产生的影响，也为监管层对高估值、高溢价的并购方案，尤其是股价大幅上涨期间的并购行为的监督提供了警示作用和证据支持。

7　研究结论、建议与展望

　　传统的金融经济学研究都假定市场是有效的，投资者是理性的，市场价格能充分反映资产的内在真实价值。关注企业长期价值的管理者并不会因为短期价格的偏离或波动而改变原有的投资计划，公司投融资决策更多地取决于经理层所掌握的基本面信息（Bosworth，1975；Blanchard et al.，1993）。但这与现实市场的表现并不吻合，公司管理层和市场投资者的决策并不满足效用最大化的假说（Fischer、Merton，1984；Barberis、Thaler，2003）。行为金融学的兴起使人们越来越认识到市场并非总是有效的，由于信息不对称、投资者非理性行为等的干扰，资本市场错误定价现象时有发生（李君平、徐龙炳，2015；张静、王生年，2016）。特别是在相关制度尚不十分健全的新兴转轨经济体中，市场投机氛围浓厚，信息不对称现象严重，投资者认知偏差较大，错误定价现象更为严重和频繁（游家兴、吴静，2012；赵玲、黄昊，2019）。基于资本市场错误定价的视角，研究企业的投融资决策已经成为行为金融学的一个重要研究方向（Baker et al.，2003；Polk、Sapienza，2009）。

　　资本市场如何有效地服务实体经济发展一直是理论界和实务界关注的重要问题。习近平总书记在第五次全国金融工作会议上指出，金融是实体经济的血脉，为实体经济服务是金融的天职和宗旨。党的二十大报告进一步强调，要提高直接融资比重，增强资本市场资源配置效率，引导更多的金融资源流向实体经济。在资本市场错误定价可能成为常态的情况下，如何发挥其"利"，抑制其"弊"，进而更好地服务于实体经济发展，对新兴经济体而言有着更为重要的意义。基于此，本书以资本市场错误定价与实体经济运行的关系为切入点，结合杠杆调整供给侧结构性改革、资源整合优化和创新驱动经济高质量发展的时代背景，深入考察了资本市场错误定价如何影响企业的资本结构调整、研发创新和兼并收购等投融资行为，以期厘清相应微观机制，弥补现有文献的不足，同时提出有针对性的政策建议。

本章是对本书研究的总结。首先归纳主要研究结论，其次根据本书研究结论提出政策建议，最后指出本书研究尚且存在的不足和未来研究方向。

7.1 研究结论

本书在回顾资本市场错误定价的成因和影响因素，以及企业投融资相关研究文献的基础上，以资本市场功能发挥，服务实体经济发展为逻辑起点，基于信息不对称、投资者非理性等行为金融理论，尝试构建了一个资本市场错误定价影响企业投融资决策的理论分析框架。并在此基础上，利用 A 股上市公司数据，从企业资本结构调整、研发创新和兼并收购等具体投融资行为出发，实证检验了资本市场错误定价产生的影响。得出了以下主要结论：

（1）从理论分析来看，资本市场错误定价会对企业投融资行为产生重要影响。一方面，错误定价会直接影响企业的股权融资成本。在市场估值高于其真实价值即股价高估情况下，企业的股权融资成本将会降低，这将大大缓解企业面临的融资约束。股价高估带来的财务资源优势能显著缓解企业的投资不足，提升投资效率。因此，市场时机假说认为，公司可以利用错误定价的有利时机合理安排融资，以创造企业价值（Stein，1996）。另一方面，迎合理论认为企业管理层会根据投资者资产定价决策捕捉其偏好，并进行迎合式投资以推动股价上涨（Edmans et al.，2017；陈康、刘琦，2018）。从动态的视角来看，市场定价在某种程度上表征了投资者对公司投融资决策和未来前景的反应；反过来，企业管理层也会从投资者定价信息中进行反馈，相机调整投融资决策（Edmans et al.，2017；陈康、刘琦，2018）。特别是，长期持续的低估将会加剧企业被收购的风险，管理层的职业声誉也会受到损害（Desai et al.，2006）。因此，面对股价被低估的状况，企业管理层更有动力去追逐热点和迎合投资以期获得更多市场关注和估值提升。

（2）就融资方面而言，考察公司如何有效地利用各种融资渠道，获得最低成本的资金来源，并形成合适的资本结构，不仅是公司融资决策的核心内容，也是管理层对融资成本权衡的结果、投资者关注的焦点问题，与公司价值密切相关。不仅如此，杠杆调整也是近年来政府经济工作的主攻方向。本书基于资本结构动态调整的视角，利用 A 股上市公司数据研究了资本市场错误定价对企业融资决策的影响，并进一步考察了其作用机理。结果表明，资本市场错误定价显著影响了公司资本结构动态调整决策。具体表现为：在资本结构高于目标水平且股价被高估的企业中，资本市场错误定价程度与资本结构向下调整速度显著正相关，并且这一正相关关系在股票流动性较高、企业成长性较好的子样本中更为明显。高估的股价为企业股权融资提供了极大的便利，并为资本结构向目标资本结构靠近提供了权益资金支持。在资本结构高于目标水平且股价被低估的企业中，资本市场错误定价程度与资本结构向下调整速度同样显著正相关。这一相关关系在第一大股东持股比例较高的样本中更为显著，并且此时资本市场错误定价程度与企业定向增发的概率也显著正相关。这说明在股价低估并且过度负债时，企业会向大股东及其关联方进行定向权益融资以提升资本结构的调整速度。在资本结构低于目标水平且股价被高估的企业中，资本市场错误定价程度并不影响资本结构向上调整的速度。在资本结构低于目标水平且股价被低估的样本中，资本市场错误定价程度与资本结构向上调整速度显著正相关，即低估程度越大，资本结构向上调整的速度越快，并且这一相关关系在金融发展水平较高、法制环境较好的地区更为明显。本书的研究结论表明，资本市场错误定价对企业融资决策产生了重要影响。换句话说，错误定价加快了资本结构的调整速度，有利于企业利用资本市场错误定价的时机，调整企业杠杆水平，增加权益融资比重，优化企业资本结构水平。股价高估会降低企业股权融资成本，为过度负债公司提供更多股权融资机会。股价低估一方面为大股东定向增发、利益输送提供了机会，从而促使过度负债的公司向目标资本结构进行调整；另一方面，股价被低估同时负债不足时，会激励企业更多地选择债务融资，以期向市场传递公司盈利质量较高的信号，以及吸引投资者的关注，从而拉抬股价。

（3）资本市场错误定价对企业融资决策产生了重要影响，改变了企业的融资结构以及融资方式，直接影响着企业的投资行为。研发创新是企业的重要投资决策，也是推动产业结构转型升级，实现经济发展质量提升的重要力量。本书通过手工整理企业专利申请的相关数据，与黎文靖和郑曼妮（2016）、潘越等（2015）的做法类似，从专利申请总量和专利质量两个维度来衡量企业的创新活动。同时，参考游家兴和吴静（2012）、Dong 等（2017）的方法估算资本市场错误定价程度指标，并结合 A 股上市公司的数据，系统地考察了资本市场错误定价对企业创新策略选择的影响。结果显示，当股价被高估时，错误定价程度与企业专利申请数量和专利申请质量显著正相关，即股价越被高估，企业专利申请数量越多，质量越高；并且这一效果在过度负债、融资约束较高以及有股权融资的样本中表现得更为明显。当股价被低估时，错误定价程度与企业专利申请数量也显著正相关，但主要体现在非发明专利上，专利质量提升并不明显，即股价越被低估，企业非发明专利申请数量越多；并且这一效果在负债不足、融资约束较低以及投资者短视的样本中表现得更为明显。这些结果表明，股价高估会给企业带来融资优势，进而促进企业研发资金的投入，提升创新质量。而股价低估时，企业倾向于进行策略式创新，以博取市场投资者的关注以及提升股价估值，结果导致创新质量不高。这些结论表明企业会根据不同错误定价情形，选择差异性的创新策略。

（4）与创新类似，兼并收购同样是企业配置资源的重要战略投资手段，也是公司实现规模扩张、技术获取以及品牌价值提升的捷径。通过兼并收购实现资源整合，对促进产业结构优化升级和经济增长质量提升具有十分重要的战略意义。结合 A 股上市公司的数据，本书从并购概率、支付方式和并购绩效三个维度出发系统地考察了资本市场错误定价对企业并购决策的影响。实证结果显示：当股价被高估时，错误定价程度与企业并购概率显著正相关，且二者的正相关关系在融资约束较大、银行业竞争较弱地区的样本中更为显著。当股价被高估时，企业并购较多地采用股权支付方式，且在股票流动性较好、企业过度负债的样本中更为明显。从并购绩效来看，股价高估时企业支付的并购溢价显著较高，并购绩效反而显著为负。当股价被低估时，错误定价程度与并购概率也显著正相关，即股价低估程度越严重，企业参与并购的可能性也越大。但此时更倾向于进行多元化并购，且并购对象多为受产业政策支持的热门产业。当股价被低估时，企业并购更多采用现金支付方式，且在地区银行业竞争较强、企业负债不足的样本中使用现金支付的现象更为明显。从并购绩效来看，由于股价低估时，企业选择并购对象多为受政策支持行业且没有支付过高的并购溢价，最终反而获得了显著为正的并购绩效。本书的结论从企业并购偏好、融资方式等多个方面对资本市场错误定价影响企业并购决策的作用机理进行了探究，为后续关于市场估值与企业投资、并购行为的研究提供了很好的参考。

7.2　政策建议

前文的研究结果表明，资本市场错误定价对企业投融资行为产生了重要影响，其可以通过改变企业股权融资成本，影响企业资本结构选择，从而改变企业风险承担水平；另外，企业管理层也会从投资者定价信息中进行反馈，相机调整投融资决策，以迎合投资者的关注，从而推动股价上涨。在资本市场错误定价可能成为常态的新兴经济体中，发挥其"利"，抑制其"弊"，更好地发挥资本市场功能以服务实体经济发展具有十分重要的意义。基于此，本章提出如下政策建议：

（1）大力发展和完善权益市场融资，助力结构性去杠杆。

以质量为导向的发展模式应更加关注发展的稳定性和可持续性，不能再通过人为抬高杠杆率的方式追求较高的增长速度。事实上，前期杠杆率的不断攀升已经给我国经济社会发展埋下了重大风险隐患，杠杆调整迫在眉睫。2018年7月召开的中央政治局会议进一步强调了防范化解重大风险的重要性，要求坚定做好去杠杆工作；要把防范化解金融风险和服务实体经济发展结合起来，避免信用过度紧缩，且杠杆未减、实体经济反而受创的情况发生。去杠杆不仅要在减少分子缩小债务上下功夫，也要从增加分母拓宽权益融资上做工作。

本书的研究结果显示，在资产价格处于高估状态，企业权益融资成本较低时，企业杠杆向下调整速度显著加快。这意味着从市场角度看，降低股权融资成本有助于增加企业权益资本，进而降低杠杆率。因此，政府部门在大力实施供给侧结构性改革的过程中，要进一步关注权益市场的融资成本和融资渠道，从源头上减少企业对债务融资的过度依赖，有效解决债务高杠杆问题。

（2）强化专利质量导向，警惕"重数量、轻质量"现象。

新时代我国经济发展的基本特征是由高速增长阶段转向高质量发展阶段。推动经济迈向高质量发展的重点工作是实现产业结构转型升级，而创新是实现产业转型升级的关键（庄子银，2007）。研发创新是维持企业核心竞争力，推动企业持续发展的原动力。掌握了创新的主动权也就等于抢占了未来发展的先机。近年来，国家大力实施创新驱动发展战略，出台了大量鼓励创新、创业的政策措施，专利申请总量得到大幅度提升。但随之而来的是对专利质量的质疑，国家知识产权局发布的《中国有效专利年度报告》显示，中国有效专利中"高质量"的发明专利仅占15.7%。

专利质量不高是影响创新动能转化的重要因素。本书的研究结果显示，目前我国资本市场投资者专业能力参差不齐，对企业专利申请质量重视不足。特别是处于股价低估状态的企业，为了获得投资者更多的关注，只关注专利数量而忽视了专利质量。但当企业股价处于高估状态时，其获得股权融资的成本较低，创新需要的长期资金能够得到支持和保证，最终专利数量和专利质量都呈现增加的态势。这表明高质量的创新需要长期稳定的资金支持，政府部门应进一步深化融资环境改革，拓宽创新资金供给渠道。同时，也需要营造专利质量导向的创新氛围，提升投资者辨别能力，从源头上抑制企业只重创新数量、忽略创新质量的投机性迎合行为。

（3）积极引导资源整合，促进企业通过兼并收购优化产业结构。

并购既是企业配置资源的重要战略手段，也是公司实现规模扩张、技术获取以及品牌价值提升的捷径（陈仕华 等，2015；赖黎 等，2017）。经过前期的快速发展，中国企业普遍面临质量提升、技术升级的瓶颈。在国家大力倡导供给侧结构性改革和经济高质量发展的时代背景下，创新驱动、转型升级已然成为企业发展的主旋律。通过兼并收购实现资源整合，对促进产业结构优化升级和经济增长质量提升具有十分重要的战略意义（翟进步 等，2010；张学勇 等，2017）。

本书的研究结论显示，企业管理层会根据投资者市场的定价信息进行反馈，相机调整投资决策。特别是那些股价处于低迷状态的企业，为了吸引投资者的关注来提升股价，他们会更加偏好于并购那些受产业政策导向支持的热点、新兴行业标的。对这类企业进行并购，将会给主并企业带来更多的信贷资源支持和政府补贴收益，最终使得并购企业能拥有更好的发展空间，从而增加企业价值。这意味着，政府部门可以适当引导企业进行资源整合，从产能过剩、污染严重的行业中逐步分流退出，倒逼企业走技术驱动高质量发展的路子，促进宏观产业结构转型升级。

（4）优化制度建设，加强信息披露监管，提升市场定价效率。

资产定价和资源配置是资本市场的两大基本功能，利用股票价格引导资源配置是资本市场运行的内在机制。由于市场摩擦和投资者非理性行为的干扰，市场价格往往难以反映资产的真实价值，即会出现错误定价现象（Baker et al.，2003；Polk、Sapienza，2009；Dong et al.，2017）。特别是在相关制度尚不十分健全的新兴转轨经济体中，市场投机氛围浓厚，信息不对称现象严重，投资者认知偏差较大，错误定价现象更为严重和频繁（游家兴、吴静，2012）。

本书的研究结论显示，资本市场错误定价既会给企业的投融资行为带来积极的影响，也会带来消极影响。因此，在短期难以改善错误定价的情况下，可以充分利用资本市场错误定价的时机，发挥其"利"，抑制其"弊"，使其服务于经济高质量发展，服务于国家重大战略决策。但从长期来看，持续、严重的错误定价必然影响资源的配置效率，资本市场价格信号功能难以发挥。所以，政府部门应从制度建设优化的角度入手，完善市场交易制度，强化信息披露监管，提高信息披露质量，减少投资者信息不对称，改善市场信息环境，提升市场定价效率。

（5）强化价值投资理念，培育成熟理性的投资者群体。

有效市场理论认为参与市场的投资者足够理性，并且能够迅速对市场信息做出合理、准确的反应，对资产进行精准定价。事实上，受心理因素、认知局限等的干扰，投资者并非完全理性；认知局限也可能导致投资者跟风、从众等非理性行为的频繁发生。加之我国投资者素质参差不齐，价值投资理念较差，市场投机氛围浓厚，严重阻碍了资产价格引导功能的发挥（Polk、Sapienza，2009；Dong et al.，2017，赵玲、黄昊，2019）。

本书的研究结论显示，企业管理层会充分利用股价错估的优势，迎合投资者需求和偏好，采取策略性的投融资行为，尤其是当股价被低估时，为了吸引投资者关注，管理层更倾向于采取策略性的创新和并购方式。因此，政府部门应加强对投资者的教育，增强投资者金融素养，提高投资者认知能力，减少其盲目跟风和从众行为。此外，还应着力营造价值投资的氛围和文化，培养投资者的长期视野，培育成熟理性的投资者群体，从源头上遏制盲目跟风和炒作行为，降低资产价格偏离程度。同时，还应加快培育资本市场的力量，通过市场的力量纠正企业高管的短视迎合行为。

7.3 研究展望

资本市场错误定价与企业投融资行为相关的研究，是一个十分重要而紧迫的课题。深化这一问题的研究，不仅有利于从理论层面揭示企业在错误定价的环境中如何进行决策，丰富资本市场错误定价的经济后果、投资者短视与管理层迎合以及企业投融资决策影响因素等相关文献的研究，而且有利于帮助实务工作者找准资本市场服务实体经济高质量发展的最佳结合点。但本书的研究可能尚存在以下不足之处，需要后续的研究进一步拓展完善：

（1）理论分析方面，本书在分析资本市场错误定价影响企业投融资决策的内在机理和实现路径时主要以信息不对称、投资者非理性等行为金融理论为支撑，而资本市场错误定价与企业行为决策相关的研究还可能涉及认知心理学、产业经济学和项目投资管理等交叉领域。因此，本书在理论分析方面存在论证不够充分的可能。后续的研究，可以进一步结合这些领域的相关知识，以拓展资本市场错误定价影响企业投融资行为的理论基础。

（2）指标和模型构建方面，本书实证考察了资本市场错误定价对企业资本结构动态调整、研发创新和并购行为等的影响，涉及资本市场错误定价程度、专利数量和质量、并购绩效、资本结构调整速度等指标的计算。资本市场错误定价是建立在正确估计内在价值、真实价值基础上的，但对企业内在价值的准确估量，仍然面临诸多困难。尽管本书参考了国内外主流文献的做法，分别采用相对估值法、回归分析估值法、剩余收益估值法以及资产定价中的异常收益率衡量法对资本市场错误定价程度进行了测量，但仍难以避免在估算真实或内在价值时出现偏误。资本结构调整速度的估计本书主要运用了最小二乘、广义矩估计和 LSDV 方法，同样这些方法都有一定的缺陷，可能会导致计量结果出现偏误。对于创新质量的衡量，囿于专利引用数据的缺乏，对其的测量也缺乏精准性。本书在研究资本市场错误定价视角下的企业投融资策略选择时，由于资本市场错误定价和企业投融资行为的影响因素较多，因此模型设计中可能存在遗漏变量、反向因果等内生性问题。尽管本书通过控制行业、年份固定效应、将自变量滞后一期、采用工具变量、系统 GMM 等多个方面来解决这一问题，以获得稳健的结论，但仍难以完全解决上述内生性问题所带来的估计偏误。总体而言，本书的研究是对资本市场错误定价影响企业投融资行为研究的一次有益尝试。未来可以此为切入点，拓展和更新现有指标和模型构建方法，使结论更具有说服力。

（3）实现形式方面，为了考察资本市场错误定价对企业投融资策略的影响，本书从具体投融资行为出发，并结合当前国家正在大力实施的供给侧结构性改革、创新驱动经济高质量发展的时代背景，从企业杠杆调整、研发创新和兼并收购的视角，研究了资本市场错误定价对企业投融资策略选择的影响。但事实上，企业投融资行为是多维度、宽泛的概念，尽管本书的研究尝试结合时代背景和国内外文献研究的热点问题，从上述多个维度进行论述，但难免仍有不足之处。后续的研究可以从其他不同维度拓展资本市场错误定价影响企业投融资行为的实现形式，以更好地理解资本市场错误定价环境下企业行为决策的全貌，为更好地利用资本市场服务实体经济提供经验证据。

参考文献

[1] 蔡竞，董艳，2016. 银行业竞争与企业创新：来自中国工业企业的经验证据 [J]. 金融研究 (11)：96-111.

[2] 蔡庆丰，田霖，2019. 产业政策与企业跨行业并购：市场导向还是政策套利 [J]. 中国工业经济 (1)：81-99.

[3] 常亮，连玉君，2013. 融资约束与资本结构的非对称调整：基于动态门限模型的经验证据 [J]. 财贸研究 (2)：138-145.

[4] 陈辉，顾乃康，2017. 新三板做市商制度，股票流动性与证券价值 [J]. 金融研究 (4)：176-190.

[5] 陈康，刘琦，2018. 股价信息含量与投资—股价敏感性：基于融资融券的准自然实验 [J]. 金融研究 (9)：126-142.

[6] 陈平，龙华，2003. 中国股市涨跌停绩效的经验分析及政策建议 [J]. 世界经济 (2)：56-65.

[7] 陈胜蓝，马慧，2017. 卖空压力与公司并购：来自卖空管制放松的准自然实验证据 [J]. 管理世界 (7)：142-156.

[8] 陈仕华，李维安，2016. 并购溢价决策中的锚定效应研究 [J]. 经济研究，51 (6)：114-127.

[9] 陈仕华，卢昌崇，姜广省，等，2015. 国企高管政治晋升对企业并购行为的影响：基于企业成长压力理论的实证研究 [J]. 管理世界 (9)：125-136.

[10] 戴方贤，尹力博，2017. 中国资本市场系统性风险：基于个股的风险联动 [J]. 投资研究 (4)：77-91.

[11] 方军雄，2008. 政府干预，所有权性质与企业并购 [J]. 管理世界 (9)：118-123.

[12] 冯根福，赵珏航，2012. 管理者薪酬、在职消费与公司绩效：基于合作博弈的分析视角 [J]. 中国工业经济 (6)：147-158

[13] 葛结根，2015. 并购支付方式与并购绩效的实证研究：以沪深上市公司为收购目标的经验证据 [J]. 会计研究 (9)：74-80.

[14] 葛伟杰，张秋生，张自巧，2014. 支付方式，融资约束与并购溢价研究 [J]. 证券市场导报 (1)：40-47.

[15] 顾娟，刘建洲，2004. 信息不对称与股票价格变动：我国证券市场信息传导机制的经济学分析 [J]. 经济研究 (2)：106-114.

[16] 郭杰，张英博，2012. 企业择时还是政府择时?：中国特定制度背景下 IPO 市场时机选择对资本结构的影响 [J]. 金融研究 (7)：137-153.

[17] 郝颖，刘星，2009. 资本投向，利益攫取与挤占效应 [J]. 管理世界 (5)：128-144.

[18] 何熙琼，尹长萍，毛洪涛，2016. 产业政策对企业投资效率的影响及其作用机制研究：基于银行信贷的中介作用与市场竞争的调节作用 [J]. 南开管理评论 (5)：161-170.

[19] 何鑫萍，戴亦一，翁若宇，2016. 宗教，风险厌恶与资本结构动态调整 [J]. 山西财经大学学报 (9)：1-12.

[20] 胡聪慧，于军，高明，2019. 中国上市公司送转动机研究：操纵迎合还是估值提升? [J]. 会计研究 (4)：50-57.

[21] 胡凡，李科，2019. 股价高估与商誉减值风险 [J]. 财经研究，45 (6)：71-85.

[22] 黄继承，姜付秀，2015. 产品市场竞争与资本结构调整速度 [J]. 世界经济 (7)：99-119.

[23] 黄继承，阚铄，朱冰，等，2016. 经理薪酬激励与资本结构动态调整 [J]. 管理世界 (11)：156-171.

[24] 黄继承，朱冰，向东，2014. 法律环境与资本结构动态调整 [J]. 管理世界 (5)：142-156.

［25］黄苑，谢权斌，胡新，2018. 股票市场涨跌停影响因素及定价效应［J］. 财经科学（10）：24-35.

［26］江龙，宋常，刘笑松，2013. 经济周期波动与上市公司资本结构调整方式研究［J］. 会计研究（7）：28-34.

［27］姜付秀，黄继承，2011. 市场化进程与资本结构动态调整［J］. 管理世界（3）：124-134.

［28］姜付秀，黄继承，2013. CEO 财务经历与资本结构决策［J］. 会计研究（5）：27-34.

［29］姜付秀，张敏，陆正飞，等，2009. 管理者过度自信、企业扩张与财务困境［J］. 经济研究，44（1）：131-143.

［30］解保华，高荣兴，马征，2002. 中国股票市场有效性实证检验［J］. 数量经济技术经济研究（5）：22-25.

［31］赖黎，巩亚林，夏晓兰，等，2017. 管理者从军经历与企业并购［J］. 世界经济，40（12）：141-164.

［32］龙小宁，王俊，2015. 中国专利激增的动因及其质量效应［J］. 世界经济（6）：117-144.

［33］黎文靖，李耀淘，2014. 产业政策激励了公司投资吗［J］. 中国工业经济（5）：122-134.

［34］黎文靖，郑曼妮，2016. 实质性创新还是策略性创新？：宏观产业政策对微观企业创新的影响［J］. 经济研究（4）：60-73.

［35］李彬，潘爱玲，2015. 税收诱导，战略异质性与公司并购［J］. 南开管理评论，18（6）：125-135.

［36］李井林，杨姣，2018. 目标资本结构、市场错误定价与资本结构调整速度［J］. 财经问题研究，419（10）：83-90.

［37］李井林，2017. 目标资本结构、市场错误定价与并购融资方式选择［J］. 山西财经大学学报，39（4）：1-13.

［38］李君平，徐龙炳，2015a. 资本市场错误定价，融资约束与公司融资方式选择［J］. 金融研究（12）：113-129.

［39］李君平，徐龙炳，2015b. 资本市场错误定价，融资约束与公司投资［J］. 财贸经济（3）：90-104，114.

［40］李科，徐龙炳，朱伟骅，2014. 卖空限制与股票错误定价：融资融券制度的证据［J］. 经济研究（10）：165-178.

［41］李路，贺宇倩，汤晓燕，2018. 文化差异、方言特征与企业并购［J］. 财经研究，44（6）：140-152.

［42］李锐，尹年长，郭春艳，2007. 中小企业投融资一体化决策探析［J］. 广东海洋大学学报，27（2）：23-27.

［43］李善民，公淑玉，庄明明，2019. 文化差异影响 CEO 的并购决策吗？［J］. 管理评论，31（6）：144-159.

［44］李双燕，汪晓宇，2012. 控制权稀释威胁影响上市公司并购支付方式选择吗［J］. 当代经济科学（3）：58-66.

［45］李曜，宋贺，2017. 风险投资支持的上市公司并购绩效及其影响机制研究［J］. 会计研究（6）：60-66.

［46］李云鹤，2014. 公司过度投资源于管理者代理还是过度自信［J］. 世界经济，37（12）：95-117.

［47］李云鹤，黄雨薇，马圣杰，2018. 上市促进了企业创新吗？：来自创业板制造业企业的经验证据［J］. 南方经济（7）：59-74.

［48］刘柏，徐小欢，2019. 市场错误定价对企业研发投资的影响［J］. 经济管理，41（2）：73-89.

［49］刘瞽，万迪昉，吴祖光，2016. 我国创业板市场能够识别创新质量吗？［J］. 科研管理，37（12）：46-54.

［50］刘端，陈收，陈健，2006. 市场时机对资本结构影响的持续度研究［J］. 管理学报，3（1）：85.

［51］刘端，陈收，2006. 股票价格对中国上市公司投资行为的影响：基于不同股权依赖型公司的实证［J］. 管理评论，18（1）：31-36.

［52］刘娥平，关静怡，2018. 股价高估，定增并购价格偏离与市场绩效［J］. 中央财经大学学报（8）：62-75.

［53］刘澜飚，李贡敏，2005. 市场择时理论的中国适用性：基于1998—2003 年上市公司的实证分析［J］. 财经研究，31（11）：17-28.

［54］刘星，蒋水全，2015. 银行股权关联，银行业竞争与民营企业融资约束［J］. 中国管理科学，23（12）：1-10.

［55］陆蓉，何婧，崔晓蕾，2017. 资本市场错误定价与产业结构调整［J］. 经济研究，11：104-118.

［56］陆蓉，潘宏，2012. 上市公司为何隐瞒利好的业绩?：基于市值管理的业绩不预告动机研究［J］. 上海财经大学学报（5）：78-86.

［57］陆蓉，徐龙炳，2004."牛市"和"熊市"对信息的不平衡性反应研究［J］. 经济研究（3）：65-72.

［58］卢馨，郑阳飞，李建明，2013. 融资约束对企业 R&D 投资的影响研究：来自中国高新技术上市公司的经验证据［J］. 会计研究（5）：51-58.

［59］陆正飞，高强，2003. 中国上市公司融资行为研究：基于问卷调查的分析［J］. 会计研究，10（2013）：4.

［60］罗登跃，王春峰，房振明，2007. 中国股市总流动性与资产定价关系实证研究［J］. 中国管理科学，15（2）：33-38.

［61］罗琦，贺娟，2015. 股票市场错误定价与控股股东投融资决策［J］. 经济管理（1）：109-118.

［62］罗琦，胡亦秋，2016. 公司自由现金流与资本结构动态调整［J］. 财贸研究（3）：117-125.

［63］潘红波，余明桂，2011. 支持之手，掠夺之手与异地并购［J］. 经济研究，9：108-120.

［64］潘越，潘健平，戴亦一，2015. 公司诉讼风险、司法地方保护主义与企业创新［J］. 经济研究，50（3）：131-145.

［65］潜力，胡援成，2015. 经济周期，融资约束与资本结构的非线性调整［J］. 世界经济（12）：135-158.

［66］屈文洲，谢雅璐，高居先，2011a. 信息不对称，流动性与股权结构：基于深圳证券市场的实证研究［J］. 南开管理评论（1）：44-53.

［67］屈文洲，谢雅璐，叶玉妹，2011b. 信息不对称，融资约束与投资—现金流敏感性：基于市场微观结构理论的实证研究［J］. 经济研究，6：105-117.

［68］屈源育，沈涛，吴卫星，2018. 壳溢价：错误定价还是管制

风险？［J］. 金融研究（3）：155-171.

［69］权小锋，吴世农，2012. 投资者注意力、应计误定价与盈余操纵［J］. 会计研究（6）：46-53.

［70］权小锋，尹洪英，吴红军，2015. 媒体报道对IPO股价表现的非对称影响研究：来自创业板上市公司的经验证据［J］. 会计研究（6）：56-63.

［71］饶品贵，岳衡，2012. 剩余收益模型与股票未来回报［J］. 会计研究，9：52-58.

［72］申广军，张延，王荣，2019. 结构性减税与企业去杠杆［J］. 金融研究，462（12）：105-122.

［73］申宇，黄昊，赵玲，2018. 地方政府"创新崇拜"与企业专利泡沫［J］. 科研管理，39-270（4）：85-93.

［74］申宇，赵静梅，2016. 吃喝费用的"得"与"失"—基于上市公司投融资效率的研究［J］. 金融研究（3）：140-156.

［75］申宇，赵玲，吴风云，2017. 创新的母校印记：基于校友圈与专利申请的证据［J］. 中国工业经济（8）：157-174.

［76］盛明泉，张春强，王烨，2016. 高管股权激励与资本结构动态调整［J］. 会计研究（2）：44-50.

［77］盛明泉，张敏，马黎珺，等，2012. 国有产权，预算软约束与资本结构动态调整［J］. 管理世界（3）：151-157.

［78］盛明泉，周洁，汪顺，2018. 产权性质、企业战略差异与资本结构动态调整［J］. 财经问题研究，420（11）：100-105.

［79］宋顺林，唐斯圆，2019. 首日价格管制与新股投机：抑制还是助长？［J］. 管理世界，35（1）：211-224.

［80］苏冬蔚，麦元勋，2004. 流动性与资产定价：基于我国股市资产换手率与预期收益的实证研究［J］. 经济研究，2：95-105.

［81］唐宗明，蒋位，2002. 中国上市公司大股东侵害度实证分析［J］. 经济研究，4（10）.

［82］唐清泉，甄丽明，2009. 管理层风险偏爱、薪酬激励与企业R&D投入：基于我国上市公司经验研究［J］. 经济管理，5：56-64.

［83］田高良，韩洁，李留闯，2013. 连锁董事与并购绩效：来自中国A股上市公司的经验证据［J］. 南开管理评论，16（6）：112-122.

［84］佟家栋，王敬国，李月平，2007. 股票市场错误估价对并购活动的影响［J］. 开放导报（3）：93-97.

［85］万良勇，胡璟，2014. 网络位置，独立董事治理与公司并购：来自中国上市公司的经验证据［J］. 南开管理评论（2）：64-73.

［86］王朝阳，王振霞，2017. 涨跌停、融资融券与股价波动率：基于AH股的比较研究［J］. 经济研究（4）：153-167.

［87］王红建，杨筝，阮刚铭，等，2018. 放松利率管制、过度负债与债务期限结构［J］. 金融研究（2）：100-117.

［88］王磊，孔东民，2017. 应计信息、机构投资者反应与股票错误定价［J］. 管理科学学报，20（3）：80-97.

［89］王璐清，何婧，赵汉青，2015. 资本市场错误定价如何影响公司并购［J］. 南方经济，33（3）：24-37.

［90］王生年，宋媛媛，徐亚飞，2018. 资产误定价影响了企业投资效率吗？［J］. 金融论坛（2）：11-23.

［91］王生年，张静，2017. 投资者关注对资产误定价的影响路径：基于信息透明度的中介效应研究［J］. 财贸研究（11）：101-109

［92］王生年，朱艳艳，2017. 股权激励影响了资产误定价吗：基于盈余管理的中介效应检验［J］. 现代财经—天津财经大学学报（7）：89-101

［93］王艳，李善民，2017. 社会信任是否会提升企业并购绩效？［J］. 管理世界（12）：125-140.

［94］王艳艳，陈汉文，2006. 审计质量与会计信息透明度：来自中国上市公司的经验数据［J］. 会计研究（4）：11-17.

［95］王正位，王思敏，朱武祥，2011. 股票市场融资管制与公司最优资本结构［J］. 管理世界（2）：40-48.

［96］王正位，赵冬青，朱武祥，2007. 资本市场磨擦与资本结构调整：来自中国上市公司的证据［J］. 金融研究（6A）：109-119.

［97］王玉泽，罗能生，刘文彬，2019. 什么样的杠杆率有利于企

業創新〔J〕. 中国工业经济 (3): 138-155.

[98] 王志强, 张玮婷, 林丽芳, 2010. 上市公司定向增发中的利益输送行为研究 [J]. 南开管理评论 (3): 109-116.

[99] 巫岑, 黎文飞, 唐清泉, 2019. 产业政策与企业资本结构调整速度 [J]. 金融研究, 466 (4): 92-110.

[100] 吴俊霖, 2015. 股票市场错误定价对公司并购的影响: 来自股权分置改革后上市公司的经验证据 [J]. 南方金融 (7): 66-75.

[101] 吴卫星, 汪勇祥, 梁衡义, 2006. 过度自信、有限参与和资产价格泡沫 [J]. 经济研究, 4: 115-127

[102] 吴育辉, 魏志华, 吴世农, 2013. 定向增发的时机选择, 停牌操控与控股股东掏空 [J]. 厦门大学学报 (哲学社会科学版) (1): 46-55.

[103] 伍燕然, 韩立岩, 2007. 不完全理性、投资者情绪与封闭式基金之谜 [J]. 经济研究 (3): 117-129.

[104] 伍中信, 张娅, 张雯, 2013. 信贷政策与企业资本结构: 来自中国上市公司的经验证据 [J]. 会计研究 (3): 51-58.

[105] 肖虹, 曲晓辉, 2012. R&D 投资迎合行为: 理性迎合渠道与股权融资渠道?: 基于中国上市公司的经验证据 [J]. 会计研究, 2: 42-49.

[106] 肖海莲, 唐清泉, 周美华, 2014. 负债对企业创新投资模式的影响: 基于 R&D 异质性的实证研究 [J]. 科研管理, 35 (10): 77-85.

[107] 肖明, 常乐, 崔超, 2015. 上市公司自由现金流与资本结构动态调整研究 [J]. 科研管理, 36 (11): 107-116.

[108] 谢德仁, 郑登津, 崔宸瑜, 2016. 控股股东股权质押是潜在的"地雷"吗?: 基于股价崩盘风险视角的研究 [J]. 管理世界 (5): 128-140.

[109] 徐龙炳, 陈历轶, 2018. 股票送转与管理者双重迎合 [J]. 金融研究 (5): 137-153.

[110] 徐浩萍, 杨国超, 2013. 股票市场投资者情绪的跨市场效

应：对债券融资成本影响的研究 [J]. 财经研究，39（2）：47-57.

[111] 徐寿福，徐龙炳，2015. 信息披露质量与资本市场估值偏误 [J]. 会计研究（1）：40-47.

[112] 徐业坤，杨帅，李维安，2017. 政治晋升、寻租与企业并购：来自市委书记升迁的证据 [J]. 经济学动态（4）：64-76.

[113] 徐永新，陈婵，2009. 媒体荐股市场反应的动因分析 [J]. 管理世界（11）：65-73

[114] 虞义华，赵奇锋，鞠晓生，2018. 发明家高管与企业创新 [J]. 中国工业经济（3）：136-154.

[115] 杨慧辉，葛文雷，程安林，2009. 股票期权激励计划的披露与经理的机会主义行为 [J]. 华东经济管理，23（3）：117-123

[116] 杨记军，逯东，杨丹，2010. 国有企业的政府控制权转让研究 [J]. 经济研究，2：69-82.

[117] 杨继东，2007. 媒体影响了投资者行为吗？：基于文献的一个思考 [J]. 金融研究（11a）：93-102.

[118] 杨威，冯璐，宋敏，等，2020. 锚定比率可以衡量股价高估吗？：基于崩盘风险视角的经验证据 [J]. 管理世界，36（1）：167-186，241.

[119] 杨威，赵仲匡，宋敏，2019. 多元化并购溢价与企业转型 [J]. 金融研究（5）：115-131.

[120] 游家兴，吴静，2012. 沉默的螺旋：媒体情绪与资产误定价 [J]. 经济研究，7：141-152.

[121] 于蔚，金祥荣，钱彦敏，2012. 宏观冲击，融资约束与公司资本结构动态调整 [J]. 世界经济（3）：24-47.

[122] 于丽峰，唐涯，徐建国，2014. 融资约束、股价信息含量与投资—股价敏感性 [J]. 金融研究，413（11）：163-178.

[123] 翟进步，王玉涛，李丹，2011. 上市公司并购融资方式选择与并购绩效："功能锁定"视角 [J]. 中国工业经济（12）：100-110.

[124] 翟淑萍，黄宏斌，何琼枝，2017. 投资者情绪、研发投资及创新效率：基于理性迎合渠道的研究 [J]. 华东经济管理，31

（12）：44-52.

[125] 张静，王生年，2016. 资产误定价对过度投资的影响路径 [J]. 财经科学 (3)：69-78.

[126] 张胜，张珂源，张敏，2017. 银行关联与企业资本结构动态调整 [J]. 会计研究 (2)：49-55.

[127] 张维，齐安甜，2002. 企业并购理论研究评述 [J]. 南开管理评论，5 (2)：21-26.

[128] 张璇，刘贝贝，汪婷，等，2017. 信贷寻租、融资约束与企业创新 [J]. 经济研究 (5)：163-176

[129] 张学勇，柳依依，罗丹，等，2017. 创新能力对上市公司并购业绩的影响 [J]. 金融研究 (3)：159-175.

[130] 张翼，乔元波，何小锋，2015. 我国上市公司并购绩效的经验与实证分析 [J]. 财经问题研究 (1)：60-66.

[131] 章卫东，2010. 定向增发新股与盈余管理：来自中国证券市场的经验证据 [J]. 管理世界 (1)：54-63.

[132] 赵静梅，吴风云，2009. 数字崇拜下的金融资产价格异象 [J]. 经济研究 (6)：129-141.

[133] 赵玲，黄昊，2019. 高铁开通与资产误定价：基于新经济地理学视角的分析 [J]. 经济与管理研究，40 (4)：76-92.

[134] 赵息，孙世攀，2015. 资本结构对并购支付方式的影响研究：基于我国资本市场背景的分析 [J]. 管理评论，27 (8)：33-46.

[135] 赵英军，侯绍泽，2003. 并购与股票价格，企业价值的关系 [J]. 世界经济，26 (5)：70-74.

[136] 郑曼妮，黎文靖，柳建华，2018. 利率市场化与过度负债企业降杠杆：资本结构动态调整视角 [J]. 世界经济 (8)：149-170.

[137] 郑曼妮，黎文靖，2018. 中国过度负债企业去杠杆：基于资本结构动态调整视角 [J]. 国际金融研究，378 (10)：87-96.

[138] 钟宁桦，温日光，刘学悦，2019. "五年规划" 与中国企业跨境并购 [J]. 经济研究，54 (4)：149-164.

[139] 朱迪星，潘敏，2012. 迎合投资一定非效率吗?：基于利益

相关者的视角［J］. 南开管理评论（6）：14-24.

［140］朱红军，何贤杰，陈信元，2008. 定向增发"盛宴"背后的利益输送：现象，理论根源与制度成因：基于驰宏锌锗的案例研究［J］. 管理世界（6）：136-147.

［141］朱孔来，李静静，2013. 中国股票市场有效性的复合评价［J］. 数理统计与管理（1）：149-158.

［142］祝继高，陆正飞，2011. 产权性质，股权再融资与资源配置效率［J］. 金融研究，1：131-148.

［143］AKERLOF G A, 1970. The Market for "Lemons"：Quality Uncertainty and the Market Mechanism［J］. Quarterly Journal of Economics, 84（3）：488-500.

［144］ALSHWER A A, SIBILKOV V, ZAIATS N S, 2011. Financial constraints and the method of payment in mergers and acquisitions［J］. SSRN Electronic Journal：1364455.

［145］ALZAHRANI M, RAO R P, 2014. Managerial behavior and the link between stock mispricing and corporate investments：Evidence from Market-to-Book ratio decomposition［J］. Financial Review, 49（1）：89-116.

［146］AMIHUD Y, MENDELSON H, 1986. Asset pricing and the bid-ask spread［J］. Journal of financial Economics, 17（2）：223-249.

［147］AMIHUD Y, LEV B, TRAVLOS N G, 1990. Corporate control and the choice of investment financing：The case of corporate acquisitions［J］. The Journal of Finance, 45（2）：603-616.

［148］AN Z, LI D, YU J, 2015. Firm crash risk, information environment, and speed of leverage adjustment［J］. Journal of Corporate Finance, 31：132-151.

［149］ANG J S, CHENG Y, 2006. Direct evidence on the market-driven acquisition theory［J］. Journal of Financial Research, 29（2）：199-216.

［150］ASCIOGLU A, HEGDE S P, MCDERMOTT J B, 2008. Information asymmetry and investment – cash flow sensitivity [J]. Journal of Banking & Finance, 32 (6): 1036–1048.

[151] BAEK J S, KANG J K, LEE I, 2006. Business groups and tunneling: Evidence from private securities offerings by Korean chaebols [J]. The Journal of Finance, 61 (5): 2415–2449.

[152] BAKER M, WURGLER J, 2006. Investor Sentiment and the Cross–Section of Stock Returns [J]. The Journal of Finance, 61 (4): 1645–1680.

[153] BAKER M, WURGLER J, 2002. Market timing and capital structure [J]. The journal of finance, 57 (1): 1–32.

[154] BAKER M, STEIN J C, WURGLER J, 2003. When does the market matter? Stock prices and the investment of equity – dependent firms [J]. The Quarterly Journal of Economics, 118 (3): 969–1005.

[155] BANERJEE A, 2000. Linkage between economic value added and market value: An analysis [J]. Vikalpa, 25 (3): 23–36.

[156] BARTON S L, GORDON P J, 1988. Corporate strategy and capital structure [J]. Strategic management journal, 9 (6): 623–632.

[157] BEN–DAVID I, DRAKE M S, ROULSTONE D T, 2015. Acquirer valuation and acquisition decisions: identifying mispricing using short interest [J]. Journal of Financial and Quantitative Analysis, 50 (1–2): 1–32.

[158] BERGER P G, OFEK E, 1995. Diversification's effect on firm value [J]. Journal of financial economics, 37 (1): 39–65.

[159] BERKMAN H, DIMITROV V, JAIN P C, 2009. Sell on the news: Differences of opinion, short – sales constraints, and returns around earnings announcements [J]. Journal of Financial Economics, 92 (3): 376–399

[160] BERNILE G, BHAGWAT V, RAU P R, 2017. What doesn't kill you will only make you more risk–loving: Early–life disasters and CEO behavior [J]. The Journal of Finance, 72 (1): 167–206.

[161] BILLETT M T, QIAN Y, 2008. Are overconfident CEOs born or made? Evidence of self-attribution bias from frequent acquirers [J]. Management Science, 54 (6): 1037-1051.

[162] BLANCHARD O J, LOPEZ-DE-SILANES F, SHLEIFER A, 1994. What do firms do with cash windfalls? [J]. Journal of Financial Economics, 36 (3): 337-360.

[163] BOEHMER E, WU J, 2013. Short Selling and the Price Discovery Process [J]. Review of Financial Studies, 26 (2): 287-322.

[164] BOEHMER E, WU J, 2012. Short selling and the price discovery process [J]. The Review of Financial Studies, 26 (2): 287-322.

[165] BRAU J C, FAWCETT S E, 2006. Initial public offerings: an analysis of theory and practice [J]. The Journal of Finance, 61 (1): 399-436.

[166] BRENNAN M J, WANG A W, 2010. The Mispricing Return Premium [J]. Review of Financial Studies, 23 (9): 3437-3468.

[167] BYOUN S, 2008. How and when do firms adjust their capital structures toward targets? [J]. The Journal of Finance, 63 (6): 3069-3096.

[168] CAIN M D, MCKEON S B, 2016. CEO personal risk-taking and corporate policies [J]. Journal of Financial and Quantitative Analysis, 51 (1): 139-164.

[169] CAMPELLO M, GRAHAM J R, 2013. Do stock prices influence corporate decisions? Evidence from the technology bubble [J]. Journal of Financial Economics, 107 (1): 89-110.

[170] CAMPELLO M, GRAHAM J R, HARVEY C R, 2010. The real effects of financial constraints: Evidence from a financial crisis [J]. Journal of financial Economics, 97 (3): 470-487.

[171] CHAN M, LEUNG H C, LUO W D, 2005. Association mining system for financial ratios and stock prices in china and hong kong stock exchange [J]. Advances in Soft Computing, 29: 1151-1160.

[172] CHAN S H, KIM K A, RHEE S G, 2005. Price limit performance: evidence from transactions data and the limit order book [J]. Journal of Empirical Finance, 12 (2): 269–290.

[173] CHANEY P K, LEWIS C M, 1995. Earnings management and firm valuation under asymmetric information [J]. Journal of Corporate Finance, 1 (3–4): 0–345.

[174] CHANG X, TAM L H, TAN T J, et al., 2007. The real impact of stock market mispricing – Evidence from Australia [J]. Pacific – Basin Finance Journal, 15 (4): 388–408.

[175] CHANG Y K, CHOU R K, HUANG T H, 2014. Corporate governance and the dynamics of capital structure: New evidence [J]. Journal of Banking & Finance, 48: 374–385.

[176] CHEN S L, HUANG S C, LIN Y M, 2007. Using multivariate stochastic volatility models to investigate the interactions among NASDAQ and major Asian stock indices [J]. Applied Economics Letters, 14 (2): 127–133.

[177] CHENG Q, LO K, 2006. Insider trading and voluntary disclosures [J]. Journal of Accounting Research, 44 (5): 815–848.

[178] COLES J L, DANIEL N D, NAVEEN L, 2006. Managerial incentives and risk–taking [J]. Journal of Financial Economics, 79 (2): 431–468

[179] COOK D O, TANG T, 2010. Macroeconomic conditions and capital structure adjustment speed [J]. Journal of corporate finance, 16 (1): 73–87.

[180] CRONQVIST H, NILSSON M, 2005. The choice between rights offerings and private equity placements [J]. Journal of Financial economics, 78 (2): 375–407.

[181] DECHOW P M, HUTTON A P, SLOAN R G, 1999. An empirical assessment of the residual income valuation model [J]. Journal of accounting and economics, 26 (1–3): 1–34.

［182］ DESAI M A, FOLEY C F, HINES J R, 2004. A multinational perspective on capital structure choice and internal capital markets ［J］. The Journal of Finance, 59 (6): 2451-2487.

［183］ DONG M, HIRSHLEIFER D, TEOH S H, 2012. Overvalued equity and financing decisions ［J］. The Review of Financial Studies, 25 (12): 3645-3683.

［184］ DONG M, HIRSHLEIFER D, TEOH S H, 2017. Stock market overvaluation, moon shots, and corporate innovation ［J］. National Bureau of Economic Research (No. w24142).

［185］ DONG M, HIRSHLEIFER D, RICHARDSON S, et al., 2006. Does investor misvaluation drive the takeover market? ［J］. The Journal of Finance, 61 (2): 725-762.

［186］ DOUKAS J A, KIM C F, PANTZALIS C, 2010. Arbitrage risk and stock mispricing ［J］. Journal of Financial and Quantitative Analysis, 45 (4): 907-934.

［187］ DROBETZ W, WANZENRIED G, 2006. What determines the speed of adjustment to the target capital structure? ［J］. Applied Financial Economics, 16 (13): 941-958.

［188］ EDMANS A, FANG V W, LEWELLEN K A, 2017. Equity vesting and investment ［J］. The Review of Financial Studies, 30 (7): 2229-2271.

［189］ ENGELBERG J E, PARSONS C A, 2011. The Causal Impact of Media in Financial Markets ［J］. Journal of Finance, 66 (1): 67-97.

［190］ FACCIO M, XU J 2015. Taxes and capital structure ［J］. Journal of Financial and Quantitative Analysis, 50 (3): 277-300.

［191］ FAN J P, TITMAN S, TWITE G, 2012. An international comparison of capital structure and debt maturity choices ［J］. Journal of Financial and quantitative Analysis, 47 (1): 23-56.

［192］ FANG V W, TIAN X, TICE S, 2014. Does stock liquidity enhance or impede firm innovation? ［J］. The Journal of Finance, 69

(5): 2085-2125.

[193] FALEYE O, KOVACS T, VENKATESWARAN A, 2014. Do Betweenter-Connected CEOs Innovate More? [J]. Journal of Financial and Quantitative Analysis, 49 (5-6): 1201-1225.

[194] FAULKENDER M, PETERSEN M A, 2005. Does the source of capital affect capital structure? [J]. The Review of Financial Studies, 19 (1): 45-79.

[195] FAULKENDER M, FLANNERY M J, HANKINS K W, et al., 2012. Cash flows and leverage adjustments [J]. Journal of Financial economics, 103 (3): 632-646.

[196] FELTHAM G A, OHLSON J A, 1995. Valuation and clean surplus accounting for operating and financial activities [J]. Contemporary accounting research, 11 (2): 689-731.

[197] FISCHER E O, HEINKEL R, ZECHNER J, 1989. Dynamic capital structure choice: Theory and tests [J]. The Journal of Finance, 44 (1): 19-40.

[198] FLANNERY M J, RANGAN K P, 2006. Partial adjustment toward target capital structures [J]. Journal of financial economics, 79 (3): 469-506.

[199] FRANCIS J, LAFOND R, OLSSON P M, et al., 2004. Costs of equity and earnings attributes [J]. The accounting review, 79 (4): 967-1010.

[200] FRANK M Z, GOYAL V K, 2009. Capital structure decisions: which factors are reliably important? [J]. Financial management, 38 (1): 1-37.

[201] FRANKEL R, LEE C M, 1998. Accounting valuation, market expectation, and cross-sectional stock returns [J]. Journal of Accounting and economics, 25 (3): 283-319.

[202] FU Y, FODEN J A, KHAYTER C, et al., 2013. High-frequency off-target mutagenesis induced by CRISPR-Cas nucleases in human

cells [J]. Nature biotechnology, 31 (9): 822.

[203] GAUR A S, MALHOTRA S, ZHU P, 2013. Acquisition announcements and stock market valuations of acquiring firms' rivals: A test of the growth probability hypothesis in China [J]. Strategic Management Journal, 34 (2): 215-232.

[204] GENTZKOW M, SHAPIRO J M, 2006. Media bias and reputation [J]. Journal of Political Economy, 114 (2): 280-316.

[205] GIANNETTI M, LIAO G, YU X, 2015. The brain gain of corporate boards: Evidence from China [J]. The Journal of Finance, 70 (4): 1629-1682.

[206] GILCHRIST S, HIMMELBERG C P, HUBERMAN G, 2005. Do stock price bubbles influence corporate investment? [J]. Journal of Monetary Economics, 52 (4): 805-827.

[207] GRAHAM J R, 1996. Debt and the marginal tax rate [J]. Journal of financial Economics, 41 (1): 41-73.

[208] GRAHAM J R, HARVEY C R, 2001. The theory and practice of corporate finance: Evidence from the field [J]. Journal of financial economics, 60 (2-3): 187-243.

[209] GRUNDY B D, LI H, 2010. Investor sentiment, executive compensation, and corporate investment [J]. Journal of Banking and Finance, 34 (10): 2439-2449.

[210] GU Y, 2013. Bank interventions and firm innovation: evidence from debt covenant violations [J]. SSRN Electronic Journal.

[211] HARFORD J, 2005. What drives merger waves? [J]. Journal of financial economics, 77 (3): 529-560.

[212] HARFORD J, KLASA S, WALCOTT N, 2009. Do firms have leverage targets? Evidence from acquisitions [J]. Journal of Financial Economics, 93 (1): 1-14.

[213] HASELMANN R, PISTO K, VIG V, 2009. How law affects lending [J]. The Review of Financial Studies, 23 (2): 549-580.

[214] HIRSHLEIFER D, TEOH S H, 2003. Herd Behaviour and Cascading in Capital Markets: a Review and Synthesis [J]. European Financial Management, 9 (1): 25-66

[215] HIRSHLEIFER D, TEOH S H, 2003. Limited attention, information disclosure, and financial reporting [J]. Journal of Accounting & Economics, 36 (1-3): 337-386.

[216] HOU K, VANDIJK M A, ZHANG Y, 2012. The implied cost of capital: A new approach [J]. Journal of Accounting and Economics, 53 (3): 504-526.

[217] HOVAKIMIAN A, OPLER T, TITMAN S, 2001. The debt-equity choice [J]. Journal of Financial and Quantitative analysis, 36 (1): 1-24.

[218] HUANG R, RITTER J R, 2009. Testing theories of capital structure and estimating the speed of adjustment [J]. Journal of Financial and Quantitative analysis, 44 (2): 237-271.

[219] HUBERMAN G, REGEV T, 2001. Contagious Speculation and a Cure for Cancer: A Nonevent that Made Stock Prices Soar [J]. Journal of Finance, 56 (1): 387-396

[220] IYER D N, MILLER K D, 2008. Performance feedback, slack, and the timing of acquisitions [J]. Academy of Management Journal, 51 (4): 808-822.

[221] JENSEN M C, 2005. Agency Costs of Overvalued Equity [J]. Financial Management, 34 (1): 5-20.

[222] JENSEN M C, 1986. Agency costs of free cash flow, corporate finance, and takeovers [J]. The American Economic Review, 76 (2): 323-329.

[223] JENSEN M C, MECKLING W H, 1976. Theory of the firm: Managerial behavior, agency costs and ownership structure [J]. Journal of financial economics, 3 (4): 305-360.

[224] JIANG F, JIANG Z, HUANG J, et al., 2017. Bank competi-

tion and leverage adjustments [J]. Financial Management, 46 (4): 995-1022.

[225] JIANG F, JIANG Z, KIM K A, et al., 2015. Family-firm risk-taking: does religion matter? [J]. Journal of Corporate Finance, 33: 260-278.

[226] JONES, JENNIFER J, 1991. Earnings management during import relief investigations [J]. Journal of Accounting Research, 29 (2): 193.

[227] KAHNEMAN D, TVERSKY A, 1973. On the psychology of prediction [J]. Psychological Review, 80 (4): 237-251.

[228] KAYHAN A, TITMAN S, 2007. Firms' histories and their capital structures [J]. Journal of financial Economics, 83 (1): 1-32.

[229] KENNETH A, KIM S, RHEE G, 1997. Price limit perform-ance: evidence from the tokyo stock exchange [J]. Journal of Finance, 52 (2): 885-899.

[230] KORAJCZYK R A, LEVY A, 2003. Capital structure choice: macroeconomic conditions and financial constraints [J]. Journal of financial economics, 68 (1): 75-109.

[231] KORAJCZYK R A, LUCAS D J, MCDONALD R L, 1991. The effect of information releases on the pricing and timing of equity issues [J]. The Review of Financial Studies, 4 (4): 685-708.

[232] KRAUS A, LITZENBERGER R H, 1973. A state preference model of optimal financial leverage [J]. The journal of finance, 28 (4): 911-922.

[233] LAEVEN L, VALENCIA F, 2012. The use of blanket guaran-tees in banking crises [J]. Journal of International Money and Finance, 31 (5): 1220-1248.

[234] LAVIE N, 1995. Perceptual load as a necessary condition for selective attention [J]. Journal of Experimental Psychology: Human Per-ception and Performance, 21 (3): 451-468.

[235] LEARY M T, ROBERTS M R, 2005. Do firms rebalance their capital structures? [J]. The journal of finance, 60 (6): 2575 -2619.

[236] LEE C M C, SEGUIN R P J, 1994. Volume, volatility, and new york stock exchange trading halts [J]. The Journal of Finance, 49 (1): 183-214.

[237] LEMMON M L, ROBERTS M R, ZENDER J F, 2008. Back to the beginning: persistence and the cross - section of corporate capital structure [J]. The journal of finance, 63 (4): 1575-1608.

[238] LEMMON M, ROBERTS M R, 2010. The response of corporate financing and investment to changes in the supply of credit [J]. Journal of Financial and quantitative analysis, 45 (3): 555-587.

[239] LI W, WU C, XU L, et al., 2017. Bank connections and the speed of leverage adjustment: evidence from China's listed firms [J]. Accounting & Finance, 57 (5): 1349-1381.

[240] LIN C, OFFICER M S, ZOU H, 2011. Directors' and officers' liability insurance and acquisition outcomes [J]. Journal of Financial Economics, 102 (3): 507-525.

[241] LOCKHART G B, 2014. Credit lines and leverage adjustments [J]. Journal of Corporate Finance, 25, 274-288.

[242] LOU X, WANG A Y, 2018. Flow - induced trading pressure and corporate investment [J]. Journal of Financial and Quantitative Analysis, 53 (1): 171-201.

[243] LU Z, ZHU J, ZHANG W, 2012. Bank discrimination, holding bank ownership, and economic consequences: Evidence from China [J]. Journal of Banking & Finance, 36 (2): 341-354.

[244] MA Q, WHIDBEE D A, ZHANG W A, 2018. Acquirer Reference Prices and Acquisition Performance [J]. Journal of Financial Economics, 132 (2): 175-199.

[245] MAKSIMOVIC V, PHILLIPS G, 2002. Do conglomerate

firms allocate resources inefficiently across industries? Theory and evidence [J]. The Journal of Finance, 57 (2): 721-767.

[246] MANCUSI M L, VEZZULLI A, 2014. R&d and credit rationing in smes [J]. Economic Inquiry, 52 (3): 1153-1172.

[247] MERTON R C, 1987. A Simple Model of Capital Market Equilibrium with Incomplete Information [J]. Journal of Finance, 42 (3): 483-510.

[248] MIWA K, UEDA K, 2016. Analysts' preference for growth investing and vulnerability to market-wide sentiment [J]. The Quarterly Review of Economics and Finance, 61: 40-52.

[249] MODIGLIANI F, MILLER M H, 1958. The cost of capital, corporation finance and the theory of investment [J]. The American, 1, 3.

[250] MORELLEC E, NIKOLOV B, SCHüRHOFF N, 2012. Corporate governance and capital structure dynamics [J]. The Journal of Finance, 67 (3): 803-848.

[251] MUELLER D, ZIMMERMANN V, 2009. A Learner-Centered Design, Implementation, and Evaluation Approach of Learning Environments to Foster Acceptance [J]. International Journal of Advanced Corporate Learning, 2 (3): 50-57.

[252] MULLAINATHAN S, SHLEIFER A, 2005. The Market for News [J]. American Economic Review, 95 (4): 1031-1053.

[253] MYERS S C, MAJLUF N S, 1984. Corporate financing and investment decisions when firms have information that investors do not have [J]. Journal of financial economics, 13 (2): 187-221.

[254] OHLSON J A, 1995. Earnings, book values, and dividends in equity valuation [J]. Contemporary accounting research, 11 (2): 661-687.

[255] ÖZTEKIN Ö, 2015. Capital structure decisions around the world: which factors are reliably important? [J]. Journal of Financial and

资本市场错误定价对企业投融资行为影响研究

Quantitative Analysis, 50 (3): 301-323.

[256] ÖZTEKIN Ö, FLANNERY M J, 2012. Institutional determinants of capital structure adjustment speeds [J]. Journal of financial economics, 103 (1): 88-112.

[257] PENG L, XIONG W, 2006. Investor attention, overconfidence and category learning [J]. Journal of Financial Economics, 80 (3): 563-602.

[258] PENG L, XIONG W, 2006. Investor attention, overconfidence and category learning [J]. Journal of Financial Economics, 80 (3): 563-602.

[259] PENG L, XIONG W, BOLLERSLEV T, 2005. Investor attention and time-varying comovements [J]. European Financial Management, 13 (3): 394-422.

[260] POLK C, SAPIENZA P, 2008. The stock market and corporate investment: A test of catering theory [J]. The Review of Financial Studies, 22 (1): 187-217.

[261] PORTA R L, LOPEZ-DE-SILANES F, SHLEIFER A, et al., 1998. Law and finance [J]. Journal of political economy, 106 (6): 1113-1155.

[262] RAU P R, VERMAELEN T, 1998. Glamour, value and the post-acquisition performance of acquiring firms [J]. Journal of financial economics, 49 (2): 223-253.

[263] RHODES-KROPF M, VISWANATHAN S, 2004. Market valuation and merger waves [J]. The Journal of Finance, 59 (6): 2685-2718.

[264] RHODES-KROPF M, ROBINSON D T, VISWANATHAN S, 2005. Valuation waves and merger activity: The empirical evidence [J]. Journal of Financial Economics, 77 (3): 561-603.

[265] RICHARDSON I, 2006. Business Relationships for Competitive Advantage: Managing Alignment and Misalignment in Buyer and

Supplier Transactions [J]. Journal of Management Development (25): 195-196.

[266] ROGERS J L, 2008. Disclosure quality and management trading incentives [J]. Journal of Accounting Research, 46 (5): 1265-1296.

[267] ROLL R, 1986. The hubris hypothesis of corporate takeovers [J]. Journal of Business, 197-216.

[268] ROSS S A, 1977. The determination of financial structure: the incentive-signalling approach [J]. The bell journal of economics, 23-40.

[269] SAFFI P A C, SIGURDSSON K, 2011. Price Efficiency and Short Selling [J]. Review of Financial Studies, 24 (3): 821-852.

[270] SCHEINKMAN J A, XIONG W, 2003. Overconfidence and speculative bubbles [J]. Journal of Political Economy, 111 (6): 1183-1219.

[271] SCHOLES M S. WOLFSON M A, 1990. The effects of changes in tax laws on corporate reorganization activity [J]. The Journal of Business (63): 141-164.

[272] SCOTT J A, DUNKELBERG W C, 2001. Competition and Credit Market Outcomes: A Small Firm Perspective [J]. Available at SSRN 280593.

[273] SERFLING M, 2016. Firing costs and capital structure decisions [J]. The Journal of Finance, 71 (5): 2239-2286.

[274] SHLEIFER A, VISHNY R W, 2003. Stock market driven acquisitions [J]. Journal of financial Economics, 70 (3): 295-311.

[275] SIMERLY R L, LI M, 2000. Environmental dynamism, capital structure and performance: a theoretical integration and an empirical test [J]. Strategic Management Journal, 21 (1): 31-49.

[276] SIMON H A, 1991. Bounded Rationality and Organizational Learning [J]. Organization Science, 2 (1): 125-134.

[277] SIMS C A, 2003. Implications of rational inattention [J].

Journal of Monetary Economics, 50 (3): 665-690.

[278] STEIN J C, 1996. Rational Capital Budgeting in an Irrational World [J]. Journal of Business, 69 (4): 429-455.

[279] STULZ R, 1990. Managerial discretion and optimal financing policies [J]. Journal of Financial Economics, 26 (1): 3-27.

[280] TETLOCK P C, 2010. Does Public Financial News Resolve Asymmetric Information? [J]. Review of Financial Studies, 23 (9): 3520-3557.

[281] TIAN X, WANG T, 2014. Tolerance for Failure and Corporate Innovation [J]. Review of Financial Studies, 27 (1): 211-255.

[282] TITMAN S, WESSELS R, 1988. The determinants of capital structure choice [J]. The Journal of finance, 43 (1): 1-19.

[283] UYSAL V B, 2011. Deviation from the target capital structure and acquisition choices [J]. Journal of Financial Economics, 102 (3): 602-620.

[284] WANZENRIED G, 2003. Capital structure decisions and output market competition under demand uncertainty [J]. International Journal of Industrial Organization, 21 (2): 171-200.

[285] WARR R S, ELLIOTT W B, KOëTER-KANT J, et al., 2012. Equity mispricing and leverage adjustment costs [J]. Journal of Financial and Quantitative Analysis, 47 (3): 589-616.

[286] WESTON J F, 2002. M&As as Adjustment Processes [J]. Journal of Industry Competition and Trade (3): 1-28.

[287] YANG C H, CHEN J R, 2003. Innovation and market value in newly-industrialized countries: the case of taiwanese electronics firms [J]. Asian Economic Journal, 17 (2): 205-220.